现代教师素养

主　编　杨　娟
副主编　陈　诗
参　编　代　璐　　向秋婷　　刘宛欣　　张玉萍
　　　　张龙萍　　张　畅　　张　燕　　周　琴
　　　　夏　菁　　徐万瑶　　扈明聪　　何　静
　　　　谢孟瑶　　裴晓倩　　李瑜婷

复旦大学出版社

本书系2021年度四川省哲学社会科学重点研究基地四川省教师教育研究中心课题"民族地区乡村教师专业发展支持体系的个案研究——基于四川省康定市的实地调查"(TER2021-016)研究成果

目 录

第一章 教师素养概论 …… 1
一、核心概念界定 …… 2
二、教师素养结构分类 …… 5

第二章 教师职业论 …… 19
一、教师职业的发展历史 …… 19
二、教师职业的基本特征 …… 26
三、教师职业的个人魅力 …… 32

第三章 教师道德论 …… 42
一、教师职业道德的历史发展及规范 …… 42
二、教师职业道德的含义与作用 …… 49
三、教师职业道德修养 …… 56

第四章 教师心理论 …… 70
一、教师的一般心理特征 …… 70
二、教师的心理健康 …… 85

第五章 教师礼仪论 …… 104
一、教师礼仪概述 …… 104
二、教师的形象礼仪 …… 108

三、教师礼仪标准……………………………………………113

第六章　教师法律法规……………………………………129
一、教师的法律地位………………………………………130
二、教师的权利和义务……………………………………132
三、教师法律制度…………………………………………137
四、教师常见法律纠纷与救济……………………………145

第七章　教育研究方法……………………………………158
一、教育研究方法概述……………………………………159
二、教育研究的方法………………………………………164

第八章　现代教师的信息技术素养………………………204
一、现代教师信息技术素养概述…………………………204
二、信息技术在实际教学中的运用………………………211
三、师范生信息技术素养的提升策略……………………217

第九章　教师的专业发展…………………………………227
一、教师的专业发展概论…………………………………227
二、教师专业发展的基本内容……………………………235
三、教师专业发展的影响因素与途径……………………242
四、乡村教师专业发展的障碍及策略……………………248

第十章　乡村教师职业素养………………………………254
一、乡村教师与乡村振兴…………………………………254
二、乡村教师职业素养……………………………………265
三、乡村教师职业素养的提升路径………………………275

第一章
教师素养概论

 模块导读

本章从理论分析和实践案例两个维度阐释教师素质形成与发展所涉及的一般基础理论问题。主要包括两个部分：第一部分界定教师、专业、素质、教师素质等相关概念；第二部分在梳理相关学者研究观点的基础上，重点解读教师素质的结构分类。

学习本章内容要注意重点掌握教师素养的概念及结构分类的基础理论问题，旨在为我国教师教育人才培养模式的改革和促进教师的专业成长奠定坚实的理论基础。

当今社会处于国际化教育 2.0 时代，我国教育改革也正处于调整、发展、突破的关键性阶段，以"素养"为核心的教育变革正成为当代教育的主题。在社会与人的发展进程中，教师一直扮演着重要的角色，其教育观念、教学理念、专业知识和能力、道德品质等专业素养对教育的发展有着重要的影响，是教育发展的实践者、指引者和推动者。

当前，国家为落实素质教育，真正实现立德树人的根本任务，在对学生予以更高要求与期望的同时，更加关注教师队伍整体专业素养能力的提升和专业发展水平的提高。教师是否已经具备了实现教育改革发展的能力，达到教师素养与学生成长的动态平衡与和谐发展，成为教育领域重点关注的问题。因此，要提高教育质量，切实推进素质教育，提高教师群体的专业素养是关键。叶澜教授在探讨教师专业素养时指出："教师应具有与时代切合的教育理念，多层文化结构，胜任社会要求的理解与交往、管理、教育研究能力。"①《国务院关于全面深化新时代教师队伍建设改革的意见》中指出："要从师范院校、高水平综合大学、中小学教师、幼儿园教师、职业院校教师到高等学校教师，全方位、多层次大力振兴教师教育，不断提升教师专业素质能力。"②我国教育部发布的首份义务教育质量监测报告——《中国义务教育质量监测报告》，指出"教师受学生喜欢程度高，但部分教师探究教学能力和专业素养有待提升"。③

一、核心概念界定

（一）教师

教师职业是一种专门职业，是人类社会最古老的职业之一。教师是履行教育教学的专业人员，根据一定的社会要求，有计划、有组织地对学生施以影响，使之成为合格的社会成员。《中华人民共和国教师法》对教师概念进行了全面、科学的界定："教师是履行教育教学职责的专业人员，承担教书育人、培养社会主义事业建设者和接班人、提高民族素质的使命。"④

一般而言，教师在教育教学活动中的角色大体可以分为以下

---

① 叶澜《新世纪教师专业素养初探》，《教育研究与实验》1998年第1期。
② 新华社《国务院关于全面深化新时代教师队伍建设改革的意见》，2018年1月，http://www.gov.cn/xinwen/2018-01/31/content_5262659.htm。
③ 教育部《中国义务教育质量监测报告》，2018年7月，http://www.moe.gov.cn/jyb_xwfb/gzdt_gzdt/s5987/201807/t20180724_343663.html。
④ 《中华人民共和国教师法》，中国法制出版社，2010年。

几种：学生的引导者和示范者；学生知识技能的传授者；学生心灵的培育者；学生思维和行为能力的培养者；学生的榜样和知心朋友；学生未来职业生涯的奠基者和基础构建者；教学活动的策划、组织和管理者；教育工作的实践和研究者。

(二) 专业

专业是社会学的概念。在《辞源》中，专业是指专门从事某种事业和学业。关于"专业"的界定通常有两种理解：一种是高等学校或中等专业学校根据社会专业分工所设置的学业门类，主要为学生能够在学业结束后从事相关领域的工作做准备，如汉语言文学专业、生物专业；另一种是专门的职业，是指社会群体通过特殊的教育或训练培训，从而掌握一定的知识和技能，并以此提供专门的专业化服务，促进社会进步并获得相应报酬待遇和社会地位，如职业画家、职业选手。

(三) 素养

对于教师素养的界定，首先要探讨"素养"的内涵。《后汉书·袁绍刘表列传》中有"越有所素养者，使人示之以利，必持众来"，这里"素养"一词的解释是给人日常所提供的给养。《汉书·眭两夏侯京翼李传》中就有"马不伏历，不可以趋道；士不素养，不可以重国"，此处关于"素养"一词的理解是平日的修养、修习涵养。因此，古代汉语"素养"一词通常有两种解释，而后者与今天理解的"素养"一词的含义较为接近。《辞海》中关于素养的界定为"经常修习涵养，包括通过训练与实践而获得的能力与技巧，如艺术素养、文学素养"。[①]《现代汉语词典(第七版)》中关于素养的解读，指的是

[①] 《辞海》，中华书局，2019 年，第 106 页。

"平日的修养"。① 当一个人的信念、知识、能力及道德等方面的表现和品质可潜移默化地融入其日常生活和工作中,阐释人们所应具备的品质,我们可称之为"素养",如理论修养、文学修养等。国际经合组织认为"素养不只是知识与技能,它是在特定情境中,通过利用和调动心理社会资源(包括技能和态度),以满足复杂需要的能力"。②

"素质""素养""能力"三者在某种程度上词义相近,但又有所区别。"素质"指的是人与生俱来的先天特点以及通过后天培养而获得的身体上和人格上的性质特点,侧重于描述人的先天特质。"素养"一词含有"培养、教育、训练"之意,可以理解为人能够通过后天培养、塑造、锻炼而到达的在某一阶段相对稳定的水平,从而实现人的知识技能和道德品质发展的一种状态,更倾向于经过后天培养和实践获得。"能力"是指一般普遍存在于日常生产生活实践中,完成一项目标或者任务所体现出来的综合素质,更强调的是人的身体机能、心理品质以及个性特征的一种综合因素的体现。

"素养"是以先天遗传为物质基础,是一种经过环境熏陶、教育培养以及人自身活动的历练,逐步形成的基本稳定的内在心理品质。

(四)教师素养

《教师专业化的理论与实践》一书中认为:"全面而科学的教师素养的定义应具备如下要求:首先,要体现教师这一职业的特殊性,反映教师的独特本质;其次,对于教师素养的理解,要有深刻的理论背景;第三,教学活动是教师工作的中心任务,教师素养的涵义必须着眼于教学活动本身;第四,教师素养是一个系统的结构,

---

① 《现代汉语词典(第七版)》,商务印书馆,2018 年,第 1248 页。
② 转引自张华《核心素养与我国基础教育课程改革"再出发"》,《华东师范大学学报(教育科学版)》2016 年第 1 期。

其内部包含着复杂的成分;第五,教师素养是结构和过程的统一,发展性、动态性是其精髓;第六,教师素养的涵义应能为教育实践和教师培训工作提供理论指导,又具有可操作性。"①《教育大辞典》指出,教师素养是"教师为完成教育教学任务所应具备的心理和行为品质的基本条件"。②

教师素养是指教师在教育、教学活动中表现出来的,决定其教育、教学效果,对学生身心发展有直接而显著影响的心理品质的总和,是适应现代社会和人的全面发展需要的思想、知识、技能、能力等方面的身体心理特征和专业修养的有机结合,它是教师从事教育教学工作的前提条件。

合作研习

近些年,大部分公办学校教师平均年龄在 40 岁左右,学校教师队伍整体趋于中年化。虽然这样教师结构较稳定,但是教师心理状态也进入懈怠期,部分中年教师存在"佛系躺平"的心态,踏实钻研教材、研究学生、研究教法成了走形式,工作缺乏积极性、创造性,教师职业发展受阻,对提高教育教学质量产生了一定的影响。现阶段,随着教育教学改革的不断深入,各个学科都有很多前沿的信息和教学理念。针对学校中年教师这一庞大集体,组织和开展适合他们的研培活动,提高其教师素养是十分必要的。那么如何提升教师素养?

二、教师素养结构分类

不同时代对教师素养有不同的要求。在教师素养的结构上,

---

① 教育部师范教育司《教师专业化的理论与实践》,人民教育出版社,2001年。
② 顾明远《教育大辞典》,上海教育出版社,1990年,第 201 页。

不同学者提出了不同的观点。目前,大多学者对教师素养结构的划分主要包括三分法、四分法、五分法及多分法。采用三分法的学者认为教师素养结构主要包括教育理念、专业知识、专业能力。例如唐松林在对教师素养实然分析的基础上,认为教师素养包括认知结构、专业精神和教育能力。[①] 耿文侠、苏国安认为教师素养包括专业态度、专业知识、专业技能。[②] 采用四分法的学者提出教师素养包括职业道德、知识基础、教育能力、身心素质。例如谢安邦、安玉海教授认为未来的教师应具备师德素养、文化修养、能力素养及身心素养。[③] 叶澜教授提出了21世纪教师素养结构,认为教师素养包括教育理念、专业知识结构、教育与研究能力、教育智慧。[④] 胡瑞峰从中学的角度认为,教师素养结构包括思想品质素养、文化科学知识的素养、能力素养和生理素养。采用五分法的学者将教师素养结构分为理念素质、知识素质、能力素质、身心素质、智慧素质。例如张正之等从教师专业标准的角度认为,教师素养包括教育理念、专业精神、专业知识、专业能力和专业智慧。[⑤] 随着社会科技的变化,教师素养的含义大为扩展,信息素养、创新素养、跨学科素养等其他素养也被纳入其中。例如王建军从教师专业发展的角度探讨教师素养结构,认为教师专业发展存在理智、实践反思、生态三种价值取向,理智取向者认为教师需要具备知识素养,实践反思取向者强调教师实践合作反思,生态取向者强调教师文化与合作文化。[⑥]

---

① 唐松林、徐厚道《教师素质的实然分析与应然探讨》,《高等师范教育研究》2000年第6期。
② 耿文侠、苏国安《教师的专业素质》,河北人民出版社,2006年。
③ 谢安邦、安玉海《未来教师的素质与师范教育的改革》,《外国教育资料》1996年第6期。
④ 叶澜《新世纪教师专业素养初探》,《教育研究与实验》1998年第1期。
⑤ 张正之、李敏、赵中建《由标准透视教师专业素养——兼评美国教师资格认证标准中蕴含的教师专业素养》,《全球教育展望》2002年第8期。
⑥ 王建军《课程变革与教师专业发展》,四川教育出版社,2004年。

孙兴华等从欧盟教师核心素养发展的角度认为,我国未来教师素养应包括专业知识、专业技能、信息与通信技术、跨学科素养、教育情感态度[①](表1-1)。

表 1-1　教师素养结构分类及内容

分　类	教师素养结构内容
三分法	教育理念、专业知识、专业能力
四分法	职业道德、知识基础、教育能力、身心素质
五分法	理念素质、知识素质、能力素质、身心素质、智慧素质
多分法	专业知识、专业技能、跨学科素养、教育情感态度、信息素养、创新素养

《中小学教师专业标准》从三方面阐释了教师素养:一是胜任教师工作应具备的专业理念与师德素养,二是胜任教师工作应具备的专业知识素养,三是胜任教师工作应具备的专业能力素养。[②]这三方面核心要素包括观念系统、能力系统、知识系统,其中观念系统决定着教师专业发展的方向,能力系统关联着教师专业发展的动力,知识系统影响着教师专业发展的支点。本书采用《中小学教师专业标准》中对教师素养的结构进行分类,即教师的知识文化素养是教师学科知识、教学理论知识和通识性知识的综合体现;教师的观念素养是教师支撑其从事教育教学工作的心理背景,是教师对教学工作基于本质理解的情况下养成的有关于教育的观念与信念;教师的能力素养是教师文化素养和理念素养的外在显示,是保障教学活动顺利完成的必备条件。

---

① 孙兴华、薛玥、武丽莎《未来教师专业发展图像:欧盟与美国教师核心素养的启示》,《教育科学研究》2019年第11期。
② 教育部《中小学教师专业标准》,2012年。

（一）知识文化素养

教师的知识是从事教学活动的重要条件和基础。叶澜教授曾提出："教师要具有广泛而深刻的文化基础，能在学科体系的大环境下掌握自己所讲授的学科知识，以结论、推理的方式呈现，从而展示知识自身发展的无尽性及其生长力，能将知识于教育教学时激活，切实地体现理论与实践、科学与人文精神、人生与知识的统一。"① 新时代的教师应该具有广博的基础文化知识、精深的专业文化知识，形成动态的立体交叉的知识结构，不断用崭新的学科前沿知识充实自己，成为热爱学习、学会学习和终身学习的楷模。

1. 广博的基础文化知识。基础教育的核心任务是培养学生的科学文化素质，使学生掌握学科基础知识和必要的基本技能以及所蕴含的思想方法，从而发展学生的观察、想象、思维和创造等方面的能力。作为教育工作者，现代教师应该具有广泛的基础知识储备，丰富、广博的文化素养，具有跨学科、跨专业的结合力，这样才能满足学生发展的需要，并在此基础上指导和促进他们的自主学习和探索创新的精神。除此之外，随着教育改革的不断推进，各学科之间的联系日益紧密，教师必须具有跨类别的多门学科知识，并且要了解各学科之间的联系，所有这些都要求教师具有非常广博的基础知识，这样才能培养出具有广博学识的学生。唯有广博，才能发展，这是对未来教师的要求。

2. 精深的专业文化知识。教师能够顺利完成教育教学活动所必须达到的专业知识综合能力和水平，其中主要涉及教育理论知识素养、学科教学知识素养、学科知识素养。在教育理论知识素养方面，其中主要有心理学、教育学、教育心理学等方面的素养；在学科教学知识素养方面，其中主要有学情知识素养、教学知识素养、课程知识素养、教法知识素养，这些知识与素养对于教师在开展教

---

① 叶澜《教师角色与教师发展新探》，教育科学出版社，2001年。

育教学活动的过程中,有着重要的指导实践作用;在学科知识素养方面,"资之深,则取之左右逢其原",而"以其昏昏,不能使人昭昭"。教师要完成教学任务,必须要精通所教学科的知识,不仅要做到科学、精确,而且要具有更新专业知识的能力,不断地进行自身知识结构的新陈代谢。总而言之,教师的专业知识素养水平决定了其所能实现的预期教学效果。[①]

3. 多元化的知识结构。"所谓知识结构,就是一个知识层次构成情况。它的模型应该是立体的,包括各种知识之间的比例、相互关系、相互作用以及由此而形成的整体功能。"[②]教师的知识结构是由教师多方面知识要素整合而形成的完善的专业知识体系,通常来讲是教师具备的本体性知识(专业学科知识)、条件性知识(教育科学与心理科学知识)、实践性知识(教学实践经验)以及文化知识四者之间的有机整合。知识结构的合理性及多元性对于教师的意义,一是使得教师能有效地开展教学工作,二是合理化及多元化是教师进一步发展的基础。在当前教育现代化的进程中,优化教师知识结构,努力形成多元化的知识结构,从而提高教师的专业素养和学科创新能力。

(二)能力素养

教学能力是指教师在教学工作中完成某种教学任务所需的一系列行为方式,[③]不但需要有教育、教学理论基础,还需要有实践的原则和要求,它是教师素养中不可缺少的一个方面。教学能力素养可分为教学设计能力、教学组织实施能力、作业设计与评价能力、科研与创新能力、信息技术能力等多个方面。

[①] 宋祥、马云鹏《高中语文教师专业知识素养的调查与思考》,《现代教育管理》2010年第1期。

[②] 刘登山《秘书学教程》,中国政法大学出版社,1988年。

[③] 朱新春等主编《教学工作技能训练》,人民教育出版社,2003年。

1. 教学设计能力。教学设计能力是以对教学内容和学生的理解为基础来设计总体的教学进程、教学方法和教学组织形式的能力。简而言之,就是教师在上课前,根据教学对象和教学内容,将教学的各个要素进行有序、最佳优化组合的能力。[①] 其基本内容包括课堂教学目标设计、学习者起始状态的诊断和分析、教学内容的选择和设计、教学方法手段与媒体运用、教学模式和教学策略的设计等多方面的能力。

2. 教学组织实施能力。教学组织实施能力是指把拟定的教学计划付诸实施的能力,是教师卓有成效地达成教学目标,创造性地完成既定的教学任务所具备的知识、技能、心理特征和个性特征的综合功能体系,是教师的个体能力与教学要求的内在统一。具体说来,教学组织实施能力包括组织教学和导入新课的技能、激发学生学习动机、语言表达、课堂教学与提问、教学监控与应变和课堂总结等多方面的能力。

3. 作业设计与评价能力。在学校教育教学的过程中,作业是学校教育教学管理工作的重要环节,是课堂教学活动的必要补充,是衡量一个学生对所学知识掌握程度的一个标准,是培养学生能力的重要途径,是改进教育教学质量的重要依据,我们应该认真研究对待作业的设计与评价问题。通过布置科学、合理、有效的作业,可以帮助学生巩固知识、形成能力、培养习惯,切实发挥作业的育人功能,可以帮助教师检测教学效果、精准分析学情、改进教学方法、提高教育教学质量。具体来说,作业设计与评价能力主要包括布置作业、批改作业和课后辅导、命题和评卷、课堂形成性评价等多方面的能力。

4. 科研与创新能力。未来社会要求教师具有较强的科研素质,能够进行教育教学研究,具有教育教学创新能力。一方面,教

[①] 胡谊等主编《教师心理学》,中国轻工业出版社,2009年。

师进行教育教学研究有助于解决教学过程中遇到的困境和问题。教育科学研究会选择一定的主题和方向进行研究,教师在教育活动中有自己独到的发现,在"小现象"中看到"大问题",并着力探索问题解决的具体方法,以解决教学中比较困惑的问题;另一方面,教师进行教育教学研究有利于以研促教,促进教学反思,提高教学质量。教师教学不能一味拘泥于自己多年的教学经验,需要结合实际变化的情况,不断学习,加深对新课程理念的认识,主动迎接新课程改革,增强自己的学科意识,更新自己的教育教学观念,更好地适应新时代对教师的要求。从实践到理论,再从理论回到实践,这是一个良性循环的过程,教育科研活动能给教师的教学提供更深入的视角、更广阔的视野,使得教学实践有章可循,从而不断促进教学理念的更新、教学模式的创新。苏霍姆林斯基说:"凡是感到自己是一个研究者的教师,则最有可能变成教育工作的能手。"[1]

5. 信息技术能力。随着"互联网+"、大数据、新一代人工智能、知识爆炸的信息时代的到来,曾经教师们"一支粉笔打天下"的时代也悄然发生改变,教师教育信息技术素养也成为当前教师必备的素养之一。教师信息技术素养的转变与提升,不只是教学观念的转变,更多是教师资讯素养、信息技术运用、新教育生态下课堂教学与管理信息化等诸多素养的体现。"互联网+"时代,学生不再只是单一通过学校或者机构来获取知识,更能非常方便快捷地通过移动通信或者电脑媒介在教育网站上进行学习。有研究者认为教师的信息技术素养包括对信息基础知识和计算机基本技能的基本信息素养,掌握电脑网络原理等基本知识的网络素养,以及将信息技术与其他媒体组合后融入学科教学过程的课程整合素养。[2]

---

[1] [苏]苏霍姆林斯基著、赵聪等译《给教师的建议》,湖南人民出版社,2021年,第23页。

[2] 蔡其勇《基础教育课程改革与教师信息素养的培养》,《课程·教材·教法》2006年第7期。

"教师的信息技术能力全面提升被认为是破解教育信息化发展瓶颈、推动课程改革和促进教师专业发展的重要手段。"[1]教育信息化已成为当今教育教学改革和发展的主旋律,需要不断提升教师的信息技术运用能力,从而推动教育教学信息化改革的全面顺利发展。

(三) 观念素养

教师的观念素养是支撑其达成教育教学任务的心理背景,是教师对教学工作基于本质理解的情况下,养成的有关于教育的理念与信念。叶澜教授曾指出:"教师的转型,只有在触及其自身内在隐性的观念体系和在新的观念体系能转化为其新的行为方式时,才可能真实地发生。观念与行为构成着内隐与外显的不可分割的联系。"[2]因此,要想在教学行为上有所改进,提升教师观念素养是前提条件。

1. 坚定的教育信念。教师的教育信念是指个体关于某些教育命题的主观看法,具有引导教师教育思想和教育行为的功能,是教师素养的一个重要组成。重视教育信念的价值是促进教师群体专业发展的重要前提。苏联教育家苏霍姆林斯基指出:教师的教育信念是学校里面最宝贵的东西。没有包含教育信念的教学行为活动是没有灵魂的教育。教育信念影响着教师的教学行为与教学方向;牵引着教师的教育情感,使之自觉地迸发出对教育事业的满腔热情;激发着教师自我专业成长的内在动力。教育作为培养人的社会活动,是基于信念的事业。教师只有树立正确的教育信念,才能激励自己不断克服自身弱点和专业发展的制约,不断寻求和反思自己的人生价值和教育意义,从而促进个体的发展和专业化

---

[1] 祝智庭、闫寒冰《中小学教师信息技术应用能力标准(试行)解读》,《电化教育研究》2015年。

[2] 叶澜《教师角色与教师发展新探》,教育科学出版社,2001年,第43页。

成长。

  2. 正确的教书育人观。教师的本职工作是"教书育人"。教书以传授知识为主,育人以促进学生的发展为主,在教育实践中两者是同步的,互相促进的。作为一名教师,只有立足于学生,一切为了学生,教育才能体现出价值,只有树立正确的育人观,教育实践才能长远发展。教学价值观聚焦的是教师个体内在层面的素养,反映了对教学在育人中的价值的认识,①是对具体培养什么样的人,以及如何去培养人的理论回答。在高质量教育背景下,教师教书育人的观念不能只追求学生考试成绩的优秀以及学生知识能力的获得,而应更加关注学生生命意识的塑造、文化意识的培植和价值意识的树立,培养个性鲜明、和谐发展、追求幸福的学生。追求教育理念的不断创新和进步意味着教育工作者要重新定位和审视自己在教育关系中的地位和作用,以新理念的方式组织和展开教育活动。先进的教书育人理念是指导教师的教育实践走向成功的内驱力,是教师进行教育改革与创新的基础,可使教师的教育行为更具有目标性,使教育活动更具有持续性和连贯性,最终指导教育行为不断向成功的方向发展,从而有利于教育质量的提高。

  3. 终身学习理念。当今社会发展的日新月异,网络信息技术快速发展,国际化教育 2.0 时代到来推动了新一轮的教育革命,教师作为变革的主要因素,教师终身学习能力的高低深刻影响着我国教育教学的发展。《中国教育现代化 2035》根据教育现代化的总目标提出"建设高素质专业化创新型教师队伍"的战略任务,其中指出:"推动教师终身学习和专业自主发展。"终身学习是现代教育的特征,是当代教师的基本生存素质以及核心素养的需要,是教师专业化不断成长的需要,对教育改革的发展、教师素质的提高具有重要的意义。将终身学习理念融入教师教育必将引起教师教育

---

① 叶澜《重建课堂教学价值观》,《教育研究》2002 年第 5 期。

的伟大变革,教师教育将更加体现出自身的发展性与持续性,将对教师个人的专业知识、研究能力、学习意识和教师培训机制产生积极影响。因此,教师只有树立终身学习的理念,紧跟时代发展的步伐,不断更新观念、知识和技能,才能更好地引领学生的发展。

4. 协作共赢理念。协作素质是人与人之间进行交往并达到和谐互助交往效果所需要的基本素质,协作理念是教师素养的一个基本方面。教师专业发展注重教师群体生态和生态系统的构建,强调教师社群间的信息传递、合作与竞争、专业技能传承等。"众人拾柴火焰高",在新课程理念的背景下,教师专业发展需要合作交流,而非孤立形成与发展,从而形成教师团队协作的文化自觉。通过构建教师团队协作支持下的教师自主发展机制来实现教师素养的提升。除此之外,在教育教学过程中,教师要和不同的人打交道,要求教师能处理好教师与领导、教师与家长、教师与学生、教师与社会人员的关系,彼此之间相互协作配合,形成教育合力,共同努力实现"家校社"共育理念。

案例聚焦

某乡镇学校《关于农村中小学教师素养的提高》课题报告(节选)

(一) 研究目标

1. 建立一支素养优良、主动适应新课程改革发展需要的教师队伍。

2. 探索出提高教师队伍整体素养的对策和措施,形成具有一定普遍意义的师资队伍建设的运作机制。

(二) 科研目标完成情况

通过研究探索,初步构建中小学教师素养目标体系,探索出农村中小学教师综合素养提高的有效途径,促进教师专业化水平的提高。

1. 构建中小学教师素养目标体系

教师素养,指的是教师在教育教学中体现出来的,决定其教育教学效果,对学生身心发展有直接而显著影响的心理品质的总和。我们认为,小学教师的素养结构包括职业理想、知识水平、教育观念、教学监控能力以及教学行为能力。

(1) 职业理想是教师献身于教育工作的根本动力

目前我国教育面临的最严重的问题之一就是教师队伍的积极性普遍不高。增强教师的事业心,强化教师队伍的职业责任感,提高他们的工作积极性,是当前教育改革的一个重要课题。我们可以通过改善学校的客观状况、提高教师的教学效能感、设法提高教师对教育工作的成功期待三个方面来提高教师的工作积极性。

(2) 教师的知识水平是其从事教育工作的前提条件

教师知识作为教师认知活动的一个基础,成为课题研究的重点。在研究中,我们把教师知识分为三个方面,即教师的本体性知识、实践性知识和条件性知识。教师的本体性知识是指教师所具有的特定的学科知识,如语文知识、数学知识等;教师的实践性知识是指教师在面临实现有目的的行为中所具有的课堂情景知识以及与之相关的知识,是教师教学经验的积累;教师的条件性知识是指教师具有的教育学与心理学知识,这是一个教师成功教学的重要保障。

(3) 教师的教育观念是其从事教育工作的心理背景

教师的观念影响他们的知觉、判断,而这些又影响他们的课堂行为。人们把教师对自己影响学生学习行为和学习成绩的能力的这种主观判断定义为教师的教学效能感。研究表明,教师的教学效能感,包括个人教学效能感和一般教学效能感。所谓个人教学效能感是指教师对自己是否有能力完成教学任务、教好学生的信念;一般教学效能感,反映教师对教与学的关系、对教育在学生发展中的作用等问题的一般看法和判断。研究结果表明:教师的一般教育效能感随着其教龄的增长而呈下降趋势;而个人教学效能感则随着教师教龄的增长表现出上升趋势。

(4) 教学监控能力是教师从事教育教学活动的核心要素

教师教学监控能力,是指教师为了保证教学的成功、达到预期的教学目标,而在教学的全过程中,将教学活动本身作为意识的对象,不断地对其进行积极、主动的计划、检查、评价、反馈、控制和调节的能力,它是教师的反省思维或思维的批判性在其教育教学活动中的具体体现。这种能力主要可分为三大方面:一是教师对自己教学活动的事先计划和安排;二是对自己实际教学活动进行有意识的监察、评价和反馈;三是对自己的教学活动进行调节、校正和有意识的自我控制。由于教学活动极其复杂,包括的方面和涉及的因素多种多样,因此教师的教学监控能力也具有多方面的内容和多样化的表现。

(5) 教学行为是教师素养的外化形式

教学是教师组织和指导学生认知、达成教学目标的师生共同活动。在这一活动中,教师的教学行为起着关键作用,一个教师教学效果的好坏,完全取决于其教学行为的合理与否。我们认为,教师的教学行为可以从以下五个方面来衡量:① 教学行为的明确性;② 多样性;③ 任务取向;④ 参与性;⑤ 效果评估。这五个方面相互作用,相互影响,共同构成教师素养系统的复杂结构。如果一个教师能做到以上五个方面,那么他的教学行为应是非常恰当的,教学效果必然会很好。

2. 积极探索农村中小学教师综合素养提高的有效途径

在目前情况下,教师培训应解决两方面的问题:其一是促使教师观念的转变和更新;其二是教学监控能力的培养。在本课题的实验中,我们确立了立足于校本研修教师素养提高的思路:在实践中培训,在行动中反思,在研究中成长。在教师素养提高研究的实践中,构建了基于校本环境的促进教师素养提高的九种培训

模式:

案例教学式。案例教学由案例形成和案例运用两个阶段组成。案例形成包括前期准备、确定主题、情境描述三个步骤。案例运用包括案例引入、案例讨论、诠释与研究三个基本过程。学校可根据需要分学科、分类别、分层次设计案例教学方案,使教师针对案例进行学习、研究、反思、感悟、借鉴。

现场诊断式。教学现场观察诊断是专家、科研人员、培训者与任课教师合作,有目的地对课堂教学过程进行严谨的理性的观察和面对面的分析讨论,并提出改进策略的方法。教学现场观察诊断一般包括课前准备、现场观察、课后分析、形成报告、反思讨论五个步骤。

问题探究式。培训者首先深入教师之中,对教师教学中的问题和困难进行收集、分类整理,然后逐一进行探究教学。问题探究的一般步骤是:提出问题、讨论交流、专家点拨、反思总结。

专题讲座式。学校根据教师专业发展带共性的需求,每年确定几个重点专题,组织集中培训,如信息网络技术、教学课件制作、课题实验结题、双语教学等。

示范—模仿式。这种培训方式主要适用于新教师和教学技能较差的教师。该模式的一般程序是:定向、演示示范、参与性练习、自主练习、迁移。这种方式主要运用于教学设计和课堂教学技能的培训。

情境体验式。教师校本培训的情境体验教学,就是要求在培训中,创设一种情感和认知相互促进的教学环境,让教师在轻松愉快的教学气氛中有效地获得知识并获得情感体验。该模式的一般程序是:创设问题情境、展示问题情境、情境体验、总结转化。

自修—反思式。教师根据自己需求,在培训者的指导下,自主学习、自主实践、自主评价、自主完善。该模式的一般程序是:提出计划、自学研修、实践体验、专家指导、反思总结。

研训互动式。学校有计划地进行教育科研立项和向上级申报立项,确定集体和教师个人承担的教育教学科研课题,在课题的实验中,紧紧抓住实验中的问题和困难,有针对性地进行培训。

网络信息交流式。通过农村现代远程教育系统、学校的互联网和教师的博客来进行。学校对教师制定获取信息和交流信息的要求指标,促使教师上网、看报、读书,搜集整理信息,传播信息,使教师教育教学理念与时俱进。①

推荐阅读

陆勤超《指向教师专业素养的教师研修课程研究》,华东师范大学博士学位论文,2017年。

李莎莎《四川省中等师范学校师范生的教师素养养成教育研究(1949—1999)》,西华师范大学硕士学位论文,2021年。

经柏龙《教师专业发展的形成与发展研究》,东北师范大学硕士学位论文,2008年。

王立国《基于教师专业发展的教师素质标准研究》,西北师范大学博士学位论文,2007年。

技能训练

1. 新课程背景下,如何解读教师素养的内涵?

2. 随着基础教育改革与发展,提升师范生的教师素养水平既是基础教育发展的现实需要,也是提升教师教育质量的必然选择。请你结合自身体会,谈谈如何提升师范生的职前教师素养。

---

① 黄国辉、张君、潘代春《提高中小学农村教师素养的对策研究》,《新课程背景下课堂教学方法与手段的有效性研究科研成果集》(第四卷),2017年。

第二章
教师职业论

 模块导读

教师,是以教育为生的一种职业,也是一种专门的职业,很多教育工作者都愿意为之奋斗终生。本章按照内容介绍、案例聚焦、合作研习几个板块,从历史沿革、发展特征、个人魅力的视角展开介绍教师职业。本章的学习目标是明确教师发展的历史及趋势,了解教师职业的特征,彰显教师的个人魅力。古今中外,教师职业从无序化到逐渐制度化,从制度化走向职业化,从职业化再到专业化的过程,都体现了教师职业已经朝着专业性的方向不断发展。而教师的教育对象——学生,都是各具特色的鲜活个体,因此具有复杂性。且教育重在培养独立个性发展的人,因此具有创造性。古往今来,学生的模仿学习能力及可塑性非常强,故此教师在潜移默化的影响中具有示范性。正因为教师的这些特性,塑造出了一代又一代优秀杰出的人民教师,由此,教师也越来越具有其独特的人格魅力与社会地位,越来越多的人也更加尊敬与爱戴教师。

一、教师职业的发展历史

教师是一种古老而又年轻的职业,"古之学者必有师"。教师

"得天下英才而教育之",以庄严的历史责任感传承人类文明,让民族文化世代流传。长时间以来教师职业都离不开劳动的分配和社会的进步,如此长期的发展过程,其间度过了一个从简易到冗杂,从依赖到摆脱依赖,从杂乱无章到逐渐条理化的经历,有成功的经验,也有失败的教训。如果说历史的更迭塑造了教师职业的发展之路,那么从古到今尊师重教的习俗则深化着人们对教师职业的理解与认同:如果有一种力量可以向导生命的方向,其中一定有教师的光芒;如果有一种声音可以影响人生的理想,其中一定有教师的嘹亮。

(一)古代教师职业的时代变迁

自原始社会以来,教师还未成为专门职业的时候,这一时期没有几个人可以担任教师这一职业,只有教师劳动这一比较基础的说法在大部分区域存在着。早在人类社会初期,人类的生存与文化的更迭始终离不开老一辈人辛勤劳动和生活经验的传授。但在人类发展的早期,教师并不具有任何的地位,这些教师也不具备任何的高尚价值,但是,其所承担的教育任务多且杂,这就与日常生活中政治事宜、生产劳作、宗教事宜等不断相联系,由此形成"以僧为师""以吏为师""政教合一"的现象。

1. 教师职业的诞生

古书记载在原始社会,人们为了把部落延续和发展起来,大部分有生产生活技术经验的老人和部落首领,逐步地将这些劳作生产生活经验传授给自己的儿女。这就成为最早的"教师"。在原始社会,主要有老人、父母、部落首领和巫师,正是他们,我们的教育劳作才得以发展,他们在不同的教育劳作中扮演不同的角色。年长者负责传授日常生活的习俗,父母大多担任生产劳作相关的教育,部落首领和巫师则承担生活中与宗教、神教、打仗军事演练及格斗事宜。对每一个氏族成员来说,氏族的制度,如禁忌、风俗习惯、共同分配原则、婚姻规定等都是要共同遵守的,这也构成了氏族开展道德教育的重要内容。

这一时期,作为教师代表的巫师,大多起着主导者与指挥者的作用。他们在原始社会这个大集体中处于独特的位置,不仅是宗教、军事领域的传播者,还是该领域的解释者和执行者。这一时期巫师的本领并不是与生俱来,为了更好地管理宗教活动,他们同样也需要接受相关技能的训练,除了一定的地理、医学和文化历史知识外,还需要一定的格斗本领和宗教知识。由此看来,这些巫师是日常文化知识生活中的传播者和保存者,同时也是教师作为知识分子的前身,这是巫师在原始社会与其他教育劳动者的区别。

2. 兼职教师的出现

在学校诞生之后,教师除了作为教育劳作者之外,成为一种实际层面上的特殊职业。我国的学校诞生于原始社会末期或奴隶社会初期。在此期间,有专门教育的教师,但教师大多是僧侣和官员。为了适应奴隶社会发展的需要,夏商时期出现了"序"、"庠"、小学、大学等流派。古籍记载尧舜禹时期有大学,专门供养这样一群人,即有较多的生产生活知识和生产生活经验的长者。这些长者自然承担起教育下一代的责任,他们已经具备了初步的水平,即"国老"与"庶老"。在西周,"政学"引入了官师合一、政教合一的思想。这种规模的学校分为"国学"和"乡学"。专门为京城那些奴隶主贵族子弟建立的是国学,专门为奴隶主儿子和老百姓儿子建立的是乡学。首都高级官员即可承担国学教师,地方官员即可承担乡学教师。

世界各国学校和教师出现的历史背景和时间各不相同。比如:"两河流域古代苏美尔城邦教师的产生源于经济上的需要,管理神庙财产需要文字,因而就产生了训练书吏(管理神庙财产的人)的学校和老师。"[①]中世纪的教育始于基督教教会,在中世纪的

---

① 劳凯声《教师职业的专业性和教师的专业权力》,《教育研究》2008年第2期。

西欧,教会学校、僧院学校多"以僧为师",学校的教育内容主要是宗教,僧侣是知识教育的垄断者。

3. 职业教师的出现

兼职教师越来越多的情况下,社会职业分工越来越明确,伴随着社会生产力的不断进步,这时教师从一种业余的职业演变为一种专业化的职业,这是社会演变与时代进步的影响。由此出现了第一批以教授知识为生的专业教师,但由于他们没有更多的知识储备,也缺少较为专业的专门培训机构,教师职业的专业化特征尚不明显。

在我国,教师职业作为一种独立职业出现是在春秋战国时期。当时私学兴起,官学衰落。"随着社会的变迁,打破了奴隶主和贵族对教育的垄断,隐藏在政府中的古籍和文物散落在人们中间。穷困潦倒的奴隶主、贵族和掌握一定文化知识的人被降级到社会的下层,成为私立学校的教师。这一时期,百家学派的兴起,私学的盛行,孔子、老子、墨子等,就是我国最早的私学大师。"[1]

在我国古代,自春秋战国以来,长期存在官学与私学并存、兼职教师与职业教师并存的历史现象,其中,私塾教师一直是中国古代教育发展的一股重要源泉。明清时期,大兴文字狱,采取了录取、压制教师等政策,实行八股取士。教师的心胸狭窄,思想僵化,已经成为"腐儒"。清朝末期教育衰落,外国的侵略开始依次渗透我国的文化教育,一些外国的传教士开始担任教会学校的教师。后来洋务派创办了新学校,授课的教师大多是外国人,直到留学回来的中国学生带着新老师回国。

(二)近代教师职业的蓬勃发展

近代以来特别是鸦片战争这一时期,中国教师职业产生了革

---

[1] 肖杰《小学教师职业幸福感的调查与思考》,华东师范大学博士学位论文,2004年。

命性的变化,逐渐出现了"师范教育"这一新的名词,这一时期伴随着出现了新型的教师培养模式。"鸦片战争的惨恻历史使清政府逐渐认识到原有的教师提拔方式和教师的知识结构已远不能适应社会和教育发展的需要,这就非常需要寻找一种大规模新型正规的教师培养制度,以此来代替以前只安排不培养的无意义做法。因而,在清末的《钦定学堂章程》和《奏定学堂章程》中,师范教育便正式确定下来。"[1]师范学校的毕业生逐渐成为各级、各类学校教师的主要来源,教师职业由此步入制度化的发展轨道。

1. 独立师范教育的诞生

独立的教师教育在教师职业化和教师专业化的过程中起着不可或缺的作用。世界上第一个独立的教师教育机构始于法国。"从1870年到1890年,世界上大多数国家都规划了创办师范学校的法律法规制度。与此同时,以培养教师为重点的师范学校于1897年成立,这是中国最早的师范学校。"[2]

这段令人羡慕的社会工作时期,包括教师职业,在20世纪60年代之后基本结束,当时基础教育在世界主要发达国家受到欢迎。中华人民共和国成立以来,我国的教师教育一直是以独立的教师培训学院为形式的培训模式。在多种因素的交互影响下,独立师范教育体系开始逐渐衰落,师范院校在教师培养史上发挥了重要作用,并逐渐融入综合性院校。21世纪,我国的教师培训主要有三种形式:独立师范学院、以教师培训为目标的综合性大学、综合性大学的教育学院或师范学院。

2. 教师资格制度的实施

教师资格是师范生必须要获得的,获得的标准是要有教师职业的基础学识修养、认真钻研的态度和教育教学能力,这是国家对学

---

[1] 刘富喜《教师职业认同的指向和态势》,《当代教育论坛(学科教育研究)》2007年第9期。

[2] 宋吉缙《论教师职业的专业化》,《清华大学教育研究》2003年第1期。

校从事教育教学教师的入职要求,其目标是建立专业性强、素质高的教师队伍。《教师法》明确提出"教师是承担教学任务的专业人员",正式规定了我国教师的价值,并规定"国家实行教师资格制度"。①

实行教师资格制度的缘由,即教师队伍准入机制标志着我国初步形成了教师资格制度,可以依法获取教师资格的,由教育行政部门授权即可创办各类学校,在其他教育机构担任教学教育任务。教师资格考试改革增大了教师的门槛,其核心是把好"入口关"和"出口关",打破教师资格终身制,增强教师队伍的水平和质量。想要成为一名人民教师,必不可少的就是获得教师资格,这是成为教师的首要要素,也是教师必须要终身遵守的首要前提。

(三)现代教师职业的专业发展

教师专业化的实现是增强教师社会地位的根本保证。如果一个职业对每个人都适用,那么它在社会上就没有地位。如果教师没有社会地位,他们的职业得不到社会的尊重,那么社会的教育建设就会瓦解,社会就无法进步。

1. 教师专业化是世界教育发展的新趋势

目前,教师专业化是教师专业发展的主流和趋势。自 20 世纪 60 年代以来,世界教育议程已开始采取教师专业化的形式。"教育应被视为一种职业。教育专业是一种公共实践,要求教师获得和保持专业知识和技能,这些知识和技能需要严格和持续的探索和实践。"②

"1993 年,在法律上教师专业地位的肯定,是我国颁布的《中华人民共和国教师法》,这表明教师职业具有不可替代性,是一种专门的职业。2000 年,我国出版的《中华人民共和国职业分类大

---

① 王栴《论教师职业的内在价值》,《教育研究》2000 年第 9 期。
② 申继亮、王凯荣、李琼《教师职业及其发展》,《中小学教师培训》2000 年第 3 期。

典》,首次将我国职业归并为八大类,教师属于'专业技术人员'一类。"①教师自身的专业性发展依赖于教师知识储备能力及专业素养的高低,一名教师首先要对所研究的领域有全方位的认识和清晰的见解,对该领域的学术研究尽收眼底,才能谈得上"专业化"一词。

2. 教师专业化的基本含义和主要内容

如果在过去,教师的工作只是一种职业,他们可以做到这一点,只要他们有必要的专业知识。在今天,他们还必须具备从事教育教学的专业知识和能力,才有资格成为一名教师。参照国内外学者的观点,教师专业化的主要内容包括:一是国家有专门的教师教育机构、教育内容和措施;二是教师专业化既包括教育专业化,也包括学科专业化。

统览21世纪与教师相关的诸多研究,专业化无疑是教师队伍建设的有力支点,而专业素养的提升又应以肯定教师职业是一种专业性的职业为前提。顾明远教授从社会学的角度提出了"教师只有专业化才有社会地位",林崇德教授为教师专业素养架构了"师德、专业知识、专业能力"的三维结构,钟启泉教授提出教师"专业化"需要满足三个条件:教师教育制度的创新、理性的教师形象的确立、教育科学的改造与发展,归纳了"技能熟练模式"和"反思性实践模式"两类教师专业化的具体模式。这些研究日渐成为21世纪教师专业发展的中心,深刻影响着当前教师教育与教师队伍搭建的相关政策和研究。

 案例聚焦

某市的一名高中语文教师在一节语文课上,发现有一名学生

---

① 邬志辉《如何提高乡村教师职业吸引力》,《光明日报》2014年9月2日。

总是违反课堂纪律并顶撞教师对他的批评,这位教师忍无可忍对他说出了不雅的话语,正巧说到了该名学生原生家庭的痛点,他便以相同的口吻和话语回击教师,教师一气之下扇了学生一巴掌,学生及其家长便把任课教师告到了该市的教育局,由此,这位任课教师被该校开除。这位教师的教学行为值得我们深刻反思。课堂上违反教学纪律的学生必定是有的,面对这种情况,教师如何去处理就显得尤为重要。无论学生如何顶撞辱骂教师,教师也不能对学生动手教育批评,何况课堂时间宝贵,教师不应该占用上课时间当着全班同学的面去批评教育,而在课后与该班班主任、学生、学生家长共同协商处理较为稳妥。

二、教师职业的基本特征

教师不仅要从当前人民和社会的需要出发,而且要从社会的长远发展和人的发展出发,因此教师教育的重点总是指向未来。任何一种道德品质的形成和完善,都不是教育和实践能够在短时间内进行创新的,而是经过反复的再创造和再实践,才能逐步达到一个更高的层次。

(一)教师职业的复杂性

教师职业工作是复杂的劳动,受到多方因素的影响,既不同于一般的脑力生产劳动,也不同于物质生产劳动。教师的任务,是通过教育活动进行的,教师的工作对象是身心发展的儿童和青少年。教师劳动的手段就是利用自己的智慧和才能。对人的要求是不断变化的,这就决定了教师对学生的培养和教育必须具有发展的眼光。

1. 教育对象的复杂性

每个学生生活在不同的家庭氛围中,受不同的因素影响,具有不同的人格特征,这也决定了教师在开展教育工作时不能像物质生产工作那样采取完全统一的方法,而必须根据每个学生的特点采取不同的方法,使每个学生都能得到良好的发展。由于现代社会的自由性、开放性、多变性,当今中小学生的思维较为发散,个性张扬的愿望特别强烈,这就需要教师适时进行相应的调整。

由于教师面对的是一个个鲜活的人,学生的思维、经验、心智存在客观差异,教师作为"教育教学"的引领者,不断影响着学生,那么学生作为"学习"的主体,随时都会以其感受、思想、态度影响着教师。除此以外,还要考虑到一些特殊群体,对于这些特殊群体的教育,教师要针对学生不同的状况因材施教,施以多种多样的教学方法与教学途径。

2. 教育目的的复杂性

教师劳动的目标不是生产某种物质产品,而是注重精神的洗礼,即教书育人,这是教育的终极目标。其目标的确立必须考虑到社会发展和人的发展的影响,必须考虑到学生素质的全面发展。基础教育课程改革要求教师不仅要尊重学生的个体体验,还要鼓励学生的个性发展,但在实际教学中却出现了一些偏差,如过分强调学生的独特体验,偏离教育价值取向,甚至违背新课程改革的精神实质。

教师担负着全面发展学生德、智、体、美、劳等身心品质的重任。他们不仅传授专业知识,而且注重学生的领悟能力和创新能力,完成相关的德育目标,促进学生的身心健康发展,从而出现教师劳动评价的难度和复杂性。

3. 教育过程的复杂性

教师必须做好抓好教育过程的多种工作:既要了解每个学生的特色与不同,又要对学生整体的共性全面把握;还要对所学教材重新整理加工,形成自己的独特见解,以达到学生的思想情趣与身心发展水平;作为教师更要随时注意学生课堂的神态表情,及时作出调整,此外,教师还必须善于协调学校、教师、家庭、社会各界的影响。

不同教育阶段的学生,教师所采取的教育过程也大不相同。对于低年级阶段的学生,教师应尽量注重语言的艺术性与趣味性,教学过程采用游戏法的方式引导学生。对于中年级阶段的学生,教师应注重教学纪律的强调,教学氛围的烘托,教学内容不宜过难。对于高年级阶段的学生,教师应注重知识点之间的连贯逻辑,注重课堂知识的延伸,强调学生学习的方法。

(二) 教师工作的创造性

教师工作看似平凡、简单、琐碎,但是实际上,教师工作是最富创造性的。苏霍姆林斯基说过:"教师创造生产劳动力的一个最重要的表现就是他的工作对象——学生,总是在不断变化,各具特色,每一天都有所不同。"①正是教师劳动的复杂性,推动着教师必须进行富有创造性的劳动。

1. 内容的创造性

尽管教材和课程标准都对教学内容作出了规定,但如何将这些刚性的、静态的东西变成学生易于接受、形象具体的东西,教师研究教材、研究教学标准、分析学习情况、借鉴先进教学经验、思考教学过程、研究教学方法,进行创造性处理和设计,这些都是教师教学的重要环节。如果完全按照教材的编排,死板僵化,教学注定要失败。

案例聚焦

《一元一次方程中关于打折销售的问题》的教学案例:

学生们被要求在周末上课前做一个社会调查。其中一组学生

---

① 邬志辉《如何提高乡村教师职业吸引力》,《光明日报》2014 年 9 月 2 日。

的调查对象是"男装之王",标价498元,减价30%销售,这件衣服的购买价格是348.6元。所以我用这个数据作为一个应用的基础:一件衣服标价498元,七折销售利润是110.6元,求服装的成本是多少?根据学生在课前的社会调查结果得知,学生们很快发现了问题的已知量、未知量和相同量之间的关系,当然也很快解决了问题。然后我要求每个小组根据他们自己的发现解决一个线性方程问题,然后展示和分析已知量、未知量、相同量之间的关系和解决问题的过程。每组学生经过热烈的讨论,提出了各种各样的问题,解决问题的想法和解决问题的方法。通过这次活动,同学们拓宽了思路,开阔了视野,也让他们认识到了店里所谓的"亏本待遇""大甩卖"等现象。

这个案例启发我们,教师可以利用发生在学生身边的生活实事创新教学内容、创设教学情境的典型案例,这有助于激发他们的兴趣,拓展学生的思维。此外,我们还可以利用学生的心理特点和认识水平、当地本土教育资源等来创造性地使用教材。

2. 方法的创造性

教师采用什么样的教学方法,如何组织教学过程,激发学生的学习欲望,如何实现课程目标,如何调动学生的学习积极性等,都离不开教师的创造性思维的运用。可以说,教师在教育教学过程中的每一个决定都是创造性思维的发挥。

通过创新教学方法,不断转变教学形式,调动学生的听觉、视觉等各种感官知觉,使学生感到学习是一件快乐的事情。所以说,教育的过程本身就是创造的奠基,是一项没有模式可套、没有常规可循的工作,任何有效的教育都离不开教育者根据教育对象和情况的具体情况,选择和创造最佳的教育方法,灵活地实施教育。

3. 语言的创造性

教师通过发自肺腑的语言,不仅能打开学生的心灵之窗,还能给学生以深厚的教诲,解开学生心中的疑惑,增进师生感情。语言对人的感染教育作用非同寻常,甚至简单的一句话都能影响学生的一生。

谈到教育,其教学艺术就是激励的艺术。真挚热情的语言激励,其价值便在于剖析学生的思想情感,促进思维能力的发展。教师的口语表达的方式与质量的高低直接影响着学生对知识的接受;教师的鼓励之语温暖心田,有助于启迪学生的智慧;教师的升华之辞清晰睿智,有助于唤起学生的逻辑思维。甚至可以说,教师的口语表达直接影响教学效果和教育质量,更加影响教育的成败。

合作研习

在学校,部分教师认为教学工作与任务繁重,科研与教学的压力让他们喘不过气来,每天抱怨没有时间放松娱乐,为什么不能"养老式"工作?但也有部分教师,每天都有科研与项目的任务,面对如此繁重的科研压力,他们并未退缩且越挫越勇,不断学习,不断提升自己的科研水平与科研能力。与此同时,还认真备课、反复磨课,直到自己满意为止,每天精力十足,从不抱怨,反而还多了感激与自我满足的信心。

根据上文的材料,在压力如此巨大的教师职业面前,你认为不停抱怨、带着负面情绪工作有教师职业幸福感吗?如何改善这样的现状?面对诸多的科研与教学压力,每天精力十足地工作有教师职业幸福感吗?如何达到这样的境界?按照小组分组讨论,如果是你,该如何更好地改善这种情况?

(三)教师形象的示范性

青少年学生容易被暗示和模仿。教师的世界观及其行为、生活、对每一种现象的态度都会不知不觉地影响学生,在学生的心中留下不可磨灭的印象。因此,教师必须以身作则,充分认识教学的重要性,无论是在思想、情感、立场和观点上,还是在言语和行动上,都应成为学生的榜样。

1. 丰富学识的示范性

教师的博学多才既是教师的底气,更是学生所求。对学生而言,他们对知识的学习需要教师耐心认真、循序渐进、由浅到深地指导。同时,教师的学识渊博与否,不仅影响着学生未来知识系统的塑造、形成与更新,还影响着学生世界观的形成和求知态度。正如洛克在《教育漫话》中指出的:"教师应该牢记,他的工作不是给予学生在这个世界上所能知道的一切,而是使他们热爱和尊重知识,使他们使用适当的方法去寻求知识和提高自己。"[①]

换言之,教师应该懂得比课堂教授的知识更加深刻和系统的多,应该不断学习新的东西和学习新的知识。教师的知识越丰富,艺术修养越高,其对教学设计的理解和对教学艺术的感受也越深刻。

2. 高尚人格的示范性

教师有着为人师表的人格吸引力,是"润物细无声"式的道德教育的重要基础,也是品德培养的奠基石。教师对自身人格塑造的重视与表率,是道德教育得以健康发展、持续进行的重要保证。

"其身正,不令而行;其身不正,虽令不从。"这句话形象地说明了教师的示范性。教师的人格,表现在怎样做教师以及做什么样教师的问题,教师的人格品质、行为等能给学生树立榜样,促进学生的健康成长。夸美斯指出:"教师的人格是儿童心灵最灿烂的阳光。"乌申斯基也指出:"教师人格是教育事业的一切。"[②]教师不仅要以自

---

① 转引自张承芳《教师素质学》,济南出版社,1990年,第197页。
② 转引自崔新玲、梁进龙《我国教师职业认同研究综述》,《晋城职业技术学院学报》2011年第4期。

己丰富的学识去教育学生,更要以自己的高尚品德去影响学生。

3. 人生追求的示范性

人生的追求,不外乎物质的满足和精神的富裕。人生追求的方向往往与道德情操、文化素养、生活方式、生活习惯和工作态度紧密相连。教师犹如一面镜子,映射着社会发展的时代性和先进性。所以,教师不仅是高尚价值的倡导者和守护者,更是人类文明的创新者和践行者、真的探寻者、善的点播者、美的创造者、爱的传承者。

如果说"梦想、激情"是 21 世纪对青少年精神境界的要求,那么教师作为培养人才的人,要相信每一个学生都是天才,要鼓励学生敢于追求人生理想,要激励学生大胆创新,教师自身首先更应该是有人生追求。对普通教师来说,人生追求或许就是成为一名优秀的教师。对广大一线教师而言,人生追求不一定轰轰烈烈,但平淡之中要有强大的力量。然而,优秀教师并没有终点,很多教师用其一生的努力朝着这一追求奋斗。

三、教师职业的个人魅力

"一日之师,终身为父""教师是太阳底下最光辉的事业",在人类发展的进程中,教师始终都是带给人类历史文明进步的坚强后盾。近些年随着教育优先发展政策的开展,科教兴国战略的确定,《中华人民共和国教师法》的进一步贯彻实施和尊师重教社会风尚的完善,我国教师的待遇越来越好,教师的地位也在不断提高。教师作为一个值得骄傲的职业,越来越受到人们的钦佩和渴望。

(一)教师职业的地位

教师职业地位与教育地位密切相关。它不仅关系到对教育现状的理解,也关系到社会对教育的期望和需求,以及地位的资源和对社会的实际贡献。教师在社会上越来越受到各界人士的重视,越来越多的人都认为教师是人民的教师,是值得尊重的。此外,教师的薪资待遇水平也在不断改善与提高。

1. 社会地位

尊师重教是中华民族的优良传统。随着社会经济文化的发展,教师的社会地位逐渐提高,教师职业也越来越受到人们的欢迎。有很多赞美教师的话语,人们用这种方式表达对教师伟大荣光的赞美。诸如用"春蚕到死丝方尽,蜡炬成灰泪始干"这样的诗句、用《长大后我就成了你》这样的歌曲来赞美教师的美丽与魅力。应该说,这些美丽的诗句和歌曲是千千万万中国教师形象的生动刻画。近年来,由中央电视台和《光明日报》社共同主办的"寻找最美乡村教师"大型公益活动,吸引了亿万人民的关注和参与。在"寻找最美乡村教师"的过程中,很多人一次次被乡村教师安贫乐道、传递知识火炬的人生选择所打动,被乡村教师的情怀与执着所感动。

教育是一项神圣而光荣的事业。长期以来,广大教师兢兢业业,默默付出,培养了无数让我们引以为傲的英雄儿女,为我国教育事业和现代化建设做出了突出贡献,因而受到全社会的尊重。每年教师节前夕,党和国家领导人都以多种形式倡导全社会尊师重教。更可喜的是,免费师范生、"国培计划"等诸多教育政策的设计与推行更全面地反映了国家致力于教育发展的决心,进一步促进了尊师重教良好社会氛围的形成。在全社会大力弘扬社会主义核心价值观的同时,社会各界积极营造尊师重教的良好气氛,引导更多的人把关注的焦点放在教育上,支持和帮助教师,教师的社会地位也随着教育事业的发展而不断提升。

2. 政治地位

教师职业的政治地位通俗意义上来说是指教师职业在国家或民族的政治生活中有什么地位、起到什么作用。在我国古代社会,教师的政治地位总体上是相对较为低下的。在等级森严的奴隶社会与封建社会,统治者的雇佣劳动力大部分是教师,而教师必须完全服从于统治者的指挥。

随着社会的进步,教育地位的提高,提高教师社会地位的前提就是教师政治地位的提升。《中华人民共和国教师法》的出台,极大地提高了我国教师的社会影响力和政治地位。它以法律的形式规定了教师的权利和义务,并将每年的9月10日定为教师节。

3. 经济地位

"教师的经济地位由教师的工资收入所决定,除了稳定的薪资以外,还有各个学校隐性的福利待遇。教师的经济地位是教师社会地位的直接表现之一。教师的薪资待遇如果很一般,那么大多数教师在日常生活中连最基本的生活保障都不能及时满足,即使部分教师为了个人情怀抑或是教师理想在咬牙坚持,也很难长此以往地坚持下去。自古以来,'家有一斗粮,不当孩子王',就是形容这一类人民教师,'两袖清风'正是对当时这种情况最真实的写照。在现代社会,教师的价值万万离不开教育的价值和知识的价值,并且依托于后者。教师的薪资待遇是教师可持久性坚持下去的动力,这不仅影响教师自身的稳定和发展,这更是教师职业长久生存下去的经济基础。"①

从2009年1月1日起,我国对义务教育阶段教师实施发放绩效工资。绩效工资的设立有效保障了教师可以多劳多得,提高了教师之间的有利竞争。此外,保证教师平均工资水平不低于当地公务员平均工资水平,这表明了教师现阶段的薪资待遇大多比不上公务员,这会导致部分教师辞职去考取公务员岗位,由此培养祖国花朵的教师职业会越来越落寞,此项政策很好地保障了教师薪资与公务员平均工资持平的良好状态。同时对义务教育学校的一

---

① 张俊《中学教师职业幸福感形成与发展规律的研究》,辽宁师范大学博士学位论文,2012年。

些离校退休人员统一发放生活补贴,这就保障了辛苦一辈子的人民教师老有所依,也让青年教师看到了教师职业光明的未来。2010年颁布的《国家中长期教育改革和发展规划纲要》明确提出:"提高教师社会地位,维护教师合法权益,改善教师薪资待遇,使教师成为受人尊重的职业。"这表明,关心教师、尊重教师、物质保障和教师经济地位的提高,让越来越多的人民教师有了继续努力的信心。它是提高教师生活水平的重要措施,是对教师地位和价值的高度重视,是教师激励制度改革的重要内容之一,是保障国家教育水平的重大举措。

(二)教师职业的价值

随着现代社会的文明进步,文化科学、思想品德、人的智慧都在人类社会活动中发挥着日益重要的作用,社会发展的轨迹中明确显示出这一特征。因此,教师职业的社会作用客观地提升到历史上从未有过的新高度。教育提升了人类的地位,提高了人的价值,必然要求教师在社会发展中充分发挥其作用,也必将赋予教师崇高的社会地位。因此,教师职业的社会地位诚然不可代替,教师劳动理应受到社会各界的尊重与承认。

1. 传播知识,传承文化

教师是知识的传播者。怎样认识与理解知识,如何把握知识的核心体系及其与学生发展的联系,站在什么立场上拓展延伸知识,从而找到传播知识的合理方法与途径,是教师需要积极面对的问题。知识范畴不仅是教育学的经典问题,也是教育学的现实问题。这个问题的答案,在很大程度上,支配着人们的教育观念和教学行为。信息化时代的到来,决定了教师所传之道、所授之业与以往大不相同,所解之惑也不一样。在信息大爆炸的时代,教师还应跟上时代进步的步伐,在社会进步的潮流中去获取新时代所需传播的知识和传承的文化。面对信息社会的挑战,教师传播知识,更需要掌握好"一桶水"与"一碗水"的关系,努力成为具有广博知识的杂家。

教师是人类文化的传播者,教师的一言一行都在潜移默化地影响着学生,在人类社会的发展中起着不可或缺的作用。从纵向上看,教师把自己所熟知的科学文化知识传给学生,对社会的连续性和发展起着重要作用。从横向上看,教师通过传播文化,从而达到"1+1>2"的效果,使世界先进优秀成果得以相互吸收,对社会文明之间也起到桥梁和纽带的作用。

2. 引领道德,开掘智慧

教师是人类灵魂的工程师,教师对学生起着启蒙与先锋的作用,在塑造优秀人才道德品质方面有着至关重要的影响。学生良好道德品质的形成取决于多种因素,其中教师是主导因素。教师在思想道德教育中发挥着举足轻重的作用,具有重要的社会意义,教师个人思想境界的崇高,不仅能促进学生的健康成长,而且能促进社会文明进步,提高道德水平,营造良好的和谐氛围,为融洽的人际关系的形成创造有利条件。教师的教育角色对学生来说很重要,尤其是在基础教育阶段,因为学生在此阶段最具有可塑性。中小学阶段不仅要为学生的智力和体能发展奠定良好的基础,而且要为学生的道德品质奠定良好的基础。

除此以外,教师还是学生自身潜能的发掘者,为学生智力的开发打好基础。教师除了传授知识外,更为重要的是开启学生的智慧,使其进入与他们现在得到知识的世界具有极大不同的世界时,不至于应对不及。因此,教师应强调知识学习的过程,将方法蕴含于知识之中,让学生从追求思维成果(知识)转到追求思维过程(方法),让学生获取"有滋有味"的寻求真知的过程。教师应尤其注重方法的传授,要注意思维方式的引导和挖掘,尤其是对创造性思维方式的认识和使用,促进学生智慧的开发和思维的发散。教师还应领会到每个人的潜能都是大不相同的,个体在发展趋势与发展水平上可能有着很大差距。这种差异要求教师擦亮眼睛、创造条件,施以正确的教育。无论是对学生群体还是对学生个体来说,教师对人的智慧的认识和开发具有重大意义。

3. 培养人才,服务社会

教师被人们誉为最崇高、最神圣的职业。教师,每一个人生命中最灿烂的灯火,烛照文明的智慧根源,也光照我们的人生旅程。正如苏霍姆林斯基所言:"教师,是学生智力发展与能力提升过程中第一盏、继而也是主要的一盏指路明灯;因为教师是第一个带领学生走向知识的伟大殿堂,教师重在激发学生的求知欲,循序渐进的指导学生尊重科学、文化和教育。"[①]可以说,在青少年的成长中,教师的重要性无论如何强调都不过分。这不仅因为教书育人的重担在于教师,更因为教师对青少年的人格完善和心灵成长都具有深远影响。在人类历史的长河中,一代又一代优秀的教师们用爱和智慧,甚至热血和生命塑造着教师的职业形象。教师,以其独特的职业魅力吸引着千千万万有志之士在教育的沃土上播种、耕耘、收获幸福。

教育以培养人才,尤其是以培养面向未来社会的人才为己任。德国哲学家海德格尔说:"最好的老师常常让学生觉得没有学到什么,而实际上老师却是在不知不觉中教会他的学生很多很多的东西。"[②]人才培养是学校最基本的职能,是教师最重要的任务。对学校和教师而言,有什么样的教师、开设什么样的课程与培养什么样的人才直接相关。学校应多样式地培养学生立志报效国家、服务人民的社会责任感,让学生懂得知恩图报的意识,引导学生历练勇于探索的创新精神和善于解决问题的实践能力。对于教师而言,必须准确把握社会发展的趋势和脉搏,深刻领会教育为社会服

[①] [苏]苏霍姆林斯基著、杜殿坤译《给教师的建议》,教育科学出版社,1984年,第53页。

[②] 杨茂秀《好老师是自己找的》,首都师范大学出版社,2011年,第89页。

务的价值取向,将自身的发展置于社会发展与教育发展的宏大背景中去,通过自身的专业知识,培养社会所需的人才,为促进社会和人类发展做出应有的贡献。

(三) 教师职业的幸福

教师职业幸福是一种无与伦比的体验,是对教育中师生关系融洽、生存状态愉悦的情感体验。教师是人类灵魂的工程师,启迪人的智慧,净化人的心灵;教师是阳光雨露,温暖花草,滋润树木。教师职业是一个平凡而神圣的职业,教师职业的幸福是教师才能感受到的一种精神享受。事实上,有很多教师都在平凡的职业中追寻着属于自己的幸福。对于教师来说,幸福感也许并不来源于物质享受,而来源于自我演绎的精彩课堂,来源于天真无邪的学生,来源于自己亲手创造的教育奇迹。

1. 课堂精彩

在一般的教学中,一个懂得享受课堂、喜爱课堂的人自然会带着他人一起享受快乐,与学生一起学习、一起玩乐,创造一个充满活力的课堂。优秀教师的教学是人们喜闻乐见的,它包括:课程标准的准确定位;教学重点、教学过程的设计——循序渐进;教学内容的分析——深入浅出;课堂气氛的调整——张弛适度;对学生学习的关注是敏锐的。享受进入课堂,真诚地爱每一个孩子,将每一堂课精彩地演绎,感受到他们生命的闪光;享受教学的态度,心灵将充满明亮的阳光,回响着和谐的音乐,体验着诗意的灵感。应该说,口语清晰,学习有趣,听得清楚明白,易于学会,是很多教师一直追求的教学境界。

2. 学生成长

教师作为社会角色中的一员,肩负着其该有的社会责任和使命,教师最中心的任务就是"教书育人"。当学生得到发展时,教师都会有一种愉悦的情感体验,这就是教师的幸福表征。因此,教师幸福感虽然与其他因素有关,但主要体现在教书育人的过程中。有了好老师,学生会感到愉快,会萌发出许多题目和探索的欲望。从这个意义上说,一个好的教师不能只由专家来评价,还要由学生来评价。

案例聚焦

在教学《珍珠鸟》(人教版)这篇课文时,学生对作者冯骥才写于文末的那句话"信赖,往往创造出美好的境界"有不同的见解。有的说,小珍珠鸟信任他的原因是,它不知道人们会伤害他,所以它不害怕。有人说,为什么大珍珠鸟在笼子里把小珍珠鸟叫回去呢?如果作者如此依赖珍珠鸟,为什么不放了珍珠鸟,让它们重获自由呢?你把珍珠鸟放在笼子里也叫信任吗?①

对于教师来说,学生的成长和进步是他们努力学习的最好回报,是他们所付出的价值,也是他们最大的幸福和快乐。学生正是在不断质疑中逐步成长起来的,教师需要耐心认真地给予他们足够的思考空间。教师要充分尊重学生的思维成果,欣赏学生每一步的进步。教育是一项充满热情、爱心和勇气的活动。这是教师和学生共同成长进步的过程。教师可以从学生身上获得年轻的心态,接受一种感动,收获一份纯真烂漫的师生情谊。这种体验,本身就是一种幸福,这种感情也较为长久,而且这是只有教师才会有的财富。教师由于自己的付出,能够得到爱的回报,这就是教师拥有的最大幸福。关乎心灵,关乎命运,关乎成长,这是教师职业的底色所系,正因为如此,教师的幸福来源如此之多,教师的快乐也

---

① 周一贯《"核心素养"语境下的语文课程改革走向》,《语文教学通讯》2016 年第 10 期。

深深地关联着学生的快乐与喜悦。

3. 自我超越

成熟的教育教学理念,对教师来说是一种幸福;奇妙的教育教学艺术,对教师来说是一种幸福;积极的教育教学追求,对教师来说是一种幸福。工作的价值越高,动力越大,工作的内在力量就越大,不难理解为什么同样的教师工作有不同的未来。以幸福和爱为支撑的教师,倾心育人,他们真心地热爱着自己的劳动、自己的学生,追寻并享受着苦中之乐、苦中之趣。事实上,教师的幸福更重要的是一种心态和状态,是个人信念与追求的体现。教师若能超越自身对工作的狭隘理解,真正视教育为爱的事业,视教学为艺术行为,视反复为精致,视忙碌为创造,则能在平淡的教育生活中获取更多的幸福,并乐此不疲、虽苦犹甜。静下心来好好读一本书,对自己的职业生涯做一个规划,腾出一片心灵的空间思考问题,在先贤、大师的引领下战胜自我,超越自我,才能真正地走近幸福、拥抱幸福。

推荐阅读

劳凯声《教师职业的专业性和教师的专业权力》,《教育研究》2008年第2期。

宋吉缮《论教师职业的专业化》,《清华大学教育研究》2003年第1期。

高晓清《教师职业专业性与进入21世纪我国教师职业专业化建设》,《中国高教研究》2001年第3期。

技能训练

1. 教学反思

在课堂教学中,老师提问学生一个问题:都江堰水利工程作为一项利在千秋的大型水利工程,我们最应该感谢的是谁?

生:最应该感谢太守李冰。(老师面无表情地让学生坐下)

生:我认为最应该感谢秦昭王。(老师微笑地摇头并示意学生坐下)

生:其实最该感谢的是修建水利工程的劳动工人们。(老师满意地示意学生坐下)

谈谈你对上面案例的认识。

2. 教病诊治

几个学生在门外兴致勃勃地观察着什么,原来他们收集了一瓶小蚯蚓,老师走过去问:你们在干什么?

"听蚯蚓唱歌呢!"学生头也不抬地回答。

"胡说,蚯蚓哪会唱歌?"老师严肃地呵斥道。

严厉的斥责让学生回过神来,一个个耷拉着脑袋,等候老师发落。但有一个脾气倔强的小朋友反驳道:"老师你不凑近了听,怎么能听到小蚯蚓在唱歌?"

(1)请你对这位教师的做法做一评析。

(2)作为一名教师,我们应该如何关注学生?

第三章
教师道德论

模块导读

我们为什么要学习教师职业道德？它的内涵、特征是什么样的？对于教师、学生有哪些促进作用？教师职业道德有哪些必要性以及社会意义？本章还将展示教师工作应当遵守的基本道德原则。

一、教师职业道德的历史发展及规范

每一个职业都需要遵守基本的职业道德，那为什么教师这个职业的职业道德需要单独写出来呢？因为这个职业的特殊性，每天都需要处理教师与学生、与家长、与教师，甚至与社会的复杂的人际关系和道德关系。教师不仅仅需要教授知识，授业解惑，还需要传授道德品质，两者合一才是教师这个职业所需要传授的内容。正因为如此，教师不仅仅需要丰富的专业知识，还需要良好的、合乎职业的道德品质。只有专业知识和良好的个人修养品质相结合，才能促进学生的健康成长。

"教书育人"可以拆开来看，"教书"是指授业解惑，"育人"是指以自身的优良修养、端正品行来以身作则,为学生道德的表率。这不仅仅要求每个教师有丰富的专业知识,还要公平对待学生,尊重资质不一的学生的人格尊严。所以教育的最终的目的是培养一名兼具文化知识以及道德良好的、国家和社会所需要的健全公民,而不是一名只懂文化知识的"文化人"。

我常常收到大学生主要是师范生的许多来信,几乎所有的信里都提出一个问题:究竟在教育工作中什么是最重要、最主要的。我对这个问题已经思考了 32 年。回答它并不那么容易,因为在我们的工作中,没有哪一样是次要的东西。结论是:在我们的工作中,最重要的是把我们的学生看成是活生生的人。请同学们牢记:教育劳动的对象不是一堆无生命的自然物质,也不是一般的动物,而是具有一定的自觉意识、有情感、有理智、有意志、有思维的作为社会整体一员的活生生的人。[①]

因此,在教育过程中,我们必须平等看待学生,也就是我们必须尊重学生的自觉意识、情感、思维等,尊重他们的人格和尊严。

而在德国教育家雅斯贝尔斯的观念中,教育是人对人的灵魂之间的交流活动,包括传授知识、领悟生命、规范自己的行为,并通过这种交流活动进一步将文化传给下一代,使他们的灵魂成长,并启迪下一代对文化的属于自身的感悟。显然,教育就是要遵循一定的道德伦理要求,尊重学生的人格和尊严,无论何时何地不能伤害学生的人格和尊严。教师不仅仅是要教授现存的文化知识,还要以公平公正、民主的方式和学生进行精神上的有

---

① [苏]苏霍姆林斯基著、杜殿坤译《给教师的建议》,教育科学出版社,1984 年,第 86 页。

效沟通、交流。这种沟通是人与人之间展开的,而不是人与动物、机器之间。这样可以让教育活动更有道德和伦理性,更具教书育人的特性。

(一)教师职业道德的历史发展

教育从原始社会就开始了,而教师职业道德是随着教师这一职业的发展而发展的。那时的教育是伴随人类的生产和生活的过程而产生的,由于生产力低下、物质严重匮乏,无法产生教师这一专门的职业,所以原始社会的长者负责向后辈教授狩猎、采集、捕鱼等生存技巧,而在宗教活动中,祭司们则负起了向人们讲授部落历史、史诗、传统习俗等人文知识。到了原始社会末期和奴隶制社会早期,生产力有了一定程度的发展和提高,整个社会对教育有了更大的需求,教师才脱离长者和祭司,慢慢变成了一个专门的特殊的职业,伴随而来的还有比较简单、模糊的约束教师的职业道德。可以说这个时期是教师职业道德形成的初期阶段。

公元前21世纪夏朝建立,经历了夏、商、周三个朝代的更迭,教师这一职业得到了长足的发展。这一时期,中国出现了成熟的、系统化的官学系统。所谓官学系统即是"官师合一""政教合一",教育服从于贵族的统治,同时教师这一职业也由贵族担当。因为在当时的社会只有奴隶主可以接受教育,奴隶没有受教育的权利,普通人家没有受教育的条件。

所以在春秋战国时期,随着奴隶制向封建制度的转变,孔子、孟子、荀子等思想教育家纷纷办起了私学,一系列有着体系的教师道德规范也慢慢确立起来,奠定了教师这一特殊而又光辉的形象。在孔子看来,"学而不厌,诲而不倦""择其善者而从之""因材施教,有教无类"等都是对教师的要求,并要求教师"不能正其身,如正人何",对学生也提出"其身正,不令而行;其身不正,虽令不从"这样的要求,学生有权利质疑教师的言行。从而把教师和学生放在了同一个位置,相互尊重,相互监督。而孟子也提出对教师道德的要求,"贤者以其昭昭,使人昭昭",并把教育当作人生的三乐之一,"得天下英才而教育之,三乐也"。荀子则把教师这一职业放在更加崇高的位置上,提出"天地君亲师",并接着提出"礼者,所以正身也;师者,所以正礼也"。

到了汉朝,董仲舒向汉武帝提出"天人三策",并在"大一统"思想的基础上提出了"罢黜百家,独尊儒术"的观点,一直到封建社会末期——清朝,教师的职业道德都跟儒家思想捆绑着,实现了全方位的融合。儒家的道德标准成了教师职业道德的理论基础和标准。董仲舒还提出,教师的道德在于"化民成性""以仁安民,以义正我",教师通过不断提高自身的道德水平,来成为社会和民众的道德榜样。唐代韩愈在《师说》中提出了教师职业工作的三项基本要求:传道、授业、解惑。传道的道,在文中指的是思想道德、处世之道等,用今天的话说就是世界观、人生观、价值观,还可以理解为主要指的是儒家之道,通俗的解释是道理。他认为教师不断提高自身的道德修养水平,"以身立教",从而实现对学生以及民众的道德教化。

宋明时期理学、心学大行其道,其中对师德也有自己的理解和阐述,为教师职业道德的发展作出了贡献。宋代的大师们创办了各种书院,并在传授知识中形成了比较完整的属于自己的理论体系,朱熹的《白鹿洞书院揭示》系统地论述了自己的体系,并提出了忠信、处事、博学、修身、慎思、明辨、笃行等思想主张,强调教师要做到知行合一,以崇高的道德修养来实现道德教化。这为后来的师德规范奠定了重要的基础。

到了近代的中国,一方面还是深受着传统的儒教的师德和伦理的影响,另一方面由于大量的西方思想的涌入,又接受了西方的师德、伦理观念。提倡"新学"的教育家,主张改革传统的教育模式、教师观念以及课程设置,开办新式学堂,推动了人们对新式教师职业道德的认识。梁启超在《变法通议·论师德》中提出,要对教师的知识素养和道德素养进行专门的培训,以此来获得新式教育所需要的新式师资,最终完成变法图强的目标。

而在民国时期,蔡元培先生从事教育事业,1920年秋他在湖南对师范生讲道:"一个小学教员在社会上的位置最重要,其责任比大总统还大些。"因为小学教师会以自身的人格和品行去影响小学生的发展。陶行知先生一直说"捧着一颗心来,不带半根草去",以自身的道德榜样为师德增添光辉。

中华人民共和国成立以后,通过几代人的共同努力,我国逐渐形成了新社会背景下的比较成熟化、系统化、完备化的教师职业道德体系。在这一时期,国家和教育主管部门先后出台了四个师德规范文件,极大地促进了教师职业道德体系的发展。

《中小学教师职业道德要求(试行)》(1984年版)提出,教师要热爱中国共产党,热爱社会主义,热爱祖国,热爱学生,热爱人民教育事业;奉公守法,遵守纪律;衣着整洁,举止端庄;以身作则,为人师表。

《中小学教师职业道德规范》(1991年版)提出,教师要拥护中国共产党的领导,热爱社会主义祖国,热爱教育,不断提高科学文化和教育理论水平;热爱、尊重、了解和严格要求学生;热爱学校,关心集体;举止端庄,衣着整洁;为人师表,以身作则。

《中小学教师职业道德规范》(1997年版)提出,教师要依法执教,自觉遵守《教师法》等法律法规;爱岗敬业,热爱教育、教书育人;热爱学生,尊重学生的人格,平等、公正对待学生;严谨治学,刻苦钻研业务,提高教育、教学和科研水平;为人师表,遵守社会公德;严于律己,注重身教,以身作则。

《中小学教师职业道德规范》(2008年版)提出,教师要热爱祖国,拥护中国共产党领导,热爱社会主义;爱岗敬业,志存高远,勤恳敬业;关爱学生,尊重学生人格,平等公正对待学生,促进学生全面发展;为人师表,知荣明耻,严于律己,以身作则;树立终身学习理念,拓宽知识视野,更新知识结构,提高自身的专业素养和教学水平。

总而言之,当前我国教师职业道德体系正在不断走向发展和完善。内容越来越科学合理,层次越来越清晰明了,这有利于促进教师对职业道德的理解和践履,同时也有利于增进职业道德对教师职业生活的规范和引导的作用。

(二)中小学教师职业道德规范

现将政府和教育部门的有关政策文献摘录如下:

中小学教师职业道德规范(节选)[①]

一、爱国守法。热爱祖国,热爱人民,拥护中国共产党领导,拥护社会主义。全面贯彻国家教育方针,自觉遵守教育法律法规,依法履行教师职责权利。不得有违背党和国家方针政策的言行。(好公民:教师与国家)

二、爱岗敬业。忠诚于人民教育事业,志存高远,勤恳敬业,甘为人梯,乐于奉献。对工作高度负责,认真备课上课,认真批改作业,认真辅导学生。不得敷衍塞责。(好专业人员:教师与专业)

三、关爱学生。关心爱护全体学生,尊重学生人格,平等公正对待学生。对学生严慈相济,做学生的良师益友。保护学生安全,关心学生健康,维护学生权益。不讽刺、挖苦、歧视学生,不体罚或变相体罚学生。(教师与学生)

四、教书育人。遵循教育规律,实施素质教育。循循善诱,诲人不倦,因材施教。培养学生良好品行,激发学生创新精神,促进学生全面发展。不以分数作为评价学生的唯一标准。

五、为人师表。坚守高尚情操,知荣明耻,严于律己,以身作

---

① 《中小学教师职业道德规范》,教育部文件,教师[2008]2号。

则。衣着得体,语言规范,举止文明。关心集体,团结协作,尊重同事,尊重家长。作风正派,廉洁奉公。自觉抵制有偿家教,不利用职务之便谋取私利。

六、终身学习。崇尚科学精神,树立终身学习理念,拓宽知识视野,更新知识结构。潜心钻研业务,勇于探索创新,不断提高专业素养和教育教学水平。

**教育部关于建立健全中小学师德
建设长效机制的意见(节选)**①

一、创新师德教育,引导教师树立远大职业理想。将师德教育纳入教师教育课程体系。

二、加强师德宣传,营造尊师重教社会氛围。将师德宣传作为教育行政部门和学校重点工作。

三、严格师德考核,促进教师自觉加强师德修养。

四、突出师德激励,促进形成重德养德良好风气。

五、强化师德监督,有效防止师德行为。

六、规范师德惩处,坚决遏制师德行为蔓延。

七、注重师德保障,将师德建设工作落到实处。

案例聚焦

四川某中学初三女生小清在听写英语单词时,作弊偷看了事先准备的小纸条。班主任黄某发现小清作弊之后,从另一边冲了出来,让她把纸条交出来。小清不愿意,于是黄老师便扇了小清一耳光。在两人的争执之中,黄老师又打了小清好几个耳光,教室里

---

① 《教育部关于建立健全中小学师德建设长效机制的意见》,教育部文件,教师[2013]10号。

响起了同学们叫"老师不要打了"的喊声,但是黄老师依然没有停手。随后,小清冲出教室,可是又被黄老师拉了回来。在这次事件之后,黄老师辩称,这样做只是为了教育学生,自己信奉"没有惩罚的教育是不好的教育",而学生作弊是非常严重的错误,自己也是为了学生好。

在这个事件中,我们看到:虽然初三学生小清的作弊是一种错误的行为,但是教师黄某在教育小清的过程中,却选择了完全错误的教育方法——打耳光。黄某的这种行为没有充分尊重学生的人格和尊严,以当众体罚的方式来待学生,事实上没有真正把学生当作平等的人来看待。显然,黄某的这种做法不符合教育的伦理要求,无助于解决教学中的问题,无助于学生的成长,甚至可能伤害学生的自尊,阻碍学生的人格发展。

教育活动不仅是"教知识"的活动,同时更是"教道德"的活动。教育活动的根本目标是培养有道德的人。

二、教师职业道德的含义与作用

(一)教师职业道德的含义

教师这一特殊职业需要遵循这个职业本身所具有的伦理与道德的要求,因为它是以伦理和道德为基础的。那么,什么是伦理?什么是道德?下面我们将会加以分析。

伦、理二字在我国古代很早就已出现,但均是分开使用而非一个词语。"伦"的古义,如《孟子》有言"察于人伦""学则三代共之,皆所以明人伦也"(《孟子·滕文公上》)。"伦"始有人际关系的意味。"理"则是我国古代哲学的核心概念之一。"理"的古义,如庄子说:"天地有大美而不言,四时有明法而不议,万物由成理而不说。"朱熹以"主宰心者"为理。而将"伦""理"合用,最早也可追溯到《礼记·乐记》:"乐者,通伦理者也。"道、德二字在古代也是以分开使用为主的。"道"首先指宇宙的大法。《老子》第二十五章说"吾不知其名,字之曰道"。关于"德"的含义,古人有德、德相通之说。庄子说:"通于天地者,德也。"所以,我国文化中的道德主要指个体在心性上对宇宙人生奥秘的领悟和把握以及由此而形成的德行、德性等。

因此,伦理和道德的含义虽然基本相同,都与行为准则有关,但是它们之间也存在一些差异。伦理主要指客观的道德法则,具有社会性和客观性,是一定的社会对于个体所提出的基本道德要求;而道德则主要是个人的道德修养,体现出主体性、选择性和自我修养性。在教师这个职业中,内含着伦理性与道德性的双重要求。一方面,教师职业具有伦理性,即使必须坚守职业伦理的底线,如此才能做一名合格的教师。一个违反了社会的基本伦理规则的教师很难成为一名好教师,他的教师形象也会因为无法满足社会的认同机制而遭到损坏,对学生也可能产生非常消极的伦理影响。另一方面,教师职业具有道德性,这意味着教师应当在伦理底线的基础上不断提升自我的道德修养。

教师职业道德的内涵,可以从两方面来理解:

1. 教师职业道德所关注的重点是教师工作中所遇到的各种人际关系,包括教师和学生之间、教师和集体之间、教师和社会环境之间等。核心目标是规范和引导教师处理好这些人际关系,让教师以道德的方式来协调人际行为,同时也以道德的方式来展开教育、教学活动。教师与学生的关系是教师职业道德的核心方面,一名合格的教师必须掌握好处理师生关系的能力。教师在教育工作中既要有一定的威信,能够对学生的学习生活加以引导或者矫正,同时又要充分尊重学生的人格尊严、尊重学生的主体身份,给予学生自主选择的空间和机会。教师与学生之间应当是相互尊重、相互信任,同时又是相互促进的关系,这也正是古代儒家所称的"教学相长"。此外,教师还必须处理好与集体的关系,这个集体包括同事群体以及学校生活中的共同体。教师必须从道德的逻辑出发来处理好与集体、学校的关系,努力成为学校共同体、教师集体中的合格成员,为集体生活和学校教育做出力所能及的贡献。

2. 教师职业道德不仅是一种外在的道德规范体系,更是一种内在的道德自律。也就是说,教师也必须处理好"自己与自己"的关系。必须通过把外在的道德规范内化为自身的道德修养,从而全面地提升自己的道德品质和道德境界。教师职业道德需要教师以主体的身份自觉自主地吸收和接纳这些道德规范,甚至允许教师反思和批判教师职业道德规范中的不合理的要素,保留合理的方面,从而让这些道德规范成为一种自律和自觉,而不再是一种外在的强加和灌输。通过这样的一种反思、吸收和内化的过程,教师职业道德才能真正成为属于教师职业生活的"本己"世界的道德规范,而不再是从属于教师职业生活的"异己"世界的外在道德规范。

总而言之,教师职业道德主要是一种在教育活动中教师和学生之间、教师和集体之间以及教师和社会环境之间等关系的道德规范体系的总称。它既是社会向教师职业所提出的相对客观的道德规范,同时也是教师以及教师群体所应当主动去吸收、内化和践履的道德规范;它既体现出了一定的道德他律性,同时也体现出了显著的道德自律性。因此,只有将社会性与个体性、他律性与自律性紧密地结合在一起,教师职业道德才能有效地调节教师职业活动中的各种关系,最终促进教师职业工作的开展和职业成就的获得。

(二) 教师职业道德的作用

教师职业道德在促进教师自身的专业成长、推动工作的有序开展、协调职业活动中的各种关系等方面都可以发挥出重要的功能。具体而言,教师职业道德在教育活动中发挥着三个方面的主要功能:一是它可以对教师起到引导和规范道德的作用,促使教师提升自身的职业素养,改善自身的道德素养与教育能力;二是它可以通过教师的道德示范作用对学生展开隐性的人格教育,促进学生的心智成长和道德发展;三是它可以通过教师富有成效的教育工作为社会培养有用之才,从而促进社会的发展。

1. 教师职业道德对教师自身的引导

教师职业道德对于教师以及教师集体的职业工作具有显著的引导功能。教师的职业道德与教师对教育活动意义的理解紧密联系着。教师职业道德为教师的成长提供了道德信念和理想,它可以促使教师更深刻地思考自身的职业工作的价值与意义。我们看到,在现实生活中,有不少教师缺乏教育工作者的职业道德素养,他们仅仅把工作当作一份"不会摔破的铁饭碗",仅仅把工作当成谋生的手段,而没有从更高的意义上来理解教师的职业工作。而在生活中也有很多的教师,他们真正去深刻地理解教师的职业道德,他们对自身的职业工作有着一种特殊的道德信念,因而他们更愿意把教育工作看作一种具有很深的社会意义和个体意义的工作,愿意在教育工作中付出自己的努力。教师职业道德在教师的职业生活中,正是起到了这样一种引导的作用,它使教师能够超越日常生活的现实性与功利性,把教师引向更为崇高的道德境界,使教师能够全身心地投入教育工作。

不仅如此,教师职业道德还能够通过评价、激励和追求理想人格等方式,在造成良好的社会舆论和社会风尚的同时,培育教师的道德意识、行为和品质。一种良好的教师职业道德和职业风尚可以在学校空间中制造良好的舆论氛围,而这种舆论氛围对于教师的道德成长而言是非常重要的;缺乏了这种道德氛围,教师的道德意识、道德行为以及道德品质的发展仿佛就缺乏了水源和土壤。通过教师职业道德的熏陶,可以促进每一位教师不断反思自我的道德品质和道德行为,在日常生活和教育活动中以教师职业道德的标准来要求自己,从而提高自身的精神境界和道德水平。这有助于使教师成为道德纯洁、理想高尚的人,有助于教师在教育工作中不断提升自我、完善自我的道德品质。

2. 教师职业道德对学生的教育

教师职业工作的一个显著特点是教育主体与教育手段的合一性，教师既是教育主体又是教育手段，教师一举手一投足都会影响学生的成长。教师的这种影响是潜移默化的，但同时也是持久而深远的。一个具有良好的职业道德的教师，他自身道德品格的高尚以及他对于教育工作的热爱将深深地感染学生，对学生产生非常好的教育影响。

教师的良好职业道德将影响学生的道德人格发展。具有良好师德的教师所表现出来的敬业精神、道德品质和人格修养将会极大地感染学生，有利于发展学生健全的人格品质和道德素养。因此，西方学者曾经提出了隐性课程（hidden curriculum）这样一个概念，用以归纳学校生活中的课程教学之外的隐性的价值元素的道德影响，其中最为重要的就是教师的职业道德和人格修养对学生所形成的隐性的道德影响。隐性课程的理念告诉我们，教师在日常生活以及课堂生活中所表现出来的个性品质以及道德人格，比如他是否公正地对待了学生、是否热爱学生、是否热爱教育工作、是否具有仁爱的精神、是否具备关心的品质、是否具有良好的文明礼貌以及个人修养，等等，都将对学生产生巨大的道德影响。因为教师是学生的"天然"的道德榜样，从站上三尺讲台的那一刻开始，就注定了教师必然以自身的道德、修养深远地影响学生道德品质的发展。

 案例聚焦

浙江省温州市某中学学生小明回忆，初中时，因为家里的事情在上课时注意力不集中。于是有一次班主任当着全班同学的面挖苦讽刺他。这深深地伤害了小明，他无法理解老师为什么要这样批评自己,并且是当着全班同学的面批评自己。

他本来就因为家事而心情不好,老师对他的讽刺就更像一把尖刀刺进了他的心里,让他更加闷闷不乐,学习成绩也开始下降。后来,老师干脆让他和"差生"坐在一起。久而久之,他想自己反正是没人管,越来越无心学习。于是,成绩越来越糟糕,性格也变得越来越易怒。

在这个案例中,教师对学生问题行为的处置方式不得当,有违教师的职业道德。教师的职业道德不仅可以对学生的道德品质发展起到积极的作用,同时教师在工作中所体现出的对学生的热爱等也会形成良好积极的氛围,有利于学生形成良好的学习动机以及身心的健康成长。一个有着良好的职业道德的教师,他必然热爱教育工作、热爱学生。而教师的热爱之情必将对学生带来积极的心理暗示,促进学生将热情投入知识和道德的学习活动中去,促进自身的智力、道德品格的积极发展。

3. 教师职业道德对社会发展的促进

教师职业道德对社会整体的有序发展也有很重要的积极作用。

(1) 教师的劳动也是整个社会劳动的一部分,教师通过对学生的品德塑造和知识文化培育来参与整个社会的物质文明建设,间接促进了社会的积极发展。按照当前比较流行的人力资本理论来分析,学生最终会成为社会生产的关键要素、社会生产力中的一员。因此教师能否让学生的能力全面发展,对社会生产力的发展同样影响深远。因为年青一代是整个社会发展的基础性力量,他们决定了我们这个社会的生产力水平和物质文明建设的高度。当教师能够通过自身良好的职业道德和工作态度来做好教育工作的时候,他们就能够更好地培养出社会发展所需要的人才,促进社会文明的进步。所以,教师虽然表面上没有直接参与整个社会的物质文明建设,没有直接参与社会生产力的重构,但是事实上教师在社会生产力的进步和社会物质文明的建设中发挥着不可或缺的作用。教师的作用是不可替代的,因为他们培养出了可以发展生产力和提升物质文明的人,而这是一切社会进步的基础。

(2)教师职业道德还会间接影响到社会的精神文明的发展。实际上,教师职业道德与其他的道德规范共同组成了社会道德,除了其本身的水平程度是直接构成社会道德水平程度的一部分之外,它还可以是社会的道德规范底线,带动社会道德水平程度的提高。在社会精神文明的发展中,教师的作用是非常明显的。教师往往被视为整个社会的道德楷模,所谓"学为人师,行为世范""学高为师,身正为范",这表明教师不仅仅是知识的传递者,同时更是整个社会的道德榜样,对社会的精神文明具有引领和示范的作用。一个品德不良的教师可能会被整个社会所唾弃,对整个社会产生极其不良的道德影响;而一个品德高尚的教师或者一个无私奉献的教师,则可能通过自身良好的道德修养和人格品质被社会所赞扬和称颂,成为整个社会的道德榜样。这样的教师可以引导整个社会道德风尚的形成,真正做到"行为世范"。因而,教师的职业道德和品格修养对于整个社会的精神文明建设具有非常重要的作用,它可以直接带动整个社会道德水平的提升。

因此,我们必须把教师职业看作是整个社会的一项基础性职业,把教师的职业道德看作是整个社会的基础性的道德构成。我们必须更加重视教师职业道德素养的提升,这也是为了促进整个社会物质文明和道德水平的提高与进步。教师在工作中必须严格、谨慎地处理人际关系以及道德关系,这就需要教师具备优秀的职业道德素养。同时,教师的教育工作本身就是一项伦理活动,它不仅仅是教知识,同时也是在教道德;知识传递与道德教化在教师身上是统一的。也正因为如此,教师需要特殊的职业道德规范来约束和引导职业行为,实现职业工作的升华。

三、教师职业道德修养

(一) 概论

一个教师在自己的职业生涯中,总是会试图去思考自己究竟应该成为一名什么样的教师,应该遵循哪些基本的道德原则和职业规范。有的教师觉得自己应该成为一名公正的教师,公平地对待每个学生;有的教师觉得自己应该成为一名仁慈而富有关怀精神的教师,关怀和宽容学生;有的教师则觉得自己应该成为一名有良心的教师,坚守道德良心;还有的教师觉得自己应该成为一名幸福的教师,给学生幸福的同时也给自己带来幸福。

教师职业道德是由一系列的核心规范及基本原则构成的,它呈现为一定的范畴体系。教师职业道德的基本内容,就是指教师职业道德中最为核心的道德原则及其概念体系,它体现了教师职业道德的本质属性。那么,从教师职业及其特殊的伦理规范体系出发,教师职业道德可以划分为三个基本范畴:一是幸福;二是公正;三是良心。这三个基本范畴展示了教师职业道德的特殊的职业属性以及道德属性,体现了教师职业道德的核心内涵。

(二) 教师职业道德修养的基本道德范畴

1. 幸福是什么

我们要理解幸福这一概念首先就要知道幸福、幸福感分别指的是什么。幸福是人有目的性地去追寻一定目标,目标实现时所达到的一种生存状态;幸福感则是对这一达到的生存状态的身心上的感受。无论幸福还是幸福感,都以人的目的性追寻和最终实现为基础。

对幸福内容的正确理解还要结合与另一个相关概念"快乐"的理解。幸福与快乐很相似,基本上都属于人的主观的身心上的愉悦状态。可见幸福、快乐一样对人身心的积极向上很有意义。但也正是因为这样的相似性,快乐与幸福的内容混淆是生活中和学习中非常常见的现象。

幸福具有价值性、目标性、意义性。这是因为如果只是人满足于生理的欲求和欲望,而自身没有对错善恶的观念,另有标准去判断快乐的对错善恶。比如,人渴了要喝水,水是人生存的条件之一,自身没有对错善恶,而喝水方式的善恶却有其他的规范方式去判断,显然,一种需要其他的规范去解释的事件是不能作为做人的本质和人为什么生而为人的生活目标的,它的意义就仅仅停留在维持人类生存这一工具性上面。

幸福也具有更强烈并持久的特质。在生活中我们会遇到各种各样的困难,而在克服这些千难万险中,人独有的精神动力、支柱一直在我们背后支撑着我们去前行。所以,人生的本质核心就是追求幸福,而获得幸福就是人生的一种高质量的成就感。转瞬即逝的感官快乐不能使人获得成就感,只会使人感到无尽的空虚。

2. 教师的幸福

正如前面我们已经说过的,幸福是一种自由自觉的主体性存在状态,是主体在实现自我的目的性或者价值追求的过程中所感受到的一种精神的愉悦与满足。因此,幸福和主体自身的能力和创造有很大的关系,而教师的幸福和教师的能力与创造性也紧密相联。因此,做一名幸福的教师,不仅需要一定的客观条件(比如和平的环境、不断发展的社会),更为重要的是需要一系列的教师自身的条件,从而更好地在教学过程中感受到幸福。

(1) 教师要充分认识和理解到职业的意义,同时提升自己的道德品质水平。教师要了解自身工作的使命,理解这份职业的神圣与光荣。也就是说,没有对这份职业充分认识的老师,无法体会到职业的幸福。因此,教师要不断地提升对职业工作的神圣性的认识,理解自身所肩负的教育使命。同时,教师也必须在职业工作中不断提升自身的德行水平和人生境界。一个精神追求不高的教师、一个缺乏基本道德意识的教师极有可能像芸芸众生一样沉溺于一时的快乐,习惯于感官的享受,从而失去对真正幸福的感受,也就失去了对职业的创造能力。真正的优秀教师总是能让自己进入较高的理性与道德的境界,承担职业使命。只有这样的教师,才能真正获得职业工作的幸福;同时也只有这样的教师,才会有教育的幸福。

(2) 教师的知识结构要较为全面。知识结构主要包括自身的学科教育知识、拓展性知识和教育基础知识三类。学科教育知识是指教师所在科目的专业性知识。拓展性知识实际上是教师的综合性的文化素养与涵养,包括其他科目以及人生的道理。教育基础知识是指教育学理论、教育心理学理论、学科教育等知识,包括对教学规律的系统性认识,对教育对象的心理的了解,等等。没有对学生、学习的深入了解,没有人类文化常识作为支架,就不能将深奥的知识生活化、简单化,这样的教师只是一个上课枯燥乏味、教育没有效果的教师,也是不会有教育的幸福的。

(3) 教师对生活要有审美。幸福也可以是生活的美感之一,因此没有美感的人也一定没有获得幸福的能力。要得到教育的幸福,教师的精神境界不但要高,教育能力也需要有创造性,还需要具备在教育活动过程中对于教、学双方的审美能力。这一审美能力既是乐于教育、乐于学习的中间媒介,也是促进创造的重要因素。教师需要自觉地掌握教育的审美评价尺度,学会以美的眼光看待教育、学生以及自己。

3. 公正是什么

公正自古以来就是人类社会的道德法则之一,是我们一直追寻的生活目标之一,也是伦理学家们由古到今不断探索研究的一个理念。公正是一个社会性问题,也是一个历史性问题,在古代的阶级社会中公正还具有一定的阶级性。但是公正本身又具有其自身统一的规范性。正是这一统一的规范性使公正成为人类社会从古至今恒久追寻的美好目标。

教师公正以及教育公正是一个极其抽象的概念,本章主要将从教师自身的修养角度解释这一概念。从这一角度看,要真正、完全地实行教师公正、教育公正是难以完成的。比如,教师的公正就在主观条件上受到自身情绪的影响,甚至在客观条件上也会受到问题的情境性的制约。

4. 教师的公正

(1) 自觉提高人生的修养境界

自觉提高人生的修养境界首先需要公正的价值观。就是说,如果没有正确、良好的价值观,要理解和实践公正是不可能的。教育的公正更是如此。没有正确、良好的价值观,就没有教育的公正。

教育的公正对于教师来说,就是一个适宜恰当地对自己和对别人的问题。对己和对人的公正则要求教师首先要有高度的使命感和宽阔的胸怀,同时还需要有良好的自制力和抵抗压力、维持及坚持公正、公义的勇气。公正看起来是一个较为容易实现的道德原则,但如果没有对教育的内涵及意义的深刻领悟、没有无私奉献的精神、不具有人生较高的境界,很难实现公正。在公正的内涵里,公平、正直有一定的差别。公平指一个人对自己和旁人都平等看待,而正直则是指一个人刚正不阿,对不好、不公的事深恶痛绝的品质。一个自私自利或带有一定偏见的教师很难做到教育上的公正。一个只顾自己而不能坚持原则的教师也很难做到真正的教育公正。要实现教育的公正,教师首先要成为一个公正的人。所以作为教师,自身的道德品质和心性修养非常重要。

教师提高个人的人格修养最主要的是形成在教育活动中所必需的正义感。这一正义感不仅仅是进行教育活动的基石,更是教师不畏困难、与不良道德品质进行斗争的动力所在。

(2) 提高自身教育的专业素养

要实现教育公正,不能仅仅依靠教师自身的内驱使力,还要在教育活动中切实实践,比如怎么解决形式的教育公正和实质的教育公正的矛盾,这就不仅仅是道德的选择,还要在这一原则的实现方式上寻找根源性的问题。所以,教育公正的实现,同样需要教师提高自身教育技能上的素养。

案例聚焦

班上一名"好生"和一名"差生"打架,打得不可开交,最后都挂了彩。老师在事后询问原因,原来是因为争论某种铅笔到底适不适合写字。于是老师告诉两名学生,都用这种铅笔来写一幅字,等他来评判。学生们写好字拿给老师过目,老师发现"差生"的字写得很漂亮,就夸了他,并且说一种笔适不适合写字并不是在于笔的本身,而是在于写字的人。两名学生听了都觉得若有所思,老师接着说,你们看某某的字就很漂亮,这不就是最直接的例证吗?于是两名学生重归于好,而且"差生"由于老师并没有因为自己成绩不好就批评他,而偏袒"好生",成绩也就自然而然提高了。

在这一案例中,真正地落实了教育公正,是因为例中的老师有良好的、专业的教育技能和素养。所以教育的公正从某种意义上说就是对一般性的教育原则的另外一种补充说明。除此之外,教师还需要在教学管理上提高自己,努力在自己的教育过程中创造一个良好的公正氛围,从而实现真正的公正。

(3) 正确对待惩罚

正确对待惩罚十分重要,这是因为惩罚是一把双刃剑,利用好了是有一定的教育作用的。在教师的职业权力里一直都有惩戒权力。在当代社会中由于人道主义在不断地进化和发展,也由于对未成年人的权利的保护,行使惩戒权已经越来越没有必要。因此教师应当尽量选用符合人道主义精神的惩戒方式。当然过度的惩罚也是一种十分消极的措施。

惩罚的公正还需要教师要有正直的、刚正不阿的品质。社会的公正需要每一个人的努力才能真正实现。刚正不阿则是教师必须要有的品质。教师不仅要敢于同职业道德的弊病进行斗争,而且需要具有对社会丑态、黑暗进行批评甚至进行斗争的勇气和策略。好好先生、得过且过是不公正的温床,教师应当与这些思想划清界限,才能真正把公正落实到教学活动的每一个步骤中去。

(4) 公正与仁慈的平衡与结合

公正本身是一个社会性和历史性的问题。有时候公正并不能完全解决教育中的问题。因为再公正的惩罚仍然会对学生造成身心上的不可磨灭的伤害,所以相应的补救措施就显得尤为重要。学习中、生活中始终存在着人与人的竞争。教师有一项任务就是给学生们创造公平竞争的机会,但是我们知道,只要是真正意义上的竞争,就只有少数才能成为优胜者。那么,对那些在竞争中落败的学生怎么安抚呢? 因此,教师的公正也必须要有仁慈的参与。教师利用公正与仁慈相结合既可以提高教育公正的效果,也可以同时教会学生做一个既公正又仁慈的人。

教育公正同样是一个社会性和历史性的问题。古代社会是一个较严格的阶级等级社会,在这样的社会背景下,人格上的不平等使教师们的"有教无类"之类的宣言往往成为一句苍白无力的话。在当代社会中,我们社会是一个以平等、民主为先的社会。教育公正也是社会公正的一部分,同时社会公正也会为实现教育公正不断创造良好的社会环境和条件。所以教师应当通过自身的不断提高来促进教育公正的真正实现。

5. 良心是什么

良心是一个非常古老的伦理和哲学概念。在我国历代的思想家的不断探索下,我们对良心的理解也在层层深入。《孟子》中将恻隐、羞恶、恭敬、是非之心称为良心,主张人应当找回被流放的良心。① 朱熹则将宰制人心的"道心"用来解释人的良心。王阳明的澄澄朗朗的"本心"即是人的本心与良心。英文单词"conscience"来源于拉丁文 conscire,意思为"知道",所以知行合一,就有了按良心办事的意思。在心理学家弗洛伊德看来,"超我"是制约"自我"的人格命令,人格命令其中的一部分即是良心。

而在道德意义上的良心是一种心理现象,是指一种机体对自身的责任、义务的一种自觉规范意识和情感体验,并且以此为基础而形成的对于道德品质、自身的活动进行道德评价并调控的心理机制。对良心的含义要有正确的理解和认识,则需要对良心的心理结构、属性等有正确的认识。

从良心的心理结构上说,有三种主要的构成部分,即意识认知、情感认知、意向认知。

（1）良心的意识认知

良心首先是一种对于道德所显现出来的责任和义务的认知。一个"有良心"的人,实际上就是一个对自己应该、可以做什么和不应该、不可以做什么,有着理性和明确的自我认知的人。马克思说:"理性把我们的良心牢附在它的身上。"② 良心也只有凭借对道德的责任和义务进行内化认知,才能对人的行为产生积极的影响。

（2）良心的情感认知

良心还是一种感官上的情感体验。良心在对自我进行评价和调控的时候之所以有效,就是因为它是情感体验。当主体选择一种合乎自身良心的行为时,主体将获得一种补偿性的身心上的自豪和愉快的心理感受;相反,当此主体的行为违背自己的良心时,则会产生一种不安、自责、愧疚的消极的心理感受。同理,当主体

---

① 万丽华、蓝旭译注《孟子・告子上》,中华书局,2010 年,第 238—261 页。
② ［德］马克思、恩格斯著,中共中央马克思恩格斯列宁斯大林著作编译局编译《马克思恩格斯全集（第 1 卷）》,人民出版社,2008 年,第 134 页。

遇到一种合乎道德法则及人性原则的事情时,会发自内心地赞许、敬佩和羡慕等;相反则会产生鄙夷、轻蔑和厌恶的情感。积极或者消极的情感体验是良心的重要组成部分。正是因为这一情感作用机制,良心才能成为道德秩序的基础和保证。

(3) 良心的意向认知

意向也是良心的意识和情感的自然延伸。有了一定的道德的意识和情感作为心理基础,心理就必然会对行为起到引导作用,甚至还会产生"一定要如此"的坚定意志。许多人正是凭借着这样的意志克服种种艰难险阻去践行道德法则的。但是"意"是先有"意向"再有"意志"。因为在大多数情况下,良心只会表现有这样的意向而不表现出意志,或者只有意向而没有意志。

不同的人会产生不同的良心,因此不同的教师往往也会产生不同的良心。有的能够透彻理解教育的责任,对教育行为的道德调节水平较高;有的则道德调节水平较低。因此,如何成为一名有良心的教师,是教师良心的核心内容。众所周知,教师的良心会受到社会以及教师自身等因素的影响。在整体道德水平高的社会中,自然就会对每一位社会成员的道德提供良好的环境和优质的保证,从而有利于教师的良心的形成。教师这个群体对个体的教育良心的形成作用更为直接。同时,学生也会以舆论、行动的方式影响教师的良心。由于教育活动有其特殊性,教师的劳动意义必须在学生的身上才能获得,所以学生对教师的尊敬、蔑视或赞扬、批评对教师的良心会有非常大的积极或消极的影响。

6. 有良心的教师需要怎么做

教师的良心不能仅仅被动地受周围情境所支配,还需要主动地体验在教学活动中的价值并加以内化成良心。教师良心的形成不但受社会环境、群体的影响,更受个人自身的修养程度所制约。因为良心是一种内在的、自律性很高的心理现象,离开主体自身的意识认知和情感体验的良心是不可思议的。所以,教师在知、意、信、行等方面需要不断提高自我修养,从而提升自身的道德境界。

(1)从"知"的方面而言,就是不断提高自己的教育责任和使命等意识。教师必须从认知和理性上认识到教育工作的神圣性,必须认识到自身的教育行为和道德行为会全方位地影响学生的学业发展和道德成长。教师是学生在人生发展中的最为重要的榜样模范和领路人,教师的一言一行都会深深地印刻在学生的大脑里,从而深深地影响到学生的品格建构。因此,一个有良心的教师,必须更好地理解自身的沉重的教育责任和使命,并且敢于担当这种责任与使命。这也是成为一名有良心的教师的认知准备。一旦教师无法对这种教育责任与使命做好认知和理解上的准备,那么他也就很难在职业生涯中做好教育工作这样一个"良心活"。只有当教师充分地认识到了自身的教育使命,同时认识到履行教师职责的重要性,他才具备了成为一名有良心的教师的认知基础。

(2)从"意"的角度而言,教师应当培养自身的意志力,以应对各种不良道德的挑战。当良心受到不良道德挑战的时候,意志力是最关键的决胜因素。正如苏霍姆林斯基所说的:"压抑自己良心的声音,这是很危险的事情。如果你养成一种对某件事情毫不在乎的习惯,那你很快就会对任何事情也都满不在乎。"[①]在中国古代伦理思想中,有许多方式可以用来提高自己,诸如省思、尚志、知行合一,等等。只有通过提升自身的意志力,教师才能从容应付生活中各种各样的诱惑而始终不为所动。道德意志力使教师能够坚持选择道德的行为,坚持按照良心的呼唤来做事,从而使教师能够摆脱低级趣味以及一己之私的束缚,成为一名有职业操守的教师。

(3)从"信"的角度而言,教师应当不断提升自身的职业理想

[①] [苏]苏霍姆林斯基著、杜殿坤译《给教师的建议》,教育科学出版社,1984年,第86页。

和职业信仰,做一名有道德信仰的教师。只有一个有崇高的道德理想及社会理想并努力实践这一理想的教师,才能到达较高的道德境界。因此,教师的良心的重要内容可以是社会理想和教育理想等方面的综合境界。教师应该形成正确的社会理想,坚信我们的社会正在朝着正确的轨道前进;同时,教师应当坚定自身的教育理想和教育信仰,对于不合理的、不正确的教育理念、教育内容以及教育方法等予以改变,追求自己心中的理想的教育。有了这种理想和信仰的护航,教师在教育事业的路途中将更坚定地坚持正确的方向,更坚定地以自身的道德良心作为教育行为的指挥棒。

(4)从"行"的角度而言,教师还需要不断地以自身的良心来展开教育工作,在行为中实践和磨炼自身的意志。正如我们所看到的,知、意、信等方面的道德修养,使得教师在道德认知、道德意志以及道德信念等方面获得了稳定的提升,它为教师良好的道德行为打下了基础。但是,仅仅只有这些还是不够的,因为知、意、信等方面的道德素质的培养不能离开行为,行为才是统合这些方面的最为核心的要素。行为的重要性在于,它可以促使个体在道德认知、情感、意志以及信念的基础上展开身体力行的行动,从而真正使个体成为一个实实在在的道德人,使个体真正在现实生活中按照道德良心来做事。因此,教师在培养和提升自己的道德良心的时候,不能忘记行动的重要意义,要在教育实践中不断地进行道德行动,在行动中坚定自己的道德认知和道德。

推荐阅读

[德]康德著,赵鹏、何兆武译《论教育学》,上海人民出版社,2005年。

该书讨论了学校教育、家庭教育、知识教育、道德教育等各方面主题,展示了康德对于教育的系统看法。在该书中,康德指出教育是"使人成为人"的艺术,而人也只有通过教育才能成为人。康德发扬了其"永远要把人当做目的而不是手段"的哲学思想,认为教育也应当是"永远要把人当做目的而不是手段"的一项活动,教育要以合乎人性的方式来促进人性和人格完善,它的宗旨是提升人的尊严和价值,而不是贬低人的尊严和价值。

[德]雅斯贝尔斯著、邹进译《什么是教育》,生活·读书·新知三联书店,1991年。

本书是德国哲学家雅斯贝尔斯的经典教育著作,该书探讨了"什么是教育"这样一个经典话题。在该书中,雅斯贝尔斯从存在主义哲学观出发,对教育形成了独到的见解。他指出,教育是人与人之间的灵肉交流活动,教育的本质是一种心灵的对话和理解,教育是人的精神成长的自觉、自主的过程。显然,雅斯贝尔斯对于教育的理解直到今天依然具有非常重要的借鉴意义。

钱焕琦《教师职业道德》,华东师范大学出版社,2008年。

本书的主要内容包括教育劳动和教师职业道德、教师职业道德原则、师生关系中的道德问题、家校关系中的道德问题等。本书从教育劳动的角度切入,细致地讨论了教师职业道德的原则、规范和范畴等基本问题,具有较高的学习价值。

电影《地球上的星星》(印度)

一个成年人眼中的问题儿童,就真的是问题儿童吗?在一次次闯下大祸后,美术老师尼克走进了被父母送进寄宿学校的男孩的生活。和以往固守成规的老师不同,尼克主张让学生们保留自己的个性和思想,自由发展。在和尼克相处的日子里,男孩和尼克都慢慢地成熟了起来。

电影《放牛班的春天》(法国)

这是一部很经典的电影,获得了第 77 届奥斯卡最佳外语片提名。电影的主题就是教育,而教育可能是全人类最伟大的东西,它关乎每个人、每个家庭,甚至是国计民生。而电影里的教育方式和方法也值得很多老师学习借鉴。

合作研习

1. 在现实生活中,我们常常看到一些教师为了追求个人的名利,片面追求考试成绩和升学率,违反国家有关规定在节假日进行强制性的补课。这些活动极大地增加了学生的学习负担,同时也导致了教育的异化。请思考并讨论:这些教师的做法是如何违背了教师的职业道德?除了教师自身之外,还有谁应该为此承担责任?补课就一定违背教师职业道德吗?如何处理区分补课活动中的伦理问题?

2. 在现实生活中,我们看到有些教师总是会偏爱某些学生,比如那些家庭背景比较好的、成绩比较高的、性格比较外向活泼的学生;而忽略了另外一些"不起眼"的学生。从教育公平的角度来分析,你觉得这种做法好吗?教师在自己的日常教学生活中应该如何尽量避免或者完全改变这种行为?

技能训练

1. 有两位小学教师同讲一篇课文《荷花》。一位老师问学生。"你们觉得荷叶像什么?"某一学生举手回答:"荷叶像坐垫。"老师很不耐烦地大声说:"荷叶怎么会像坐垫?你家坐垫是这样的吗?!"其结果是不仅让这位学生觉得非常委屈,其他已经举手的学生统统被老师吓得把手缩了回去。即便她再三要求学生踊跃举手发言,可是大家依然坐在座位上噤若寒蝉。

另一位老师在课上问了同样的问题,在第一个学生回答后,老师满脸笑容点头表扬该学生开动了脑筋,带给了大家不一样的角度和思路,于是教室里出现了学生们争相抢答的热闹场面,课后学生说得都是津津有味,这节课取得了非常好的教学效果。

案例反思:

(1) 在该案例中,两位老师的区别主要表现在哪些方面?第一位老师的哪些教学行为违反了教学伦理的基本原则和基本要求?请予以具体分析。

(2) 如果是你在教学《荷花》一课,你会如何处理类似的教学情境?

2. 体验练习

(1) 你在课堂上是否允许学生对自己进行实质性的提问呢?
( )
A. 从来不允许　B. 偶尔允许　C. 允许

(2) 当某个同学犯错误的时候,你会采取什么措施?( )
A. 体罚或变相体罚　　　　　B. 当众责骂
C. 视而不见　　　　　　　　D. 以温和的方式批评

参考文献

[美] 约翰·罗尔斯著、何怀宏等译《正义论》,中国社会科学出版社,1988年。

檀传宝《教师伦理学专题》,北京师范大学出版社,2010年。

赵汀阳《论可能生活》,生活·读书·新知三联书店,1994年。

林崇德《教育的智慧——写给中小学教师》,北京师范大学出版社,2010年。

[加] 伊丽莎白·坎普贝尔著,王凯、杜芳芳译《伦理型教师》,

华东师范大学出版社,2011年。

［德］康德著,赵鹏、何兆武译《论教育学》,上海人民出版社,2005年。

［德］雅斯贝尔斯著、邹进译《什么是教育》,生活·读书·新知三联书店,1991年。

钱焕琦《教师职业道德》,华东师范大学出版社,2008年。

第四章
教师心理论

模块导读

教师在教育和教学过程中占据主导地位,其心理状态与教育、教学质量和学生学业成就关系密切,有时甚至决定着学生能否成才,在教师专业化日益受到重视的今天,人们对教师心理的研究也日渐丰富,纵观当前有关教师心理的研究发现,教师心理研究的相关概念和主题较多,相互之间关联也错综复杂。通过梳理国内外已有研究,本章将重点介绍与教师教育教学关系密切的教师一般心理特征与心理健康相关知识。前者包括认知特征、个性特征、情绪特征和适应性特征等。后者主要分析教师心理健康的标准、影响因素、心理健康问题的表现以及维护和调适。

一、教师的一般心理特征

教师的一般心理特征指的是教师应具备的基本心理特征,通过对已有研究的归类分析,我们将教师的心理特征归纳为三个方面进行分析,即认知、个性和情境适应性。

(一)教师的认知特征

认知心理,指的是个体在认知活动中表现出来的直接影响个体认知活动的机制和水平的心理因素,是教师心理特征最基本的成分,主要包括观察力、记忆力、想象力、思维能力、注意力等。国内外现有研究表明,教师工作是一种复杂的脑力劳动,为了使教学工作有效进行,教师必须具备正常的智力水平,但智力水平达到一定程度以后便不再是起作用的主要因素,在此基础上其他的认知特性和人格特征起着更大的作用,主要体现在以下几个方面[①]:

1. 敏锐的观察力

教学情境复杂多变,教师要搞好教育、教学工作,必须具备敏锐的观察力,发现学生的个性和共性,觉察学生的心理变化,必要时采取有效措施引导帮助学生。在课堂教学中及时发现课堂中的与教学方向有悖的消极情况,了解学生的学习情况,对知识的掌握情况,从学生的课堂表现,课后作业完成情况觉察出学生对知识的掌握程度、存在的问题等。

2. 良好的记忆力

教学过程中,需要记忆的内容很多,而且对学生影响也较大。比如,一个老师能在接手新班级时较快记住学生姓名、特征,那么对自身威信的树立、学生心理的维护都有着重要作用。另外,对于教学过程来说,准确良好的记忆也必不可少,教材内容、教学环节、教学方法的处理等都依赖于良好的记忆力。因此,良好的记忆力是教师做好教育、教学工作所需的非常重要的能力。

3. 丰富的想象力

有研究表明,生动活泼、具有激励作用、富于想象力并热心于自己学科的教师的教学工作较为成功。具有丰富想象力的教师,

---

① 孙时进《心理学概论》,华东师范大学出版社,2002年,第172页。

能对课堂教学进行合理设计,自觉调控,把学生引入应有的境界,能根据学生的特点,分析他们的现状,预测他们的发展,从而有意识地、有针对性地施加教育影响。这样一方面有助于学生掌握知识,另一方面有助于学生的创造性发展。

4. 良好的思维能力

许多研究表明,教师思维的条理性、系统性、合理性与教学效果关系密切。良好的思维能力主要表现在两个方面:(1)教师在教学前的计划过程,如能够根据学生的实际情况,选择教学内容和教法。教学中的监控过程,如对课堂教学实施情况、学生学习情况实时监控、及时调整等。教学后的反思过程,比如对教学存在的问题、学生知识掌握情况进行反思。(2)教师对学生的认知。教师工作的对象是处于不断成长过程中的青少年学生,学生间有个体差异,而同一个个体也处于不断变化的过程中,教师要善于分析学生的情况,从不同角度解决问题。

5. 优良的注意分配能力

教师在进行课堂教学时同时面对几十个学生,既要注意教学进度,专注于教学内容,还要兼顾课堂纪律,观察学生学习状态;既要注意全体学生的学习状况,又要巧妙处理个别学生的问题,必要时处理各种偶发事件,排除课堂干扰。教师的注意力要能灵活分配,要善于组织教学,使学生的思维始终处于积极的状态,保证教学效果。

(二)教师的个性特征

个性特征指个体在心理发展过程中逐渐形成的稳定的心理特点。目前关于教师个性特征的研究主要体现在人格、自我意识、情感、责任感、动机等方面。个性特征虽然在认识客观事物的过程中不直接起作用,但对认知过程具有调节和动力的作用。健全的个性是合格教师必备的心理品质。教师的个性不仅影响教学活动的效果,在很大程度上决定其能否有效促进学生个性健康发展。

1. 教师的人格特征

教师的人格特征主要是指教师成功进行教学工作所具有的人格特征或者说适合教学工作的个性倾向。按照霍兰德的职业生涯理论,社会型劳动者个性比较适合做教师,他们喜欢从事为他人服务和教育他人的工作。教师的某些人格特征和认知风格对教学活动有重要的影响。①

(1) 烦躁型、高度整合型与胆怯型

烦躁型的教师在教学中往往表现出烦躁、冲动和自发性的特征,缺乏精心的组织和调控;高度整合型,以自控、有条理和目标明确为特征;胆怯型教师在教学中表现出的特点就是过于胆怯和焦虑,过于坚守规则,他们谨小慎微,不敢越雷池一步。

有研究发现,烦躁型的教师对那些奋斗型或者顺从型的学生有效果。胆怯型的教师教学效果最差,只对奋斗型的学生有效。高度整合型的教师对各种学生都有效,尤其是对焦虑和敌意的学生,整合型教师优势明显。

(2) 具体-抽象倾向

倾向于具体的人往往关注事物的细节和直观特征,注重事务的特殊性的一面。而倾向于抽象的人则喜欢对事物的特征进行概括,注重事物的一般特征。

抽象水平高的教师在教学中具有更高的灵活性,较少专制和惩罚,这样的教师所教出的学生比那些具体水平高的教师教出的学生学习更专心,更积极主动,更有合作精神,因而也更有成就。

(3) 教师的场定向

20 世纪 40 年代,威特金提出,在认知活动中,有的人较多地受到他所看到的环境信息的影响,有些人则较多地受来自身体内

---

① 陈琦、刘儒德《教育心理学》,高等教育出版社,2020 年,第 370 页。

部的线索的影响。受环境影响大者称为场依存型,不受或较少受环境影响者称为场独立型。① 教师的场定向对其教学也有显著的影响,场独立型的教师喜欢运用分析的知觉方式,教学组织结构相对宽松;场依存型的教师喜欢笼统的或者整体的知觉方式,教学组织结构严谨。

2. 教师的自我意识

自我意识是指个体对自己以及自己和周围人的关系的认识。从意识活动特点看,自我意识可以分为主观自我和客观自我。从意识活动的内容来看,又可分为生理自我、社会自我和心理自我三个维度。从意识活动的形式看,自我意识有自我认知、自我体验和自我调节三种心理成分。下面我们将以意识活动的形式为主线,对教师自我意识进行分析。

(1) 健全的自我认知

自我认知是主观自我对客观自我的认识与评价。自我认识是个体对自我身心特征的认知,而自我评价是在自我认识基础上对自己做出的某种评判。自我评价是自我意识发展的主要成分和主要标志,是在认识自己的行为和活动的基础上产生的,是通过社会比较而实现的。

在认知发展过程中,个体不断调节对自身的认知和评价,这一特点体现在自我意识发展的全过程。在生理自我阶段,在自我评价的基础上,个体追求外表的完美与满足。在社会自我阶段,在自我评价的基础上,个体追求他人的关注,重视社会地位的获得等。在心理自我阶段,在自我评价的基础上,个体追求智慧能力的发展、道德水平的提高等。在这个过程中,自我评价始终在起作用。客观的自我评价对人的内在心理及外在表现有很大的影响。

成熟的教师一般能在客观的自我观察的基础上,进行实事求

---

① 陈琦、刘儒德《教育心理学》,高等教育出版社,2020年,第52页。

是的自我分析,做出恰当的自我评价,能比较客观地了解自己的地位、长处和短处、优势和劣势,形成比较客观的自我形象。如果教师对自我的评估与社会上其他人对自己的客观评估差距过大,就会使人际关系失衡,产生矛盾,日积月累,可能会造成自满或自卑,不利于身心的健康成长。

(2) 积极的自我体验

自我体验是由教师主观自我对客观自我所持有的态度和体验,如自信、自尊、满足、自豪感与自卑感等。它不仅与自我认识、自我评价有关,还与教师主体对社会规范、信仰价值等的认识相关联,正确的自我体验对自我监控的发展有促进作用。

(3) 较强的自我控制能力

自我控制是教师自己对自身行为与思想言语的控制,具体表现为两个方面:一是激发作用,即自己驱动和调节自己去从事某些活动;二是抑制作用,即根据实际情形控制自己的言语和行为。良好的调节能力有利于教师教育、教学工作的顺利进行。

教师不仅要对自己的信念、知识和能力有明确的认知,作为专业的教育工作者,还应该对教师工作有清晰的自我意识,比如对课堂教学的意识:教学目的明确,始终围绕课堂目的开展教学;教学内容具有科学性与思想性;教学方法符合学生身心发展需要;教学语言清晰准确,通俗易懂;教学气氛热烈,注重调节自身情绪;等等。

(三) 教师的情感特征

情感投入是成为好教师的关键,想要成为好教师,就必须对自己的职业抱有极大的热情,积极投入教育教学工作。教师的情感是教师心理素质的动力因素之一。教师的情感主要体现在以下几个方面[①]:

---

① 张大均、江琦《教师心理素质与专业性发展》,人民教育出版社,2005年,第50页。

1. 以师爱为核心的积极情感

以师爱为核心的积极情感是教师的重要心理素质，主要表现为教师对教育事业、对学生、对所教学科的热爱。教师对教育事业的热爱是教师搞好教育工作的前提。教师对学生真诚的爱，既是教师良好个性心理的一种表现，也是一种重要的教育力量。教师对自己所教学科的热爱，是提高教学质量的重要条件。

2. 教师的情操

（1）教师的道德感

从品德教育角度看，教师作为传道者，其本身应该具有高尚的品德，教师道德感是其品德在情感领域的表现。教师道德感主要表现为：对祖国、人民的热爱与忠诚，对集体事业、社会主义的义务感和责任感。

（2）教师的理智感

理智感是人们在认识过程中产生和发展起来的，它又反作用于人的认识过程，成为个体认识世界和改造世界的一种动力。教育实践表明，当一个教师经常地在一种深刻的理智感的推动下工作时，就会在教育教学中做出显著成绩。

（3）教师的美感

美感是人们在欣赏自然景物、文学艺术和社会现实事物时体验到崇高、壮丽、优美等而产生的情感。教师在教育教学情境中表现出的审美情感，对学生美感的形成有潜移默化的作用。

3. 教师的责任感

教师的责任感主要表现在以下几方面。

（1）对社会的责任感。教师作为社会的代表者，对青少年的成长有重要的影响。因此，教师的言行不仅代表个人，而且代表社会。

（2）对学生的责任感。教师是学生的引路人，学生的成长和教师的教育引导密切相关。因此，教师应对每一个学生的成长与发展负责。

(四)教师的适应性心理特征

适应性心理是指个体在社会化过程中改变自身或环境,使自身与环境和谐、协调的能力,它是心理素质结构中最具衍生功能的因素,是认知因素和个性因素在各种社会环境中的综合反映,是个体生存和发展的必要心理素质之一。目前关于适应性方面的研究多体现在教师教学效能、教师期望、职业倦怠等方面。本部分将重点介绍教师教学效能、教师期望等与教师教育信念有关的心理特征,职业倦怠在教师心理健康部分介绍。

1. 教师的教学效能感

(1)教学效能感定义

"自我效能"最早由班杜拉提出,是指个体对自己能否成功做出某一行动或进行某一活动的主观判断。自我效能感不是技能,不是个体的真实能力,而是一个人对完成特定任务所表现出的自信程度,它与一个人有的技能无关,但与人们对自己所拥有的能力能够干什么的判断有关系。换句话说,拥有技能与能够整合这些技能从而表现出胜任行为,两者差距巨大。效能感高低往往影响着一个人的认知和行为最终的表现。自我效能感不是一个人的一般个性品质,针对不同领域,可以分为一般自我效能和具体领域自我效能[1]。

教学效能感是自我效能这一概念在教学领域的应用。所谓教学效能感,是指教师对自己影响学生学习行为和学习成绩能力的主观判断。根据班杜拉自我效能感理论对自我效能结构的划分,可以把教师的教学效能感分为一般教育效能感和个人教学效能感两个方面[2]。一般教育效能感指的是教师对教与学的关系、教育

---

[1] [美]班杜拉著、林颖等译《思想和行动的社会基础》,华东师范大学出版社,2001年,第552页。

[2] 俞国良、辛涛、申继亮《教师教学效能感:结构与影响因素的研究》,《心理学报》1995年第2期。

在学生发展中的作用等问题的一般看法和判断。而个人教学效能感包括两个方面,一是指教师对自己的教育在学生发展中所起的作用到底有多大的信心和判断,二是特指教师对自己是否有能力完成教学任务、教好学生的信念。

(2) 教师教学效能感的功能

班杜拉把自我效能的结构概述为三个方面:水平、强度、广度。水平指的是个体在面对不同难度任务时所表现出来的等级水平,分为简单任务水平、中等难度任务水平、高难度水平。强度就是指自我效能感的坚定性,即自信程度。自我效能感的广度指的是以往经验以特定方式影响自我效能预期的程度。自我效能的高低与努力程度成正比,强度和个体的意志坚持性有关。

教师的教学效能感是解释教师教学动机的重要因素,对教师的教育工作积极性、努力程度等都有重大影响。通过对自我效能感结构的分析,我们不难分析出,个人教学效能感在教学活动中主要有四大功能:① 决定教师对教学活动的选择及对教学活动的坚持性;② 决定教师面对教学困难时的态度;③ 影响新的教学行为的获得和该行为在此后的表现;④ 影响教师工作时的情绪状态。[1]总的来说,教师教育效能感的功能主要表现在两个方面,即对教师教学行为和学生学习的影响上。教师的教学效能感通过影响教师的行为而对学生自我效能及学习能力及成绩起作用。研究表明,教师的教学效能感是影响教师教学行为有效性的重要方面,教师教学效能感不同,其对教学目标的分析、教学方法和内容的选择、自身教学行为的调控都有影响,比如教学效能感高的教师更容易采取民主的教学态度,进行积极归因,更关注学生的进步与成长。[2]

---

[1] 俞国良、罗晓路《教师教学效能感及其相关因素研究》,《北京师范大学学报(人文社会科学版)》2000 年第 1 期。

[2] 车伟艳《国外教师教学效能感研究:内涵、问题域及主要结论》,《外国中小学教育》2011 年第 7 期。

(3) 教师教学效能感的影响因素

依据班杜拉的理论,个体的成败经验和认识归因、替代性经验、他人的评价和劝说及自我规劝、情绪和生理状态这四种信息根源常常综合对自我效能的形成产生影响。[①] 针对具体实际情境,教师教学效能感影响因素可以从个体、学校和社会层面进行分析。

首先是个体因素,尤其是个体教学经验的成败和个体的教龄是影响其教学效能感的重要因素。成功经验可以提高教师教学效能,失败经验多会降低教师教学效能。教龄越久,教学能力越高,越具有教学智慧,则教学效能感越高。俞国良等人研究发现,教师教学效能感在学历和性别上不存在差异,但在教龄上存在显著差异,随着教学实践的增加,教师的一般教育效能感会有降低的趋势,而个人教学效能感随教龄的增加表现出一种上升的趋势。这可能是因为刚走上教育岗位的教师往往雄心壮志,充满激情,一般多持有"教育决定论"的观点,认为教育对于学生的身心发展一定能起作用,教师在这其中起着决定性作用,因此新教师具有较高的一般教育效能感。但随着时间的流逝,他们的教育观念不断受到挑战,他们开始认为教育也并非万能,于是教师的一般教育效能感出现随教龄下降的趋势。但是在这期间,个体的教学经验是不断累积和提高的,教师自己的专业化在不断地发展,刚参加工作没有经验,遇到教学问题手足无措的情况逐步减少,能够在教学中游刃有余地解决问题,不断成功的经验使个体教学效能感随教龄逐步提升。[②]

其次是学校因素。制度的完整性、工作提供的发展条件、学校的支持系统、学校风气、教师关系、师生关系等六类学校因素与教师的个人教学效能感存在显著的正相关关系。其中,学校风气、师

---

① 转引自李定仁、赵昌木《教师及其成长研究——回顾与前瞻》,《教育理论与实践》2003 年第 6 期。
② 莫雷《教育心理学》,广东高等教育出版社,2005 年,第 628 页。

生关系和教育工作要提供的发展条件等因素,对教师的个人教学效能感具有独立的、显著的影响。① 工作提供的发展条件、学校的支持系统和制度的完整性等三类学校因素,对教师的一般教学效能感具有独立的、显著的影响。②

最后是社会因素。社会结构、社会对学习者的文化信念和他们对教育角色的知觉等,都会对教师教学效能感产生影响。黄喜珊、王永红认为社会支持与个人教学效能感呈显著正相关关系,家庭支持和朋友支持对个人教学效能感具有预测作用,也就是说社会支持、家庭朋友的支持能有效提高教师的个人教学效能感。③

(4) 教师教学效能感的培养

教师的教学效能感对教师行为和学生的成绩都具有重要影响,培养教师教学效能感意义重大。我们可以从以下两个方面入手寻找培养教师教学效能感的方法。

一方面可以基于效能感的来源来培养教师教学效能感。前面提到教学效能感的来源主要有教师自身直接的成败体验于认知归因、替代性和想象性经验、他人的评价于劝说、情绪和生理状态的信息。具体的训练方法有:

强化法。行为主义的相关研究表明,恰当地运用外部强化有助于自我效能的建立。因此当教师在教学活动中取得成功时,领导者适当给予奖励,会让教师体验到更多的成就感,从而提高教育效能感。伴随而来的自我强化与积极暗示进一步对教师教学效能产生积极影响。

榜样法。选择与某位教师有相似特征的成功榜样,对于增强

---

① 辛涛、申继亮、林崇德《教师教学效能感与其影响因素的研究》,《教育研究》1994年第10期。

② 辛涛《论教师的教学效能感》,《应用心理学》1996年第2期。

③ 黄喜珊、王永红《教师效能感与社会支持的关系》,《中国健康心理学杂志》2005年第13期。

该教师的教学效能感会有积极的作用。社会比较理论认为,个体有选择与自己类似的人进行比较的倾向,因为这更能提供评价的依据,提高自己的斗志和自我效能感。因此教师应该以跟自己条件相似而又在某些方面发展得比自己好的教师为榜样,才可能相信只要自己奋发努力,也能像这位教师一样获得成功。

归因训练法。根据维纳的归因理论,如果个体把自己成功归因于能力,就会感到自豪、自信,对未来再次成功的期望增强,也会因此继续努力。如果个体把自己失败行为归因于能力,就会感到沮丧,减少成功期望,甚至习得性无助,就不会再做努力。但是,如果个体把失败行为归因于自己努力不够,则个体虽然会产生羞愧内疚感,但会对成功抱有期望,从而去努力。由此可见,如果教师的归因取向是积极的,有利于增强后续教学效能感,改进后续教学行为。因此要提高教师的自我效能,积极归因训练是必要的。[1]

对于成功或失败,"努力不足"的是相对良好的归因,它一方面不但会给个体带来自尊、自信、更高的成就动机和期望,而且能防止无助感的产生,因而进行归因训练无疑也是一个培养教师教育效能感的有效方法。归因训练一般分为两个步骤:诊断和训练。在诊断阶段,训练者可通过教师对成功或失败的总结,来确定其归因倾向是否积极。在训练阶段主要有三种方式:① 操作。让教师对相同事件作出归因,当他们作出正确归因时给予积极强化,反之则给予矫正。② 说服。由训练者向教师提供积极的归因,或让他观察那些作出积极归因者的示范,讲解积极归因给行为者带来的心理与行积极影响等,以说服教师采纳。③ 转移。主要是将可能带来心理障碍的级归因引导为外部归因,并使用妥协法进行自我安慰,以维护教师的心理健康和教育效能感。[2]

---

[1] 詹茂光《教师教学效能感的研究及其发展提高》,《兰州学刊》2005年第6期。
[2] 张大均、江琦《教师心理素质与专业性发展》,人民教育出版社,2005年,第93—94页。

另一方面可以基于教师职业生涯不同发展阶段有针对地提高教师教学效能。

新手教师教学效能感的提高：

第一，端正教师教育观念。帮助教师发现自己对教育、教学作用的不正确认知，同时帮助新手教师对自己的教学能力有一个客观的认知。坚信自己有能力影响学生的成绩和品德，但也要克服"教育万能"的思想。

第二，进行专门的教学策略训练。教师教学效能的提高根本在于教师自身的教学能力提高。只有以此为基础，才可能让教师获得更多的成功体验和现实绩效。教学策略训练需要教师首先掌握一定的理论知识，然后结合教学实际加以训练才能收到较好的效果。教学策略训练的关键步骤包括：每天进行回顾；有意义地呈现材料；有效地指导课堂作业；布置家庭作业；每周每月进行回顾。

熟手教师的教学效能感的提高：总体思路是促使熟手教师采用新的教学方法、策略和教学技术，让他们自信自己可以做得更好，更有成效。因为熟手教师教学方法趋于固定，教学效能也趋于稳定，要改变其自我效能就要打破其原有教学模式。教师采用新的教学策略和方法进行教学一旦获得成功，就会提高其教学效能。

2. 教师期望

(1) 教师期望定义

教师期望是指教师对自己学生未来的行为或学业成绩的推测。教师在认知的基础上，会对每个学生未来发展的潜力有所推测，这被称为教师对学生的期待。美国心理学家罗森塔尔和雅克布森用一个经典的实验说明了教师的期望对学生所产生的影响。

(2) 教师期望的作用

罗森塔尔等曾做过一个实验。他们先对一所小学一至六年级的所有学生进行了智力测验。然后告诉教师，学生接受的是"预测未来发展"的测试，并进一步解释道，该测验的成绩可以对学生未来的学业上是否会有成就作出预测。研究者告诉教师其实是基于实验需要的一种误导,并非实情,实际上,这个测验并不具备这种预测能力。在测验结束后,他们给每个班级的班主任一份名单,上面记录着本班学生在此次测验中得分排名前20%的学生,以便教师们对这些学生产生期望。然而,在教师所得的名单中,前十名学生是被完全随机地分配到这种实验条件下的。这些学生和其他学生的唯一区别就是,教师以为他们会有不同寻常的智力发展表现。8个月后进行第二次智力测验。结果发现,那些被教师误认为具有潜力的学生智力得分真的显著高于另外的学生智力得分,尤其是一、二年级的学生。

罗森塔尔借用一个神话来比喻教师期待所产生的效果。在古希腊神话中,皮格马利翁是塞浦路斯国王。相传,他性情孤僻,善于雕刻,寂寞中用象牙雕刻了一座表现他的理想的美女像,然后竟然爱上了她。他的真挚打动了爱神,使这座雕像活了起来,皮格马利翁便娶其为妻,过上了幸福的生活。因此,教师的期望效应也被称为教学中的皮格马利翁效应。

教师对学生的期待及其影响也是在师生互动过程中所产生的。首先,教师根据学生的学习行为、个性特征和在人际交往中的表现形成对某个学生的期待,这些期待会在教师的行为中表现出来。其次,学生接受了教师行为中所暗含的期待,并根据期待的方向表现出相应的行为。在这种互动过程中,教师不断坚持按自己的期待去影响学生,而学生会逐步向着教师期待的方向发展。

教师的期待对学生的影响是巨大的。这种影响首先表现在学生的自信心上,受到低期待的学生会感到自己能力低或品行不好,产生无力感。教师期待的影响会进一步表现在学生的各种行为与学习成绩上,受到低期待的学生会放弃努力或继续表现出一些不良行为,导致学习成绩的下降。教师期待的影响还表现在师生关系上,受到低期待的学生与教师的关系逐渐疏远。由此可见,受到教师高期待的学生会得到充分的发展,而受到教师低期待的学生则不能够有充分的发展所具备的潜力。① 需要注意的是,教师的期望应该合理,比学生现有水平高一些,使学生有实现的可能,而不能不切实际。同时教师的期待还要随着学生学习、行为的改变适时加以调整。

案例聚焦

教师期望效应的有效实现

在中考体育迎考最后阶段,任课老师往往会锁定一些具有冲击满分能力的同学进行特别鼓励,并针对考试特点额外进行突击训练。最后一次模考前,把一位叫张慧的学生列为冲击满分的行列,但当我在班上宣传发动时却误报了另外一位张智慧。而张智慧在我的印象中,身体素质较好而勤奋不够、怕吃苦,所以我将错就错也把她和其他冲击满分的同学一起鼓励一番。记得当时,张智慧没想到我会肯定她,一脸错愕地看着我,满脸通红,竭力掩饰自己的激动。当晚在食堂吃饭时,她忍不住坐到我身边,支支吾吾地问:"老师,你为什么会认为我能冲满分呢?"我意识到这是一个激励的好机会,顺势结合她的特点分析一番:"你活泼好动,素质较好,就是自控力较差,如果能够肯吃苦,静下心来冲一把,得满分很有希望啊!"让人惊喜的是,在那以后张智慧学习的自觉性、学习方式都发生了很大的转变。她不但课上很投入地听讲,积极思考,参与交流,而且课后几乎所有时间都在自觉地练习,完全没有畏难情绪。每次小测验后,她总是主动来请我帮她分析,我也耐心地帮她找出问题,针对性地提供建议,她很认真地听并努力地去调整。此时,她接受能力强和思维灵活的优势充分发挥出来了,也很好地带

---

① 莫雷《教育心理学》,广东高等教育出版社,2005年,第630页。

动了其他同学的学习热情。在最后的考试中,她竟然真的拿到了满分。当她知道成绩后非常激动,冲到我跟前大声说:"刘老师,我终于拿到了满分!"①

在这个案例中,老师的期望是该同学拿到满分的关键性因素,也说明了教师的期望效应能激发有意义的学习。一方面,该教师对学生可达到的目标期望是建立在她有良好身体素质基础之上,对她来说,体考得满分是可能的。同时该教师在对该学生形成期望之后随着该生行为的不断变化,教师对学生的评价和看法也在不断调整,形成了较为客观的评价,有利于期待的实现。另外,在对学生积极期望的同时,教师应持续沟通和指导,持续地得到正向反馈。

二、教师的心理健康

教师不仅应具备广博的知识、较高的道德品质,还应该拥有健康的心理和健全的人格。教师对学生的影响是深刻而长远的,教师的心理健康既影响自身也影响着学生心理健康的发展。教师心理健康是教师心理素质的重要方面,因此整个教育体系内既要重视学生的心理健康,还应该重视教师心理健康。目前有关教师心理健康的研究主要集中在教师心理健康的标准、教师心理问题的表现、教师心理健康的影响因素、教师心理健康的调适等方面。本部分将从这几方面着重介绍。

(一)教师心理健康的含义

1. 心理健康的含义

关于心理健康,不同学科领域不同学派有不同的看法,但目前

---

① 《教师期望效应的有效实现》,2015年12月,http://blog.sina.com.cn/s/blog_5ee524da0102w9oq.html。

被普遍接受的是联合国世界卫生组织的定义：心理健康不仅指没有心理疾病或变态，不仅指个体社会生活适应良好，还指人格的完善和心理潜能的充分发挥，亦即在一定的客观条件下将个人心境发挥成最佳状态。也就是说，心理健康既指心理健康状态，也指维持心理健康、预防心理障碍或行为问题，进而全面提高人的心理素质的过程。①

2. 教师心理健康的含义

前文所述心理健康的含义只是一般性的标准。在此基础上，不同的职业和群体，心理健康应该有不同的含义，应体现其特殊性。

所谓教师心理健康是指教师在教育教学过程中有意识地完善人格，发挥心理潜能，维护和增强心理各方面的技能和社会适应能力，预防各种心理疾病，使个人的心理机能发挥到最佳状态。具体来说就是：第一，教师的心理状态的健康；第二，教师的各种心理关系是良好的；第三，教师在教学、生活中有意识保持良好的心理状态，培养健全人格，提高自己的社会适应能力，维持良好的关系，充分发挥自己的潜能。②

（二）教师心理健康的标准

1. 心理健康的标准

一般认为，不能将心理健康简单地划分为健康和不健康，心理状态可能处于从不健康到健康变化直线上的某个位置。心理健康应该是一种持续长久的状态，处于这种状态的人具有生命的活力，积极丰富的内心体验、良好和谐的社会适应，能有效地发挥个人的

---

① 俞国良、曾盼盼《论教师心理健康及其促进》，《北京师范大学学报（人文社会科学版）》2001年第1期。

② 张大均、江琦《教师心理素质与专业性发展》，人民教育出版社，2005年，第192页。

身心潜力和积极的社会功能。根据世界卫生组织对心理健康的定义,心理健康标准应包括适应性标准和发展性标准。适应性标准如大部分中国学者指出的心理健康的标准:认知功能正常;情绪反应适度;意志品质健全;自我意识客观;个性结构完善;人际关系协调;社会适应良好;人生态度积极;行为表现规范;活动效能吻合年龄。发展性标准指全面提高人的心理素质,充分发挥人的潜能和创造性,培养高尚美好的品德,塑造完善的个性,使人生价值在一定的时代和环境下能够完全得到体现。[①]

2. 教师心理健康的标准

教师的心理健康是教师心理素质的重要方面,教师的心理素质作为一个系统,若其结构完整,在与环境、他人互动的过程中各个成分能协调有效地运行,那么,教师的心理就是健康的。如同教师心理健康的定义有其行业特殊性,教师心理健康标准也应该根据教师职业特征来界定。通过对已有研究的梳理,我们认为,教师心理健康的标准至少应包括以下几个方面。

(1) 认同并热爱教师职业

能积极投入工作中去,对自己的教师职业身份感到骄傲,积极在工作中发挥自己的才能,能从工作中获得满足感和成就感、价值感。

(2) 有良好和谐的人际关系

教师的人际关系主要包括与学生、家长、领导、其他教师之间的关系。在交往中能与他人和谐相处,态度积极,能尊重别人,真诚待人,欣赏和宽容别人。具体表现在:了解彼此的权利和义务,将关系建立在合作互惠的基础上,其个人思想、目标、行为能与社会要求协调一致;有集体或组织归属,有志同道合的朋友,能与他人合作共事;能客观地评价别人,恰当地认同别人,不以偏概全,妄

[①] 陈永胜《小学生心理卫生》,山东教育出版社,1994年,第3页。

下论断;与人相处时,态度积极而真诚,出现问题时乐于沟通。教师良好的人际关系在师生互动中则表现为师生关系融洽,教师能建立自己的威信,善于领导学生,能够理解并乐于帮助学生,不满、惩戒、犹豫行为较少。[①]

(3) 健全的自我意识

对自己认识正确,能够对自己的能力、性格做出客观的分析与评价,明确自己的优势和长处。对现实环境有正确的感知,能平衡自我与现实、理想与现实的关系,自觉选择符合自己的最佳发展方向与发展方式,不断完善自我。如在工作中能根据自身的实际情况确定工作目标和个人抱负;具有较高的个人教育效能感;能在教学活动中进行自我监控,及时调整和完善自己的知识结构、教育理念,做出更适当的教学行为;能通过他人认识自己,他人评价与自我评价较为一致;具有自我控制、自我调适的能力。

(4) 有充分的心理适应性

能适应社会、教育发展的要求,及时更新教育观念,能快速调整自己的心态适应教学的变化。教师的心理适应性直接影响教师的教育教学工作,影响自己和学生心理健康。只有教师提高自己的心理适应性,才能对学生产生良好的影响。

(5) 健康的情绪体验与调控

在教学和生活中能够真实感受情绪并恰如其分地表达和控制情绪,具体表现在:保持积极向上的乐观心态;情绪稳定,能快速调整消极体验和情绪,不将生活中不愉快的情绪带入课堂,不迁怒于学生。

(6) 有坚强的意志和坚定的信心

教师要有坚强的意志,相信自己能克服工作、生活中的困难,有坚定的原则和信念,态度严肃认真而又诚恳明朗。只有坚

---

① 俞国良《教师心理健康标准》,《陕西教育(教学版)》2016 年第 6 期。

韧不拔,能自我控制、自我调适的人,才能更好地完成艰巨的教育工作。

(三)教师常见心理问题及表现

1. 教师心理问题概述

所谓教师心理问题是指教师在职业活动中产生的个体意识到或意识不到的主观困惑状态。教师心理问题可以分为三种类型:①

(1)教师心理成长问题

指教师整个人格系统健康、正常、发展良好,但伴随着成长的需要,希望了解自己的心理能力,最大限度发挥潜能,实现更大目标,达到更高境界;

(2)教师心理障碍问题

指教师在情绪反应和人格系统方面存在某些缺陷,从而导致在与外界接触及交流过程中遇到障碍和麻烦,不能有效地适应环境,尤其是社会环境,但其认识能力还是正常的,意识清楚,对解决自己的心理问题有比较迫切的要求;

(3)教师心理变态问题

指整个人格系统或某个重要的心理机能发生较为严重的病变,导致不能自主地控制自己的行为,无法与外界进行正常的接触与交流。

2. 教师心理问题的具体表现

导致教师心理不健康的因素是复杂多样的,因此,教师心理问题的表现也是多种多样的。具体表现为情绪心理问题、人格心理问题、人际交往问题、行为问题、职业倦怠等。

(1)情绪心理问题

指教师在日常生活中,尤其是教学工作实践中,遭遇负性情绪

---

① 张大均、江琦《教师心理素质与专业性发展》,人民教育出版社,2005年,第187页。

时不能有效调控引发的一系列身心失调症状,主要表现为抑郁和焦虑。

抑郁,通常表现为持久消极的情绪状态,对所有事物失去兴趣,对学生情感淡漠等。焦虑,随着神经系统的唤醒表现出忧虑、紧张、担忧等混合情绪体验。主要表现为:持续忧虑和高度紧张,对某些事情过分担心;无缘无故感到坐立不安、无法入睡;对还未发生的事情感到焦虑。这些心理行为问题通常伴随着一些身体上的症状,如呼吸困难、头痛、失眠、食欲不振、腰部酸痛、恶心等。教师要及时对自己的不良情绪进行宣泄,学会对生活事件做积极归因,否则很可能会产生更深层次的心理行为问题。比如对生活失去控制感,失去自信心;不能从工作中获得成就感,内疚自责;有的教师变得易激惹,抱怨、敌视他人。

(2) 人格心理问题

主要表现为教师的人格缺陷问题,主要是自卑。人格缺陷发展到经常的、严重的程度就会转变为人格障碍。教师常见人格障碍有强迫性和攻击性人格障碍。强迫性人格障碍主要表现为做事要求完美,极度注意细节,不合理要求他人按自己的方式做事,过分严肃等。攻击性人格障碍表现为情绪激动、不稳定,易激怒,行为不可预测,易失控,有短时暴力、伤人毁物或自伤等现象。

(3) 人际关系问题

教师心理不健康的身心症状不仅会让个体有主观不良体验,而且会渗透到教师的人际关系网络中,影响到教师与学生、同事、家人、朋友的关系。教师角色的多重性,导致教师要面对很多不同的人际关系,同时工作对象的固定性和性质的独立性使教师更容易出现焦虑、抑郁、愤怒等不良情绪。在情绪失调的情况下,个体往往会对外界做出消极反应,因此,教师容易在人际关系中表现出适应不良,表现出社会退缩、逃避与他人交往。有的人与家人关系紧张,工作中的压力带回家,冲家人发脾气;

师生关系紧张,对学生漠不关心,学生稍不注意就会激怒他们,没缘由地惩罚学生。

(4)职业行为问题

教师心理健康可使学生受益,但教师出现心理行为问题,受害最大的自然也会是学生。教师的不健康心理在职业活动中的表现主要有:

教学方面,课堂教学随意,教学无计划,不认真备课,甚至不备课。行为随便,教学中滥用表扬和奖励,厌恶学生提问,言语中伤学生。行为随便,不按教学时间上课等。

课堂管理方面,对课堂中学生出现的问题行为视而不见,放任自流,对学生缺乏热情,不愿意与学生接近,了解学情。小题大做,将学生无心之过或小小冒犯当成是严重的问题,进行严厉的处罚甚至体罚。缺乏教育机智,面对偶发事件不能控制自己的情绪,而是粗暴失态。

人际行为方面,在工作中遇到问题拒绝他人帮助,目无领导或唯唯诺诺,阿谀讨好。同事间拉帮结派。与学生家长相处,不尊重学生家长,摆高姿态,认为学生家长不懂教育。

(5)教师的职业倦怠

随着教师专业化的进程,教师的压力也越来越大,成为影响教师心理健康的非常重要的因素。职业倦怠(burnout)是西方职业压力和心理健康研究中较为流行的一个概念,是一种与职业有关的综合症状。它源于个体对付出和回报之间显著不平衡的知觉。职业倦怠常发生于从事教育行业和服务行业的个体身上。教师职业倦怠是指教师无法应对外界超出个人能量和资源的要求时,所产生的生理、心理、情绪情感和行为等方面的身心耗竭状态。

教师职业倦怠的特点主要是对学生失去耐心和爱心,对课程准备的充分性降低,对工作的控制感和成就感下降。表现出退缩和不负责任,情感和身体的衰竭,以及各种各样的心理症状,如易

激惹、焦虑、悲伤和自尊心降低。Maslach认为职业倦怠包含三个核心成分：①

耗竭感，即个体感到自己的能量和资源耗尽、用完，表现为生理和情感耗竭两个方面。身体上表现为疲劳、烦躁、易怒、过敏、紧张等。

去人性化，指对工作对象作出冷淡和没有感情的反应，刻意在自身和工作对象间保持距离。

低个人成就感，消极评价自己，个人成就感低、自我效能感下降，对自己工作的意义和价值的评价下降，工作变得机械化且效率低下，缺乏适应性。

案例聚焦

孩子身上的 11 处伤痕

5月7日孩子放学回家脱衣冲凉时，张女士发现孩子上身布满红肿的伤痕，仔细检查，共有11处伤痕。再三追问，才知道是教生物的吴老师用雨伞殴打所致，事后，吴老师还交代不能把这事告诉家长。

在详细了解了学生被体罚的情况后，学校立即做出了以下处理意见：向全体班主任通报此事；责成该老师写出书面道歉，并在班级向学生和家长公开赔礼道歉；责令该老师停课反省；学校还相继召开了校领导班子会、行政例会，做好后续工作。同时，将此事及处理意见上报市教育局。

其实吴老师的教学水平和人品都不错，在同事和学生中口碑一直很好，并且此前孩子与吴老师之间从无过节，而作为老师，单

---

① C. Maslachs E. Jackson, The Measurement of Experienced Burnout, *Journal of Organizational Behavior*, 1981-2.

纯用暴力解决问题显然是大忌。发生这样的事是所有人都始料未及的。

为何吴老师选择了最不理智的暴力手段？心理压力过大可能是造成吴老师这种行为的根源。

吴老师6年前大学毕业，他先后教过毕业班、实验班、普通班，曾因把普通班半数学生送入重点高中而被校长赞许"教学有方"。可是这学期，吴老师变得沉默不语，甚至惧怕走进学校和课堂。有时压力太大，不自觉地就会体罚学生或变相体罚。

在这个案例中，孩子固然是无辜的，但是吴老师也并非罪大恶极，他心理上出了问题，他也是需要帮助的人。

教师属于高压力群体，他们要面对来自个人、家庭方面的问题，也要面对升学指标的压力；还有繁重的教学任务，批改学生作业、备课、进修学习等。同时，他们也和社会其他群体一样，面临竞争、下岗、学历教育、计算机考级等，如果这些压力没有得到有效的释放，就往往会以暴力的方式发泄出来。[①]

（四）教师心理健康问题的成因

教师心理健康问题是在外界因素和自身心理素质的相互作用下形成的。现有的研究表明，教师心理健康的影响因素众多，概括起来主要有以下几个方面。

1. 个体因素

（1）人格因素。在相同的压力下，有些教师可能会出现心理问题，而有些教师却不会。这可能与教师的人格特征有关。研究发现，不能客观认识自我和现实，目标不切实际，理想和现实差距太大的教师和有过于强烈的自我实现、自尊需要的教师更

---

① 胡谊、杨翠蓉、鞠瑞利、曹凤莲等《教师心理学》，中国轻工业出版社，2015年，第247—248页。

容易出现心理问题。此外,教师中的外在控制源者,即认为事情的结果不是决定于自己的努力,而是由外界控制的教师比内在控制源者更难应付外界的压力情境或事件,因而心理健康水平也较差。①

(2) 生活的重大变化。在生活中,变化无处不在,无论这些变化是积极的还是消极的,都需要个体作出种种心理调整以适应新的生活模式。在这段调整时期,教师的心理问题容易发生。

(3) 缺乏必要的心理健康知识。有些教师对心理健康不重视,或者对心理健康的认识还比较模糊,对自己心理健康状态的认识还不清楚。教师缺乏心理健康的基本知识,导致自己有了心理问题不会排解,也不去寻求心理咨询师的帮助,最终导致严重的心理问题。

2. 职业因素

(1) 角色冲突与负荷。角色冲突主要有以下几种:社会对教师职责的高要求、教师对自己从事教育事业的光荣感与现实社会中教师的经济地位、职业声望等的矛盾造成的角色冲突;学生、家长和学校对教师角色的不同期望以及教师自己的价值观之间的冲突;教师的边缘地位造成的冲突。如学校中的副科教师常常被认为是无足轻重的,这与教师的职业自豪感相冲突;教师的社会角色规定与其真实人格及真实情绪体验之间的冲突。②

此外,教师的角色过度负荷也应引起人们的重视。目前,班级容量越来越大,每个学生都有自己的需要、兴趣、动机和成就水平,教师要尽量关注到每个学生并最大限度地满足学生、家长及学校的需要,又不能表现出自己真实的消极情绪,如烦躁、沮丧等,这势必造成角色过度负荷。

---

① 刘霄《论教师心理健康的促进》,《教育探索》2003 年第 2 期。
② 俞国良、曾盼盼《论教师心理健康及其促进》,《北京师范大学学报(人文社会科学版)》2001 年第 1 期。

(2) 职业压力

教师工作时间长,负担重。教学任务繁重,很多教师每周有12—16节课,甚至20多节课。除此之外,教师还要备课、听课、批改作业、课外辅导、组织考核、开会、联系家长、完成科研和进修等工作。大量的工作都是在工作时间之外去完成,而这部分时间可以说是无酬劳的,长期的工作负荷、压力与收入之间的失衡,也会使教师产生心理不平衡感。

(3) 工作对象的复杂性

教师工作对象是学生,但是随着社会的急剧发展,现在的学生已经显得有点"复杂"。在获取信息极度方便的今天,教师的知识不再比学生具有绝对优势,教师个人也感到威信受挫。另外,现在的孩子受到家庭的呵护是前所未有的,有些学生以自我为中心、骄傲任性、自由散漫,而有的孩子由于家长过忙被忽视或管教方式粗暴,导致孩子自卑、孤僻或者执拗、冷酷。同时,教师还要应对家长的高期望甚至苛刻要求。这些都会导致教师心理处于焦虑的不良状态。

其他职业因素,如职称评定竞争激烈,对前途担忧;教师在工作中自主权小,学校的组织管理重视工作任务的完成而不顾教师的个人需要等也是教师心理问题产生的可能因素。

3. 社会因素

教师的社会地位依然较低。社会对教师的看法与教师的神圣职责是不成比例的,教师被侮辱、被殴打事件仍不断发生。

社会对教师要求过高。随着社会的发展,人们对教师的要求越来越高,不仅要求教师要有渊博的学术知识、精深的专业修养、高超的教学水平、高尚的道德情操,还要有足以作为表率的言行举止,有既严厉又和蔼的教育态度,更要有较高的教学质量。如果稍有不合适的地方,就会被放大,受到舆论严厉的指责。然而,由于社会风气的负面影响和家长教育方式的不当,正如著名的公式

"5+2=0",学校5天的教育所形成的良好行为,周末2天就被抵消殆尽。教育效果与教师的付出不成比例,使教师缺乏成就感。[①] 凡此种种,都有可能成为教师心理压力的来源。

(五)教师心理健康问题的维护与调适

1. 教师心理健康的维护

教师心理健康的维护,需要教师个体自身、学校和社会的共同努力。

(1)个体方面

心理健康是心理素质的功能指标,心理素质是心理健康的心理基础,换句话说,有什么样的心理素质就会有什么样的心理健康水平。因此我们可以通过提高个体心理素质来维护心理健康。具体可以从以下几方面进行:

第一,正确认识自己和自己的职业,改变观念,对自己的职业抱有恰当的期望。

第二,善于自我调节,提高压力应对能力,比如掌握一些基本的放松技术、时间管理技术、认知重建技术。

放松训练是降低教师心理压力的最常用的方法,包括一些心理治疗技术,也包括通过各种身体的锻炼、户外活动、培养业余爱好等来舒缓紧张的神经,使身心得到调节。时间管理技巧可使生活、工作更有效率,避免过度负荷,具体包括对时间进行合理分配和计划、将目标按轻重缓急进行优先级排序,建立一个现实可行的时间表等。认知重建策略包括对自己对压力源的认识和态度做出心理调整,如学会避免某些自挫性的认知(如"我必须公平地爱每个学生并且使每个学生都成功"),经常进行自我表扬(如"至少部分学生学到了很多东西"),学会制定现实可行的、具有灵活性的

---

① 陈琦、刘儒德《简明教育心理学》,高等教育出版社,2019年,第136页。

课堂目标并为取得的部分成功表扬自己。①

第三,建立积极的应对策略和归因方式。在面对问题时,教师应采取更积极的应对手段,努力使自己成为更加自控的人,把原因归结为自己可以控制的因素,如努力。

第四,完善能力结构。教师多重角色身份表明其教育职能的多样性,因而也要求教师必须具备相应的多方面的能力。教师能力素质越强,能力结构越完善,解决问题的能力就越强,越少面对因能力欠缺带来的心理挑战,出现心理问题的几率相对就越小。

(2)学校方面

教师心理问题直接原因往往是学校情境和教学活动,因此除了教师自己要努力提高自身心理素质外,学校也要切实而有效地帮助教师提高和维护心理健康水平。

学校层面的措施包括:降低工作负荷,降低学生和教师数的比率,缩短工作时间,提高群体支持,给予教师更多的工作灵活度和自主权,提供更多职前和职中培训等。学校要把教师的需要和学生的需要放到同等重要的位置上,形成两者的双主体地位。

(3)社会层面

该层面的工作主要是通过各种政策的制定,来提高教师的社会地位、促进教师群体职业化的进程,形成尊师重教的社会风气。如政府应加大执法力度,维护教师的合法权益,增加教育投入,改善教师的工资收入、住房、医疗等物质待遇;深化教育改革,减轻教师的升学压力和心理负荷,减少教师为追求升学率而作出的许多违背教育教学规律的行为。政府部门还可以有组织、有计划地通

---

① 俞国良、曾盼盼《论教师心理健康及其促进》,《北京师范大学学报(人文社会科学版)》2001年第1期。

过各种媒体,宣传教师在社会主义现代化建设中的巨大作用,推动尊师重教社会风气的形成。①

2. 教师心理健康的调适

(1) 求助心理咨询

对于比较严重的心理问题,教师应该求助心理咨询和心理治疗机构。如果对自己的心理健康状况有怀疑时,教师要有求助意识,信任咨询辅导,勇于将自己的基本情况,存在的心理问题向咨询师描述,并对咨询师充满信心。

在咨询或者治疗过程中要配合诊断检查,认真贯彻配合咨询师的辅导方案。在咨询辅导中,要向咨询师提供有效的信息,配合咨询师对自己进行分析和诊断,明确问题的类型、性质等,以便确立咨询辅导的具体目标,选择合适的治疗方法。如果教师对咨询师抱有怀疑、抵触情绪,那么对心理问题的治疗是很不利的。

(2) 心理自助

除了寻求专业的心理帮助,教师自己可以通过一些方法进行自助。

首先,改变不合理的认知,树立正确的教育观念。认知不合理不仅影响自己的心理健康,而且会直接导致教育行为上的偏差,进而影响到学生心理的健康发展。影响教师心理健康的不合理认知主要有:第一,对教师职业的错误看法,认为教师是社会地位虚高、经济地位低、工作辛苦的角色,自己看不起自己的职业;第二,学生观错误,认为学生都是难管的,把学生一时的调皮看成是故意与教师作对,不把学生看成独立自主的发展中的个体,而是可由教师任意摆布的附属品;第三,错误的人才观和不公正的评价,认为只有学习好的学生才是人才,因而平时对学习好的学生总是另眼相看。

---

① 刘霄《论教师心理健康的促进》,《教育探索》2003 年第 2 期。

其次,掌握一些必要的心理自助理论和方法。

合理情绪疗法,简称 RET(rational-emotive therapy),是美国心理学家艾利斯在临床实践中创建的。这一理论的核心观点是:引起情绪障碍的不是诱发事件本身,而是当事人对该事件的评价和解释。该理论强调对非理性思维的批判。ABC 理论是 RET 疗法的基本理论。

A、B、C 来自三个英文单词的首字母,分别代表:

A(activatingevents)指诱发性事件;

B(beliefs)指个体的信念、观念系统;

C(consequences)指个体的情绪或行为的反应或结果。

人们通常以为是事件 A 引起了 C,A 是 C 的直接原因。合理情绪疗法的观点则与此不同,该理论认为,B 才是直接原因,即人们对诱发事件的信念或者看法。

艾利斯指出一切不合理信念,具有以下三个特征:

(1) 绝对化的要求(demandingness),即人们认为某一事件一定会发生或一定不会发生。它常与"必须""应该"这类词连在一起,如"我必须成功","生活应该是很容易的"等。

(2) 过分概括化(overgeneralization),即以某一具体事件、某一言行来对自己进行评价,如"一次失败就认为自己就是个没用的人,做什么事情都做不好,是个十足的失败者"。

(3) 糟糕透顶(awfulizing),即如果某一事情发生了,其结果必定非常可怕、非常糟糕,如"再没有比没评上职称更糟糕的了""公开课上说错了话,出了洋相,以后还怎么见人"。这种将事情的负面结果夸大到极点的极端思维方式,把人推入了自责内疚、抑郁绝望情绪的恶性循环当中。

这三种特征是相互联系的,任何人都或多或少地具有不合理的思维和信念,而那些具有严重情绪和行为障碍的人身上,这种倾向则更为强烈,因而需要对他们进行认知干预。

案例聚焦

甲、乙两位老师一起在校园中走路时,迎面碰到同一年级组的一位老师丙,但丙未与二人打招呼就径直走去。这一事实同时引起了甲、乙二人的注意,但二人对此事件的信念(评价和解释)不同:甲认为丙可能正在想自己的事情而没有注意到我们,即使看到了我们而没理睬,天天在一个办公室见面,不打招呼也没有什么特殊的;乙则认为,平时就趾高气扬的丙不理睬我们是不友好的表现。信念不同,两人的情绪反应也不同:甲认为这事没什么,因而情绪很平静;乙却愤愤不平,认为丙对自己有意见,所以才不理睬,因而对丙心怀怨恨,情绪起伏不平。[①]

按照 ABC 理论的解释,甲、乙二人的不同情绪反应,其直接原因不是事情本身,而是二人对事情所持的不同信念,甲对人持宽容的信念和态度,易使他情绪平静,少受负性情绪干扰;乙却苛求于人,这种信念容易导致负性情绪的发生,情绪常常起伏不平。

合理情绪疗法就是在当事人理解 ABC 理论,认识到自己应该对自己的情绪和行为负责的基础上,通过找到不合理信念并主要借助辩论 D(disputing)等技术来帮助当事人认清原有观念的不合理之处,从而放弃这些不合理观念,建立起新的合理观念,来达到治疗效果 E(effects)。因此该疗法的基本过程与步骤,也被称为 ABCDE 模型。

具体步骤:

第一步,拿出一张纸,依次列出 A、B、C、D、E 栏;

第二步,写出所遇到的事件 A,然后是结果 C,其后是不合理

[①] 周国韬、盖笑松《积极心理学与教师心理调适》,中国轻工业出版社,2012 年,第 64 页。

信念 B;

第三步,在 B 栏内对自己在这一栏中列出的那些不合理信念逐一进行辩论,并找出相应的合理观念;

第四步,辩论之后在 D 栏内写出相应的可以替代那些不合理信念的合理信念;

第五步,填写 E 栏,说明辩论后的效果。

表 4-1 ABCDE 模型

诱发事件 A	结果 C	不合理信念 B	对不合理信念的辩论 D	辩论的结果 E
努力工作一学期,结果学生期末考得很差	感到失望、郁闷、焦虑	付出与回报一定成正比,学生没考好,我的教学工作做得很失败,我个人能力很差	理性的人们会在努力的过程中寻找乐趣而不是仅着眼于结果,努力把事情做好而不是试图做一个完美的人	不良情绪减轻,告诉自己不要太看重结果,寻找学生考试成绩差的原因并继续努力工作
职称评定时,条件不如自己的评上了,自己没评上	感到极度愤怒	社会应该是公平、公正的	现实生活中没有绝对公平,我们对待学生、朋友、上级和下属也一样,很难做到绝对公平	平息了愤怒,决心继续努力工作,为下一次评比做准备
……	……	……	……	……

当个体对 ABCDE 模型熟悉了以后就可以采取自由格式的形式进行分析,内容与上述固定格式相同,只不过无需表格,无需固定格式,完全由当事人根据自己情况自由自主地进行自我分析,重点仍在 D 上,即对不合理信念的辩论。

合作研习

任务一:请按照 ABC 模式进行事件分析,填补上信念或结果处的空白,然后分析一下这几个情境,看看事件、信念与结果的关系。

事件1:
A 你在商场转了半天终于看到一个车位,突然一个人抢先停进去了。
B 你想_____
C 你很生气,摇下车窗,对那个人破口大骂。

事件2:
A 你给好朋友打电话,你朋友没接电话也没回你电话。
B 你想_____
C 你没有因此不快,继续过你的生活。

任务二:请针对事件1,使用ABCDE模型进行合理情绪辩论。

(3) 情绪宣泄法

所谓情绪宣泄是指在适当的场合,采取适当的方式,把心中不良情绪发泄出来,使心理恢复到健康、平衡的状态。主要有以下几种方式。

倾诉:当心情苦闷、烦躁不安时,找一个关系较为亲近能够理解你的人诉说,把心中的怨气、委屈全部吐出来。

运动:可以通过有意识地参加体育锻炼和活动来排解心中的不良情绪,全身心投入运动,能让自己暂时忘却烦恼,释放紧张、焦虑情绪。

大笑:心情极度糟糕时,找一些能令人发笑的影视作品、书籍来看,看到精彩之处,放声大笑,让你的脸部肌肉与神经系统向大脑传递快乐的信号。另外大笑也能使你吸入的氧气含量高于平时,心情也跟着变得轻松。

(4) 身体放松法

放松身体的方法有很多,包括呼吸调整法、肌肉放松法、冥想法等。

呼吸调整法：当情绪激动时，深深吸一口气，然后迅速吐出，反复多次进行，直到呼吸变慢。同时暗示自己放松。

肌肉放松法：选择喜欢的坐或卧的姿势，头部和背部保持正确的姿势，然后从上到下将身体每一部分的肌肉依次放松，顺序为颈部、背中、双臂和双脚，同时心理暗示"放松，放松……"。

冥想法：躺在床上，闭上眼睛，然后全身放松，进行自由联想，主要想象一些能使你感到轻松、愉悦的事情。

技能训练

1. 假如你是一名新入职的教师，你该如何提高你的教学效能感？

2. 列举 1—2 件最近让你感到愤怒或者郁闷的事件，运用合理情绪疗法进行练习。

推荐阅读

陈琦、刘儒德《教育心理学》，高等教育出版社，2020 年。
皮连生《学与教的心理学》，华东师范大学出版社，2009 年。
钱铭怡《心理咨询与心理治疗》，北京大学出版社，2016 年。
胡谊、杨翠蓉、鞠瑞利、曹凤莲等《教师心理学》，中国轻工业出版社，2015 年。

第五章
教师礼仪论

模块导读

通过本章的学习,对于未来将要踏上教师岗位的同学们来说,不仅可以认识到学习教师礼仪的重要性,明确教师礼仪在不同场域下的标准,更能掌握塑造教师形象的基本方法,提升自身素养的同时,也为今后的教师职业生涯奠定良好的礼仪基础。尤其在大力提倡素质教育的今天,国家强调"立德树人",坚持以美育人、以文化人,提高学生审美和人文素养,这就更需要新时代的教师以身作则,为人师表,用礼仪给自己"加分",以美的形象、得体的行为去吸引学生、感染学生、教育学生。

一、教师礼仪概述

案例聚焦

1962年,周总理到西郊机场为西哈努克和夫人送行。亲王的飞机刚一起飞,我国参加欢送的人群便自行散开,准备返回,而周总理这时却依然笔直地站在原地未动,并要工作人员立即把那些离去的同志请回来。这次总理发了脾气,他严厉起来了,狠狠地批评道:"你们怎么搞的,没有一点礼貌!各国外交使节站在那里,飞机还没有飞远,你们倒先走了。大国这样对小国客人不是搞大国主义吗?"当天下午,周总理就把外交部礼宾司和国务院机关事务管理局的负责同志找去,要他们立即在《礼宾工作条例》上加上一条,即今后到机场为贵宾送行,须等到飞机起飞,绕场一周,双翼摆动三次表示谢意后,送行者方可离开。

分析周总理为什么发火?工作人员违反了什么送客礼仪规范?

(一)礼仪与教师礼仪

五千年的中华灿烂文明,铸就了这泱泱礼仪之邦。从社会生活的角度看,礼是由社会道德规范和风俗习惯所形成的仪节。《左传·昭公二十五年》中有言:"夫礼,天之经也,地之义也,民之行也。"可见礼是让世界有序运转、指导人做出合理行为的有效准则。而仪是指人的外表或举动,《说文解字》中说道:"仪,度也。"这里的度指法度,任何人的外表和举动一定要有度以及合乎规范,不能超越法度。本章我们要学习的是教师礼仪,礼仪(ceremony; rite; etiquette)指仪式、礼节,《诗·小雅·楚茨》中提到:"礼仪卒度,笑语卒获。"意思是礼仪完全符合法度,那么一言一笑都恰当了,可见礼仪不仅是指导我们行为规范的外在准则,也是我们个人内在修养的外部表现。

学校教育是有目的、有计划、有意识的培育过程,教师作为教育教学的主导,承担着教书育人的主要职责,教师既是人类科学文化知识的传播者,也是学生学习的引导者和促进者。教师职业道德的高低直接关系到素质教育实施的成功与否,也决定着青少年能否生动、活泼、积极健康的成长,关系着整个社会、整个民族文化和素质的提高。

所谓教师礼仪,即在教育教学领域,教师在从事教育教学活动中应该坚持的一套待人接物和为人处世的规范,教师的一言一行将潜移默化地影响学生,对学生的健康成长起到至关重要的作用。孔子有云:"其身正,不令而行;其身不正,虽令不从。"一个严以律己、以身作则的老师,将会培养出言行端正、品行优良的高素质人才。

纵观当今院校,教师群体仍然存在道德、礼仪缺失以及素质低下的现象,教师的职业素养、礼仪形象和职业道德将直接影响到广大的学生群体,普及教师的礼仪、提升教师队伍的整体素质是大势所趋,也是首要任务。通过本章的学习,读者可以认识到学习教师礼仪的重要性,了解不同场合的礼仪规范,掌握塑造个人职业形象的方法,传承和弘扬我国优秀礼仪文明,由己及人,立德树人,不仅修己,更要以此育人。

(二)教师礼仪的特点[①]

1. 教师礼仪的规范性

教师作为社会中的一个特殊群体,承担着教书育人的责任和培养社会主义接班人的重要使命。教师的一言一行都将代表着整个教师行业和教师群体。正是这种规范性,不断地提醒和调节教师在不同场合的言行举止,做出符合教师身份的行为。

2. 教师礼仪的引领性

教育大计,教师为本。培养优秀的学生,必须要有优秀的教师做引路人。习近平总书记明确提出要把立德树人作为教育的根本任务,在加强学生的品德修养上下工夫,这正需要教育者引领学生从自身做起、从身边小事做起,培养大批德才兼备、堪当祖国大任的社会主义建设者和接班人,这就需要发挥教师的引领作用,不断

[①] 金正昆《教师礼仪规范》,中国人民大学出版社,2014年,第3页。

指引学生向正确的方向前行。

3. 教师礼仪的示范性

在学校教育中,教师不仅是科学文化知识的传播者,也是学生学习与修身的示范者。教师的一言一行将成为学生模仿的榜样,无形中影响着身心处于发展阶段的青少年。因此教师更需要以身作则,"学高为师,身正为范",将自身的师德师风和礼仪化为重要的教育手段,滋润和熏陶学生。

4. 教师礼仪的强制性

教师礼仪是每位教师都应主动自觉遵守的行为规范,具有鲜明的强制性和义务性。《中小学教师职业道德规范》中提出,身为人民教师应做到为人师表,坚守高尚情操,知荣明耻,严以律己,以身作则;衣着得体,语言规范,举止文明;关心集体,团结协作,尊重同事,尊重家长;作风正派,廉洁奉公;自觉抵制有偿家教,不利用职务之便谋取私利。只有当一名人民教师认同、接受和自觉履行中小学教师职业道德规范,才能在教育行业获得学生尊重、同事的认可和家长的信赖,不断提升自身素养,取得进步。

 案例聚焦

李叔同先生(弘一法师)是著名的教育家,一次下课的时候,有一个同学走出教室时随手关门,但由于用力太重,发出了很大的声音。当他走出了数十步以后,法师便跟了出去,叫住了他,用和气的口气对他说:"下次走出教室,轻轻地关门。"然后对他鞠了一躬,回到教室,自己轻轻地把门关上了。那位同学很自责,以后每次进出教室,都轻轻地关门。面对学生的错误,不是当众指责,而是私下找到学生进行说服教育,用和气的语调指出学生的错误所在,更令人感动的是,批评完了学生,还要给对方鞠一个躬。一件微不足道的小事却体现了一个人的素养,李叔同先生以自身言行影响着自己的学生,身正为范。

(三)学习教师礼仪的意义

1. 有利于塑造教师良好的职业形象

职业形象体现了教师本人的修养与风貌,不仅能在学生群体中形成良好的"第一印象",也有利于学校整体形象和教师群体社会地位的提高。

2. 有利于提高学生学习兴趣和教育效果

教师在传递知识的过程中,举手投足之间时刻都潜移默化地影响着学生的人格,从而使学生的言行产生积极的变化,只有将这种积极的状态带到学习中,才能促进学习兴趣和学习效果的提高。

3. 有利于协调和建立良好的人际关系

同学们作为即将走上讲台的准教师,应时刻牢记礼仪如同我们对他人发出的一张名片。礼仪得当的人总能在日常的人际关系中表现得恰当自然、阳光自信,传递自己的友好与善意,收获他人的尊重,如三月春风感染他人。只有不断践行教师职业礼仪,才能帮助学生正确认识和处理生活中的人际关系,和同事之间团结协作,和家长密切配合,合力做好教育教学工作。

二、教师的形象礼仪

个人形象是指一个人的外表或容貌,也是一个人内在品质的外部反映,它是反映一个人内在修养的窗口。教师职业形象是教师群体在其职业生涯中的形象,是贯穿在教师生活、工作中的个人形象,是其内在精神和外部表现的整体反映。

案例聚焦

李某是某中学初一学生。刚刚踏入新环境的李某有天放学回家,和父母说对自己的数学老师很不满意。父母问他什么情况,他说:"这个老师平时穿衣服很随意,吊儿郎当的,经常一个星期都不换衣服,胡子拉碴,头发也常常不洗,很油腻,身上还时常发出一些奇怪的味道,有严重的口气。他平时喜欢抽烟,身上总是一股刺鼻的烟味儿。我们去向班主任老师反映,结果数学老师跑到班里来破口大骂,说我们成绩不好还好意思怪他不修边幅!"

作为一名教师,该如何管理自己的形象呢?

教师形象应具体表现在以下方面:

(1)气质。当我们出现在学生、家长面前时,整体形象和动态举止在未开口之前,就已经替我们传递一定的气质了。作为学校教师,热情大方、自信优雅会给身边人一种如沐春风的亲切感。

(2)性格。撒切尔夫人曾说:"小心你的性格,它会变成你的命运。"好的性格将成为自己最好的招牌,教师每天大部分时间都在和未成年人打交道,作为人类灵魂的工程师,应该做到朝气蓬勃、耐心细致、诚实正直、温和宽厚、独立冷静、将心比心。

(3)精神面貌。良好的精神面貌是教师素养的外在体现,它包括穿着、举止、言谈等外在面貌,也包括教师的职业道德品质、思想境界、个人追求等。

(一)教师的仪容礼仪

仪容,通常指人的外观、外貌,包括面部、发型以及裸露在外的肌肤部分。在人际交往中,良好的仪容会引起对方的注意,从而产生直观的第一印象,这将影响到对方对自己的整体评价。

在教育教学活动中,教师如果仪容得当,给学生一种精神满满、神采奕奕的感觉,这将促进教学效果的提高;如果教师显得无精打采、有气无力,会显得教师缺乏精神气,间接影响课堂教学的氛围,从而降低教学效果。因此,每一位教师都要注意适当修饰自己的仪容,给他人留下良好的印象。

1. 教师的面部

面部是一个人最明显、突出的部位,也是人际交往中最先被人感知和注意的部位。教师的面部一定要保持整洁干净,在日常的工作和教学中,教师需要时刻注意自己的眼部、鼻部、嘴部的清洁,随时注意清洗,保持面部的清爽和干净。

2. 教师的发型

发型可以说是一个人的第二张脸,它对于个人整体气质的改变非常大,合适的发型不仅可以修饰脸型与头型,还能让自身气质锦上添花。教师在选择发型时一定要选择符合个人身份的发型,不能太张扬浮夸,要给人干净利落的感觉。

3. 教师的妆容

爱美之心人皆有之,适当的妆容能够增添一个人的神采,突出面部优点。教师的妆容一定要遵循自然、协调、得法等原则。要求真实、自然,不过分修饰;分清场合,追求个性化的同时也要得法;化妆的时候注意面部协调、场合协调以及身份协调,尽量淡妆为主,不浓妆艳抹。

(二) 教师的仪表礼仪

仪表,即人的外表,这里主要体现在教师的着装。着装被视为人的"第二肌肤",既可以发挥实用性功能,也可以展现一个人的个性和精神风貌。俗话说:"佛靠金装,人靠衣装。"着装在某种程度上表明一个人对生活、对工作的态度,教师尤其要注意通过着装塑造良好的自我形象。

作为教师,整洁、大方、干练永远是着装的追求目标,教师着装要与年龄以及日常所在环境相协调。教师的仪表不仅修饰了自身形象,给予对方落落大方的好感,对学生也起着潜移默化的示范作用。

1. 教师着装的基本要求

(1) 遵循"TPO"原则

"TPO"原则即着装要考虑到"Time"（时间）、"Place"（地点）、"Occasion"（场合）。教师在选择着装时，应兼顾时间、地点、场合，力求三者的协调统一，从而给人留下好的第一印象。

(2) 符合学生的心理特点和欣赏水平

相对于医生、警察等职业，教师着装没有严格意义上统一要求，却依旧需要遵从一定的规范。作为教师，我们每天面对的是处于成长中的、尚未成熟的学生，他们总是对身边的事物充满好奇心，他们将老师的言行奉为圭臬，因此教师的行为举止及仪表对学生品德的形成有着不可忽视的作用。

教师的着装首先要符合学生的心理特点，特级教师斯霞建议小学或幼儿园老师尽量避免白色衣服，这会让孩子产生害怕的心理，把教师误认为医生，这也反映了教师的着装应尊重儿童的心理感受。另外，孩子的内心世界都是充满阳光、五彩缤纷的，教师在穿衣配色上最好选择较鲜艳的衣服，这样更容易和孩子打成一片。

(3) 整洁得体，抓住美的内涵

如今的教师群体，尤其是女性教师，追求时尚潮流，在穿衣打扮上都有自己的审美和倾向，追求个性化也无可厚非。但是教师职业的特性决定了学校不是教师展示个人风采的秀场，过分新奇古怪、一味追求高级时髦难免在学生家长以及社会公众面前留下浮夸、轻浮的印象。作为教师，在追求审美的同时一定要注意适度原则，打扮整洁得体，端庄自然，抓住美的内涵。

2. 教师着装的禁忌

(1) 忌脏

教师的着装切记勤换洗，保持干净，切忌懒于换洗而显得皱皱巴巴和不修边幅。

(2)忌露

在学生面前不宜穿着过于暴露,应当注意尺度。

(3)忌透

外穿的衣服不宜过于单薄透明,不外穿吊带。

(4)忌短

切记不要穿过于短小的上衣或短裤。

(5)忌紧

不穿过分修身和包裹太紧的服饰。

(6)忌异

切忌奇装异服、打扮怪异,穿衣打扮不浮夸。

(三)教师举止礼仪

举止,即姿态和风度。俗话说:"站有站相,坐有坐相。"日常生活中,人的举手投足、一颦一笑都可以传递出这个人的修养和素质。举止是一个人内在修养的外表表现,具有稳定性、统一性等特点,教师的举止常常被学生所观察和捕捉,成为他们学习的榜样和模范。

作为教师,掌握正确的站姿、坐姿、走姿及手势,从外在看不仅可以提升美感,给人优美端庄的感觉,从内在也可以全面提高教师素养。

1. 挺拔的站姿

教师一旦站上讲台,站在学生面前时,应让人感到像青松一样端正挺拔,显示出教师的精气神,以此振奋学生的精神。相反,教师不应该站得像一根木头,呆板毫无生气,更不能七歪八扭,给人懒洋洋的感觉,甚至打呵欠,困倦不已,这样也会让学生提不起精神。

2. 端正的坐姿

入座时双目平视,面带微笑,身板立直,双肩放松,双膝并拢,切忌跷二郎腿或抖腿,至少坐满凳子的三分之二,背部轻靠椅背。教师坐着讲课的时候,牢记不要歪斜身子、趴在桌上或身体向后仰。

3. 优雅的走姿

优雅的走姿,展现的是一种动态之美,俗话说:"行如风。"体现了一个人的风度翩翩。优雅的走姿应当挺胸收腹,两眼平视前方,手臂在体侧自然摆动,跨步不紧不慢,稳健富有节奏感。

三、教师礼仪标准

 案例聚焦

李丽是某中学的一名初一学生。早上她在学校上早自习时,班主任于老师向她提问,她回答后刚坐下,于老师突然当着全班20多个同学的面责备她,说她老和一些不三不四的人在一起。后来,老师的言辞越来越激烈,说要是总不听老师的话就不管她了,"世界上只不过多了一个妓女而已"。听到"妓女"这个词,李丽忍不住伤心地哭了。李丽解释说,由于同路的原因,她常常和几个初二的女生在一起。于老师非常反对自己和那些人待在一起,曾经几次和她谈过话。昨天下午放学,她凑巧又和那几个人同乘一辆车回家,被老师撞见。第二天,就发生了那样的事。

结合以上案例,谈谈你对教师应遵守语言礼仪的看法。

(一)教师课堂教学礼仪

1. 教师教学的语言礼仪

语言如同一座桥梁,连接着教师和学生。苏联教育家苏霍姆林斯基在《给教师的建议》中谈道:"教师的语言修养在极大程度上决定着学生在课堂上的脑力劳动的效率。"[①]可见,教师的语言直

---

① [苏]苏霍姆林斯基著,杜殿坤译《给教师的建议》,教育科学出版社,1984年,第421页。

接影响着学生的学习效率,也决定了教师在学生心目中的形象,教师的魅力往往来自其语言表达的艺术性,以及透过语言向学生传达爱与尊重。语言不仅是交流的工具,也是我们传情达意的媒介,它反映了一个人的思想道德和文化素养。作为一名教师,我们需要认真锤炼打磨自己的教育教学语言,掌握语言的美与艺术,将它变为开启学生心灵的钥匙。

作为教师,我们每天面对的是一个个处在发展过程中、身心尚未成熟的未成年人,这就决定了课堂教学语言相较于日常生活中的语言表达,更具特殊性和针对性。

(1) 富有思想性和启发性

学生来到学校学习,不仅仅是学习知识和技能,更是通过学习提高自己独立思考的能力、提升创造性。俗话说:"授人以鱼不如授人以渔。"教师要教会学生的不是照本宣科,也不是盲目复制别人,而是教会学生如何思考。因此在日常的学习和交流中,教师要学会下放权力,让学生做学习的主人,通过富有启发性和创造性的提问,不断引导学生深入挖掘,用已有的知识经验去学习新的知识,获得新的体验。

比如,在讲解"春风又绿江南岸"中的"绿"的词性时,教师可以首先提问学生对"绿"字的理解,学生:"这里的'绿'是指绿色。"老师:"回答得很好,那么这里的绿色指向的是谁呢?"学生:"江南岸。"老师接着提问:"江南岸为什么是绿色的呢?为什么不是蓝色、红色或者黄色呢?"学生:"因为春风,春天带来了绿色。"老师继续深入提问:"很好。春天带来了绿色,所以江南岸它不是自己变绿的,而是?"学生:"是被春风吹绿的!"老师:"太棒啦!所以这个'绿'字在这里就不单单是绿色的意思,而是?"学生:"吹绿!"老师:"回答得很正确!因此作为普通名词的'绿色'在这里换上了一层新衣服,化妆成了另一个词性,大家知道是什么吗?"学生:"动词!"通过这样一步步的启发式提问,不断引导学生层层深入,找到答案。

(2) 发音准确,语句流畅

准确的表达是课堂语言教学的核心,关系到教师能否明白无误地传递信息以及学生能否清楚接收信息。准确的语言表达一定要用最简练的话表达最丰富的内容,切忌模棱两可、吐词不清,尤其注意对同义词的词语不要产生混淆。

例如,对于小学生而言,可能常常分不清"意见"和"建议",出现诸如"我来发表一下我的建议"等错误表达。教师在教育教学中一定要注意语言表达准确,才能给学生起到良好的示范作用。

除此之外,流畅性也是教师课堂语言的基本要求之一,说话之前要三思,绝不拖泥带水,词与词、句与句之间环环相扣,不要车轱辘话来回说。

(3) 语音语调平和,生动活泼,抑扬顿挫

一位好的教师,语音语调一定要平和、柔软以及富于变化,呈现一种韵律美。千万不要扯着嗓门说话,或者语速过快,容易给人一种不沉稳和急躁的印象。除此之外,教师的语言表达,尤其是针对年龄段比较低的学生,要注意生动活泼,借此充分调动学生的形象思维,使表达更加直观形象和具体。

(4) 脉络统一,逻辑严谨

语言的脉络好比丝线,只有把珍珠用一根丝线串起来,你才会得到一条项链,这条项链就能变成我们的内在能力。教师的教学语言一定要注意脉络统一,不能前言不搭后语,使学生听起来云里雾里,不知所以。教师在讲解知识点的时候,要首先帮助学生搭建好知识框架,突出重难点,做好区分,由浅入深,由易到难,层层推进。按照"是什么""为什么""怎么样"的逻辑思路,由表及里,抽丝剥茧,以此培养学生的逻辑思维能力。

2. 隐形课堂教学语言——板书

板书是无声的语言,将教师口头叙述的内容固定下来,呈现

给学生,是将知识集中起来的书面语言。巧妙利用板书,掌握板书这门课堂艺术,能将语言变得直观可视化。因为板书是口头表达的凝结,所以教师在板书时一定要有侧重点,重点突出,条理清晰,不能写得太杂太乱。一定要有计划性、精练性和层次性:计划性是指在板书之前要进行大体上的设计,设计板书的布局、区域的划分以及板书的顺序;精练性是指板书一定要"少而精",好的板书一定是呈现重点,而不是内容的堆砌;层次性是指板书的内容需时刻围绕教学目标进行,突出重难点,由易到难、由简到繁,层层推进。

3. 教师课堂提问的礼仪

课堂提问是指课堂上教师根据学生已有的知识经验,结合本堂课的教学目标所设计的问题,学生经过独立思考得出结论,获得知识进而发展能力的一种课堂教学方法。好的课堂提问不仅能够最大程度地聚焦当堂课学习目标,提高学生的学习效率,还能随时掌握学生的情况,及时进行跟踪和反馈。好的课堂提问犹如一石激起千层浪,达到事半功倍的效果。所以教师在进行课堂提问时,也需遵循一定的礼仪和要求。

(1) 合理设计问题

首先,教师的提问须紧扣课堂教学目标,时刻围绕教学目标进行,不能偏离;其次,难度要适中,提问太简单不利于学生学习,太难则会降低学生自信心,提问应该稍高于学生的能力,也就是学生通过努力就可以作答的难度;最后,教师设计的问题要具有启发性,可以通过设置悬念来吸引学生的兴趣和注意力。

(2) 提问机会要均等,对象要随机

教师的教学应该注意面向全体学生,而不是只照顾部分优生,更不是放弃差生。教师的提问应该面向所有同学,时刻关注每个学生的学习状态,公平公正对待学生,公开评价学生,通过提问来调动学生的积极主动性,鼓励学生保持回答问题的好习惯。

（3）注意提问的措辞，语气和缓，态度自然

首先，提问不应太过冗长复杂，尽量言简意赅；其次，尝试多用陈述句，少用反问句，陈述句可以容纳更多可能性，拓宽学生的思维面；最后，教师在提问时一定要语气和缓，眼神温柔，态度自然，体现对学生的尊重，降低学生的防备心，减轻羞怯感。教师要不断鼓励学生勇于尝试，不能着急打断学生，或者代替学生发言，这样课堂上积极回答问题的人才不会总是那一小部分。

（4）及时反馈，客观评价

学生在回答了教师提出的问题后，不要急于评判学生的答案或者着急下结论，要给学生留足思考的时间，阐明自己的理由。要允许学生发表独特的见解，"一千个读者就有一千个哈姆雷特"，针对"语出惊人"的学生，要给予他们充分发表观点的自由，尊重学生的主体性，不用同一把尺子去衡量学生。对于学生的答案进行客观评价，且及时反馈，不能掺杂太多个人的感情色彩，避免使用"回答错误""你说得不对"这样的评价，多采用正向评价鼓励学生。

（二）教师的沟通礼仪

日常生活中，离不开人与人之间的沟通交流，只有与他人沟通，我们才能更加了解彼此。作为一名教师，我们每天都在和不同的角色沟通：在教育教学中，我们需要和学生沟通；在日常的工作中，我们和同事沟通，和家长沟通；在平常的生活中，我们和家人沟通，和朋友沟通。所以说，沟通是一门艺术，也是良好人际交往的前提，学会沟通，生活也会越来越顺利。

1. 教师与学生沟通的礼仪

（1）教师与学生沟通的基本礼仪要求

A. 尊重赞赏，真诚一致

沟通是拉近人与人之间距离的有效方式，在人际沟通中，尊重对方是前提。教师必须尊重每一位学生的人格和尊严，不伤害学

生自尊心,特别是要包容班里的"问题学生",在尊重的同时学会赞赏每一位学生,坚信每一颗种子都能开花结果。另外,教师在和学生进行沟通时,真诚的态度更能打动学生,打开对方紧闭的心扉,而谎话、空话和虚情假意的煽情只会让师生关系更加疏远。

B. 学会倾听,察言观色

教师在和学生进行沟通时,一定要注意倾听,倾听是沟通的基础,对于陈述者来说是最好的良药,可以帮助我们深入对方的内心,以此来对症下药解决问题。在沟通的过程中,教师一定不能说得过多,这样会显得教师太强势,影响沟通效果。另外,在沟通过程中,教师要注意观察学生的表情和脸色,揣度对方的话语,以此摸清学生的真实想法。

C. 抓住教育时机,因材施教

教师和学生的沟通被视为教师管理好班级的有效手段之一,教师如果在"一对一"和"一对多"沟通时能够抓住时机,以此教育学生,一举两得。在进行"一对一"沟通时,教师一定要提前了解情况,做到心中有数。其次,针对不同的学生,一定要采取不同的沟通方式,因材施教。

针对自尊心强的学生,一定要注意委婉含蓄地表达;针对张扬、浮躁、不接受批评的学生,可以适当"泼冷水"。例如在曹文轩《我的语文老师》中,语文老师走上讲台后说了一句话:"同学们,你们知道吗,我们班上写作文写得最不好的同学是曹文轩。"这对曹文轩来说是巨大的打击,在这之前所有老师都夸他的作文是写得最好的,经受不住这个打击的他撕掉了作文本。在这之后的谈话中,老师把学生之前写过的作文都找了出来,晓之以理,娓娓道来,让一个张扬浮躁的学生在那一晚发生了改变。这就是"适当泼冷水",但一定要注意及时找到学生私下谈话,不能放任学生的情绪和行为继续放大。

针对内向胆小的学生,要注意用活泼幽默的方式让对方卸下防备心、消除紧张情绪;针对性格倔强执拗的学生,一定要注意晓之以理、动之以情,做到"刚柔并济";针对那些缺乏自信心、独来独往的"边缘学生",一定要多鼓励与肯定,帮助学生发掘自己身上的闪光点,取长补短。

(2)教师与学生的日常交往礼仪

A. 师生间相遇的礼仪

教师和学生除了在教室里,还会在学校的其他任何场合相遇,比如图书馆、走廊、食堂、篮球场、校门口,等等。当有学生向教师打招呼时,教师应热情回应,或报以微笑,或点头致意,让学生得到充分的尊重,感受到师生之间的平等。同样,教师也应积极地跟学生打招呼,尤其是对性格内向和学习成绩暂时落后的学生,让学生感受到老师的关爱。

B. 师生间称呼的礼仪

教师在称呼学生的时候注意叫全名,千万不可以给学生取绰号,更不可无礼地称呼学生为"喂",一定要体现对学生的尊重,展现教师良好的素养。"其身正,不令而行",只有当教师端正了自己的言行,学生才会从老师身上复制出尊重他人的美好修养。

C. 师生日常交往的禁忌

一忌冷漠无情。学生时代的我们除了跟自己的父母生活在一起,每天接触时间最长的就是老师,学生对于自己老师的喜爱和信任不亚于亲生父母,有的时候父母的一句话在他们眼中是唠叨和啰唆,一旦这句话从老师嘴里说出来,就被奉为圭臬。因此,一个冷漠无情的教师无法激起学生的喜爱和信任,也会因此失去自己的职业价值。

二忌偏听偏言。我国古代教育家、思想家孔子曾提出育人要"深其深,浅其浅,益其益,尊其尊"。一个班里,有50个学生就会有50种可能性。作为老师,应学会对班里的学生"照单全收",允许和接纳每个学生的差异性,相信每个学生都是可以成才的,而不是一味地偏心成绩好的学生,这样只会伤害学生的自尊心,让师生之间产生隔阂与矛盾。

三忌居高临下。教师的威信从来不是来自教师傲慢的态度或粗暴的对待,这些表面上可以震慑学生,但是永远不会获得学生发自心底的认可。说话总是咄咄逼人的教师,即使占理,也只会让学生口服心不服。教师从来不该是居高临下的统治者,而是与学生处于平等地位。

四忌表里不一。教师在学生心中天然具有示范功能,教师的一言一行都会深刻地影响到学生。"言必信,行必果。"对于自己做不到的事不要轻易承诺,否则会失信;对于自己承诺的事一定要兑现,教师的威信才能树立起来。

(3) 教师表扬与批评学生的礼仪

教师的表扬或批评,本质上是一种反馈,由教师提供的有关个人表现或理解方面的信息。在心理学上,表扬是正强化,批评是负强化,正负强化都能增加行为发生的可能性,引导行为。适度的表扬可以让学生增强自我认同、提高对自我的评价、对教师更加亲近,适当的批评会容易让学生更愿意服从管教、减少不当行为。[①] 表扬和批评的方式一旦错误,会适得其反。因此,教师在表扬和批评学生的时候一定要注意以下问题。

A. 教师表扬学生时需要注意的问题

首先,教师的表扬一定要客观具体,不能太笼统,更不能一句话草草带过。例如,学生考试成绩取得进步,教师在表扬学生时一定要体现出针对性,把"你真聪明"这样空洞且不够具体的表扬换成"你这次考试进步了,这是你努力的结果,你很棒"。这样不仅帮助学生进行正确归因,也会让学生听起来更明确、更有

---

① 姚东旻、许艺煊、李昊洋、郭鸿昌《教师的表扬或批评如何影响学生成绩——基于 CEPS 数据的中介效应分析》,《北京大学教育评论》2021 年第 1 期。

方向感。

其次,教师的表扬一定要及时,不能有滞后性,及时的表扬能够有效维持学生的动力。例如,一个上课爱找同桌说话的学生,一旦教师某天发现他/她上课没说话了,在认真听讲,这个时候一定要及时肯定和表扬学生,从而引导学生在之后也做出相同的行为。

再次,教师一定要善于表扬学生。教师要善于捕捉学生身上的闪光点,以此来弥补不足,长善救失,帮助学生树立自信心。

最后,教师一定要乐于表扬学生。教师的表扬一定要发自内心,不能虚情假意,用真诚的笑容和温暖的言语来促使学生学习奋进。

 案例聚焦

新学期伊始,某小学一位老师为学生们颁发奖状时,为一个在上学期表现并不是很突出的小朋友颁发了"最具期待小明星奖",并鼓励他:"老师坚信你会变得更好!"听到老师饱含期待的颁奖词,这位同学流下了激动的泪水。

颁奖时,他哽咽着坚定地表示:"我能变得更好!"大家纷纷鼓掌为他加油。不少网友为这位老师点赞:"这样的鼓励会影响孩子一生。""这样的老师好暖。"

B. 教师批评学生时需要注意的问题

首先,语气一定要心平气和。学生犯错后内心总会感到紧张和忐忑不安,教师在批评学生的时候就一定要平心静气,切勿咄咄逼人、大声指责,尤其是处于青春期的孩子,更容易产生对立情绪,即使表面认错但打心底里不认同,下次还会再次犯错。所以教师的语气一定要平和,和学生建立平等的对话关系,循循善诱,这样学生才能由内而外地发生实质性改变。

其次，批评学生一定要分清场合。很多教师在批评学生时，不分场合，当着同学、家长、其他老师的面批评学生，大耍教师威风，大摆教师架子。这种举动只会让简单的问题复杂化，学生自尊心因此受损，甚至产生心理疾病。所以教师在批评学生时尽量选择私下的一对一谈话，给学生的自尊心和承受能力留足余地。

再次，批评学生一定要实事求是，不要"翻旧账"。教师客观地指出学生当前错误，给出相应的解决办法，一定要有针对性。比如学生打架，教师就说打架的问题，而不要去说学生上课说话的问题，这样不仅显得教师斤斤计较、心胸狭窄，也因此影响教育效果。

最后，批评完学生之后一定要及时跟踪后续进展。同样的"顽疾"学生有没有再犯？情况是变好了还是变更差了？教师一定要及时跟踪后续，并采取相应强化措施帮助学生保持行为或减少行为。比如，教师在发现学生 A 没有影响同桌之后，一定要当着全班同学的面表扬和肯定 A 同学做得好的地方，来帮助 A 继续维持行为。

2. 教师与家长沟通的礼仪

《中小学教师职业道德规范》(2008 年修订)中提到，为人师表是教师职业的内在要求，其中有一条是"尊重家长"，教师要尊重和理解家长，主动与学生家长联系，认真听取意见和建议，重视家长的诉求，取得支持与配合。教师切勿对家长态度生硬，或者将责任推给家长，不训斥、指责学生家长，一定要做好家校联合，通过合作来达到共同教育学生的目的。

(1) 教师与家长沟通的基本礼仪要求

A. 平等沟通，如实反映

教师和家长的教育目标都是一致的，那就是教育好学生，促进学生全面发展。因此教师和家长之间应该建立平等互信的关系，平等的沟通才不会出现推卸责任的情况，才能合力教育好学生。另外，在平等的基础上，教师需要如实反映学生的情况，不能隐瞒或包庇学生的不良行为,在反映的过程中注意措辞和说话分寸,顾及家长颜面。

B. 积极聆听,专业指导

教师要认真听取家长的意见和建议,切勿在家长面前摆架子,更不要以命令的口吻跟家长对话,而应该耐心听取家长的诉求,站在专业人士的角度上给家长提供正确有效的教育方法。

C. 沟通方式灵活多变

教师要积极与家长保持沟通,及时跟进孩子的生活和学习情况,共同商议。除了邀请家长到校进行一对一谈话外,教师也要适当走访学生家庭,深入了解学生的原生家庭。家长会也是教师和家长交流的重要平台之一,但是由于时间、精力有限,有时也无法照顾到所有学生,所以更需要下来之后跟家长进行私下联系,比如通过微信、电话、QQ等线上形式。

(2) 教师家访的基本礼仪

家访是教师亲自到学生家里进行访问,和学生父母一起,以解决儿童、青少年的教育问题为目的的一种个别家庭教育方式。家访是教师、学生、家长三方之间的一场深度对话,为的是促进相互之间的了解,共同协商解决问题。教师家访时应遵循以下礼仪:

首先,家访前先告知家长,提前了解情况。教师在家访前一定要提前跟家长预约时间、地点,家访时间不宜过长,控制在30分钟到1个小时之间。除此之外教师需准确掌握学生的学习情况以及在学校的表现、了解学生的家庭成员情况以及家长的工作背景,以便交谈高效且有条不紊地进行。

其次,家访期间注意互动,尊重对方,牢记以表扬为主。家访一定不是"告状"和"倒苦水",而是坐在一起解决问题。教师在家访期间,一定要注意营造轻松、和谐的谈话氛围,调动三方之间的情绪,积极互动,畅所欲言,以此来了解学生内心真实的想法,找到"病源"。教师切忌说得太多,会让这场谈话变成"说教会",当谈话主题偏离轨道时,要及时把话题拉回来。此外,尽量以鼓励、表扬为主,先表扬学生的优点,再来总结学生有待改善的不足之处,提出相应的解决办法,这样学生从心理上也更易接受。

最后,家访后定期电话回访,跟踪情况。一场家访的成功与否在于之后学生能否发生变化,只要学生向着良好的方向发展,这场家访也就达到目的了。因此,家访结束后,教师一定要及时跟踪后续,跟家长保持紧密的联系,定期记录学生的情况。

(3)教师召开家长会的基本礼仪

家长会是促进教师和家长沟通的有效平台,在家长会上,家长不仅可以从教师身上吸取先进的教育理念,反省自身的教育方式,教师也可以从家长身上了解具体情况,双方合力,促进教育效果达到最优化。因此,教师得体的礼仪会让家长对教师具有信任感,取得积极的支持与配合,以此达到召开家长会的目的。

首先,在召开家长会之前,教师一定要确保通过QQ群、短信、微信、电话等方式通知到位,确保家长会到场率。教师也应做好充足的准备,如讲解的内容、环境的布置、需要分发的材料等,以饱满的热情和状态迎接学生家长。

其次,家长会务必准时召开,教师注意控制会场安静,提前告知家长关闭手机或调至静音模式,如需提前离开则从后门安静有序退场。家长会进行过程中,教师需注意自己的仪态,端庄的同时不失权威感;注意自己的言辞,尊重学生隐私,不在大庭广众之下指责学生或者家长;注意和家长偶有互动,眼神的示意或简单的问答环节可以让家长会不那么死气沉沉,也不会显得教师过于强势。

最后,家长会结束时一定要有条不紊,再次强调本次家长会的要旨,提醒家长有序离场。结束之后第一时间把本次家长会上收集的材料和意见进行整理和处理,以微信、电话的形式反馈给家长,保证信息的畅达。

3. 教师与同事沟通的礼仪

教师与教师之间的沟通,是学校教师建立人际关系的重要一环,处理好这类人际关系对于教育教学有至关重要的作用。教师之间的沟通,按照对象划分,主要指搭班老师之间、教师和学校行政人员之间、本校教师和外校教师之间。搭班老师之间的沟通有利于共同管理好班级和学生,教师和行政人员之间的沟通有利于及时了解政策、传达学校事务,本校教师和外校教师之间的沟通有利于促进教师之间资源互补、共同学习进步。

(1) 积极配合是前提

教师与教师之间是"合作共赢"的关系,积极的配合有利于共同促进学生发展、管理好学生和班级。教师尤其是班主任老师一定要处理好和其他任课老师之间关系,相互扶持、密切的配合不仅能优化课程教学,还能在学生面前树立团结协作的好榜样。

(2) 尊重理解是基本

对待同事要一视同仁,不能以貌取人,厚此薄彼,更不能在学生面前说其他老师的不是。对待前辈,要尊重尊敬,谦虚求教;对待后辈,要关心爱护,多多帮助。多站在他人角度看问题,尊重和理解他人的处事方式和原则,要多发现同事身上的优点,借鉴学习,当同事犯错时,要委婉地指出对方的缺点。

(3) 真诚热情是关键

教师在与同行相处的过程中,一定要真诚待人,不可随意背后议论他人长短。此外,学会以热情的态度对待同事,尤其是初来乍到的新同事,对一切都是陌生的,老教师热情的态度有利于营造和谐融洽的教师氛围。如遇同事面临难题,教师之间也应热情帮助。

 合作研习

以小组为单位,设置不同场景,以情景剧的形式展现礼仪修养，教师和学生都要参与点评。

（三）教师参加会议和庆典的礼仪

1. 教师参加会议的礼仪

（1）参会前的准备礼仪

首先，会前教师需了解清楚会议召开的时间、地点，提前查询出行方式，做好路线规划和时间安排，提前到达会场，切勿迟到。其次，注意个人形象，选择与会议主题贴合的服饰。最后，明确参会会议的主题，提前做好内容方面的准备，在发言和讨论中才不至于吞吞吐吐，以更好的状态参与到会议中去。

（2）参会期间的礼仪

教师参会期间首先需注意倾听礼仪和发言礼仪。在倾听会议主持人介绍与会人员时，或遇他人上台发言时，要报以微笑和鼓掌以示欢迎。在倾听他人发言时，应认真倾听并做好记录。另外在会场上注意调节自己的状态，不要打瞌睡，更不要小声交谈，如遇急事需要打电话或接电话，则安静迅速地从会场离开，不要影响到他人。另外，如果想要通过拍照或录像的形式记录关键内容，应使用静音模式，切勿发出拍照的咔嚓声。

（3）参会后的礼仪

会议结束后，如需进一步讨论或提问，切勿蜂拥而至，注意保持秩序井然，等他人结束讨论之后再加入，不要中途插嘴或打断他人。如需离场，牢记安静有序地离开，不要高声呼喊，更不要在会场内奔跑。

2. 教师参加升国旗和其他各类典礼的礼仪

（1）教师在升国旗和奏国歌时应注意的礼仪

升国旗和奏国歌是庄严神圣的时刻，升旗仪式开始后，教师一定要打起精神，保持严肃认真，面对国旗方向端正站立并行注目礼，切勿东张西望，更不能谈笑风生，待升旗完毕才可离开。

同样,国歌代表着一个国家的民族精神,当音乐奏起的那一刻,教师应全情投入,将自信扬在脸,将自豪装进心,自始至终跟唱,吐字清晰,音调铿锵有力,以自身的激情来感染和带动学生。

(2) 教师参加其他各类典礼的礼仪

教师无论参加什么典礼,基本程序是大致相同的,预先了解典礼的程序,才能有备无患。这里我们重点学习教师参加开学典礼和毕业典礼的礼仪。

首先,参加典礼时一定要注意着装。既要显得庄重,又要贴合具体的场合。以开学典礼为例,教师的着装应庄重中带有喜庆,颜色可以稍显鲜艳,但穿着太过随意或太新潮只会显得格格不入。

其次,参加典礼时应按时到场,不能迟到,按照规定的时间准时出席。

最后,参加典礼时如需发言,应提前准备,内容要丰富,充满真情实感,而不是简单的走形式,说一些空话、套话,另外发言不要占用过长时间,以免影响典礼进程。

教师礼仪对于新教师来说是一门必修课。作为一名教师,不仅是传道、授业、解惑,还要具备更高的思想素质和礼仪修养。"百年大计,教育为本。"相信经过本章的学习,各位同学在今后的学习和生活中将严格规范自己的思想和言行,不断提升自己的专业素质、个人素养和心理素质,以良好的教师形象为学生树立榜样,以自身的人格魅力成为引导学生发展的旗帜和明灯。

 技能训练

1. 假设你的班级里有如下学生,作为班主任遇到这样的学生,你会怎么做?请你模拟一场师生谈话。

陈某，男，某小学四年级学生，成绩优异，性格内向。但在上课时总是不敢举手发言，一被老师抽问就脸红心跳，支支吾吾，在班里也是独来独往，很少和其他同学打交道，也很少参加集体活动。

2. 自己拟定一个主题，采用微格教室或录像的形式召开一次模拟家长会。

 推荐阅读

袁涤非《教师礼仪》，中国人民大学出版社，2018年。

吕艳芝、冯楠《教师礼仪的99个细节》，华东师范大学出版社，2017年。

郭启明《教师的语言艺术》，语文出版社，1992年。

第六章
教师法律法规

模块导读

当前,依法治国的理念深入人心,实施依法治教,深化教育改革,推动教育发展,是教育的重要内容。而教师是教育教学活动的直接实施者,也是国家教育责任的具体承担者,在学校教育中,维护教师的合法权益尤为重要。教师法律法规既能维护教师的合法权益,又能促进教师队伍的建设、提高教师的职业素养。本章主要讲述了教师的法律地位,"教师既是社会的普通公民,又是履行教育教学职责的专业人员",这种双重身份决定了教师的权利有其特殊的含义,法律在赋予教师权利的同时,也规定了其应履行的义务。此外,本章还介绍了教师管理制度中的三项重要制度:教师资格、教师职务和教师聘任制度。随着"依法治教"的提出与实施,教育法律关系主体的权利意识不断提高,教育纠纷问题逐渐增多,对纠纷的处理亦在不断完善,本章在解析法律纠纷与法律救济概念的基础上,介绍了教师常见的法律纠纷类型、特征,以及相对应的法律救济途径。

一、教师的法律地位

（一）教师身份的法律规定

《中华人民共和国教师法》第三条对教师的身份有了明确的规定："教师是履行教育教学职责的专业人员，承担教书育人，培养社会主义事业建设者和接班人、提高民族素质的使命。"①从而确立了教师作为"专业人员"的法律身份。教师是专业人员，这说明教师需要具备专门的资格，符合特定的要求。

教师成为专业人员需要符合以下几条标准：第一，具有正确的教育理念，突出以"师德为先，学生为本，能力为重，终身学习"的教育理念；第二，具有良好的职业道德，2008年修订的《中小学教师职业道德规范》强调"爱国守法，爱岗敬业，关爱学生，教书育人，为人师表，终身学习"；②第三，具有良好的心理品质，教师良好的心理品质表现为良好的人格品质、教学才能和教育智慧；第四，具有过硬的专业知识，包括教育知识、学科知识、学科教学知识和通识性知识；第五，具有较强的专业能力，包括教学设计能力、教学实施能力、班级管理与教育能力、教育教学评价能力、沟通与合作能力、反思与发展能力等。

 案例聚焦

张某从师范大学毕业后，被分配到一所中学教化学。一年后，其所教班级的化学成绩明显下降，学生对张某的教学意见很大，强烈要求学校调换教师。学校经过调查发现，张某不认真研究本专业知识，并且没有做好课前准备，不备课或备课很简单，经常敷衍

---

① 《中华人民共和国教师法》，中国法制出版社，2010年，第三条。
② 《中小学教师职业道德规范》，教育部文件，教师[2008]2号。

学生,教学效果不佳。学校教研组多次对张某进行帮助,而张某拒不接受,认为是教研组长有意针对自己。张某甚至在成绩评定时,把一些对自己有意见的学生的成绩评低,个别学生被评为不及格。

教师是履行教育教学职责的专业人员,作为一名教师,张某的行为是否履行了教育教学的职责?

(二)教师法律关系

教师要履行教书育人的职责,为社会培养人才,不仅和学生有法律关系,还和社会其他方面有法律关系。

1. 教师与学生的关系

随着教育法制建设的不断完善,调整教师和学生关系的行为规范已经上升为法律规范,用法律手段来规范教师与学生的行为,对依法执教、促进教育的发展是至关重要的。

教师和学生的关系是教育者和受教育者的关系。教师是教育者,教育教学既是教师的权利,又是教师的义务。教师要开展和组织教育教学,向学生提问、测验和布置作业,指导学生的学习和发展,评定学生的学业成绩等。学生是受教育者,不仅有受教育的权利,还有受教育的义务。学生要接受教师依法进行的教育和管理,并且要遵守法律、法规,遵守学校的行为规范,尊敬师长,努力完成规定的学习任务等。

2. 教师与学校的关系

《中华人民共和国教师法》规定了教师与学校的法律关系,学校和其他教育机构应当逐步实行教师聘任制。教师的聘任应当遵循双方地位平等的原则,由学校和教师签订聘任合同,明确规定双方的权利、义务和责任。[①] 由此看来,实行教师聘任制,教师与学

---

① 《中华人民共和国教师法》,中国法制出版社,2010年,第十七条。

校的关系是以共同的意愿为前提,以平等互利为原则,形成双向选择、各具相应权责的法律关系,是平等的民事关系。

3. 教师与政府的关系

从我国现行的法律规定来看,教师与政府的关系是由教育行政法律规范调整的教育行政关系。政府部门作为关系的一方居于主导地位,教师则处于服从地位。例如,政府部门行使着广泛的职权,包括对教师的教学评估监督权、分配调动权、工资待遇权和职务评审权等。在这一关系中,教师也依法享有建议、申诉、控告和批评等权利。

4. 教师与社会的关系

教师与社会的法律关系是指教师在履行职责的过程中,由法律规范所调整的教师与社会组织和个人形成的关系。根据法律的相关规定,任何社会组织和个人都必须尊重教师,维护教师的合法地位,支持教师教书育人。任何人不得贬低教师人格、损害教师名誉,不得使用暴力侮辱教师,不得故意、非法损害教师的人身健康。

二、教师的权利和义务

（一）教师的权利

教师的权利是指教师在教育教学过程中,由相关法律对其进行保护的自由和利益。《中华人民共和国教师法》第七条对我国教师的权利做出了规定,具体表现在以下几个方面。

1. 教育教学权

教师有进行教育教学活动,开展教育教学改革和实验的权利,[①]任何个人和组织不得非法剥夺和侵犯。教师行使教育教学权的前提是根据国家制定的课程计划、课程标准和教材并且在法律法规和规章制度许可的范围内。教师有权针对不同的教育对象实行

---

① 《中华人民共和国教师法》,中国法制出版社,2010年,第七条。

因材施教,在教学形式、内容、进度、方法等方面进行改革和完善。

2. 学术研究权

教师拥有从事科学研究,学术交流,参加专业的学术团体,在学术活动中充分发表意见的权利。[1] 教师行使这项权利的前提是不影响教育教学工作并且完成本职工作,然后有权进行科学研究、撰写学术论文、发表学术论文等。教师享有充分的学术自由,可以通过各种形式发表自己的学术意见。

3. 学生管理权

教师有指导学生的学习和发展,评定学生的品行和学业成绩的权利。[2] 教师有权根据学生身心发展状况和特点,因材施教,指导学生的学习和发展;教师有权对学生的品德、学习、社会活动、劳动、文体活动、师生及同学关系等方面的表现做出公正的评价,并通过平时考查,以及学期、学年、毕业考试及其他方式对学生的学业成绩做出客观的评价。任何组织和个人不得非法干预教师这项权利的行使。

4. 报酬待遇权

教师享有按时获取工资报酬,享受国家规定的福利待遇以及寒暑假期的带薪休假的权利。[3] 教师的这项基本权利,是教师维持个人及家庭生活、保持其工作体能的基本保障。《中华人民共和国教师法》里明确规定:"教师的平均工资水平应当不低于或者高于国家公务员的平均工资水平,并逐步提高。"[4]政府及学校也应尽最大的努力,切实保障教师福利待遇的落实。

5. 参与管理权

教师拥有对学校教育教学、管理工作和教育行政部门的工作

---

[1] 《中华人民共和国教师法》,中国法制出版社,2010年,第七条。
[2] 《中华人民共和国教师法》,中国法制出版社,2010年,第七条。
[3] 《中华人民共和国教师法》,中国法制出版社,2010年,第七条。
[4] 《中华人民共和国教师法》,中国法制出版社,2010年,第二十五条。

提出意见和建议,通过教职工代表大会或者其他形式,参与学校的民主管理的权利。① 教师行使这项权利的前提是客观公正地提出建议,不得主观臆断或歪曲事实。

6. 进修培训权

教师享有参加进修或其他方式的培训的权利。② 这是教师享有继续教育的权利,体现了终身教育的理念。现代社会和科学技术的不断发展,要求教师及时更新知识,调整知识结构,不断提高思想和业务水平。它主要包括的内容是:教师有权参加进修和接受其他多种形式的培训;教育行政部门和学校及其他教育机构应当采取各种形式、多渠道保证教师培训进修权的实现;教师培训进修权的行使必须是在完成自己本职工作的前提下,有组织、有计划地进行,不得影响正常的教育教学工作。

案例聚焦

杨某,2000年师专毕业,在某乡镇中学担任物理教师。工作以来,杨某教学能力突出,很快成为学科的骨干教师。2003年,为了提高自己的学历层次,经过杨某申请,当地教委和学校批准他到某师范大学进修。杨某十分珍惜这次来之不易的进修机会,在一年的进修期间,不仅成绩优秀,还发表了数篇论文。然而,进修结束后,他才发现学校将他进修期间的工资扣了一半。学校告知:进修期间,没有在学校正常工作的,一律扣发一半工资。

思考:学校可以扣发杨某的工资吗?

---

① 《中华人民共和国教师法》,中国法制出版社,2010年,第七条。
② 《中华人民共和国教师法》,中国法制出版社,2010年,第七条。

(二) 教师的义务

教师的义务是指教师依法应当承担的各种责任,包括作为公民应承担的义务和作为教师应承担的义务。《中华人民共和国教师法》第八条对教师的义务作出了规定,具体表现在以下几个方面。

1. 遵纪守法义务

教师履行遵守宪法、法律和职业道德,为人师表的法律义务。[①] 教师是学生的表率,应该以身作则,如果教师不能遵纪守法,就会对学生造成不良的影响。教师作为人类灵魂的工程师,应当时时刻刻严格要求自己,做遵守法律和道德的楷模。

2. 教育教学义务

教育教学既是教师享有的权利,又是教师应履行的义务。教师履行贯彻国家的教育方针,遵守规章制度,执行学校的教学计划,遵守教师聘约,完成教育教学工作任务的法律义务。[②] 搞好教育教学工作是教师的天职工作和应尽义务,如果教师不能完成职责范围内的教育教学任务而造成工作损失的,应承担相应的法律责任。

3. 政治思想品德教育义务

教师履行对学生进行宪法所确定的基本原则的教育和爱国主义、民族团结的教育,法制教育以及思想品德、文化、科学技术教育,组织、带领学生开展有益的社会活动的义务。[③] 对学生进行政治思想品德教育,不仅仅是政治思想品德课教师的职责,也是每一位教师的基本义务,教师应当结合自己的教育教学业务的特点,把政治思想品德教育贯穿在教育教学工作之中。

4. 尊重学生人格义务

教师履行关心爱护全体学生,尊重学生人格,促进学生在品

---

① 《中华人民共和国教师法》,中国法制出版社,2010年,第八条。
② 《中华人民共和国教师法》,中国法制出版社,2010年,第八条。
③ 《中华人民共和国教师法》,中国法制出版社,2010年,第八条。

德、智力、体质等方面全面发展的法律义务。① 人格尊严不受侵犯是公民的一项基本权利,教师负有教书育人的重任,应当采用合法的方式方法对学生进行品德、智力、体质等方面的教育。

5. 保护学生权益义务

保护学生的合法权益和身心健康,是全社会的共同责任。学校教育作为对学生进行教育的主要力量,教师自然更应负有义不容辞的义务。教师应当制止有害于学生的行为或者其他侵犯学生合法权益的行为,批评和抵制有害于学生健康成长的现象。②

6. 提高自身思想业务水平义务

教师履行不断提高思想政治觉悟和教育教学业务水平的法律义务。③ 为适应教育教学工作的需要,教师应当不断学习,参加进修和各种培训,努力提高自己的思想政治觉悟和教育教学专业水平。

案例聚焦

某校英语教师王某参加了市教育学会组织的为期一天的学术研讨会。王某事先未向学校请假,也没有和教同班课程的其他教师调课,致使他所任教的两个班各有一节英语课没有上。学校按旷职论处,按照该校的有关规定,扣发其当日的工资和本月全勤奖,并在全校职工大会上提出批评。王某对学校做出的处理意见不服,向这所学校的主管部门提出了申诉。其申诉理由是依据《中华人民共和国教师法》第八条第六款规定:"教师有不断提高思想政治觉悟和教育教学业务水平的义务。"王某要求学校返回扣发的工资和全勤奖,在全校职工大会上取消对其所做的批评。

---

① 《中华人民共和国教师法》,中国法制出版社,2010年,第八条。
② 《中华人民共和国教师法》,中国法制出版社,2010年,第八条。
③ 《中华人民共和国教师法》,中国法制出版社,2010年,第八条。

思考：学校的处理意见侵犯了英语教师王某的权利吗？

三、教师法律制度

（一）教师资格制度

教师资格制度是国家对教师实行的一种特定的职业许可制度。《中华人民共和国教师法》以及国务院 1995 年颁布的《教师资格条例》，规定了教师资格的基本条件、教师资格考试、教师资格分类与适用、教师资格认定、罚则及其他相关内容。教师资格一经取得，即不受时间和地域的限制，具有在全国范围内普遍适用的效力，非依法律规定不得撤销和丧失。

1. 教师资格的条件

《教师资格条例》明确规定了教师资格的条件，第六条提出：教师资格条件依照教师法第十条第二款的规定执行，其中"有教育教学能力"应当包括符合国家规定的从事教育教学工作的身体条件。① 第七条提出：取得教师资格应当具备的相应学历，依照教师法第十一条的规定执行。②

 推荐阅读

《中华人民共和国教师法》，中国法制出版社，2010 年。

中国公民凡遵守宪法和法律，热爱教育事业，具有良好的思想品德，具备本法规定的学历或者经国家教师资格考试合格，有教育教学能力，经认定合格的，可以取得教师资格。③

取得教师资格应当具备的相应学历是：取得幼儿园教师资格，应当具备幼儿师范学校毕业及其以上学历；取得小学教师资

---

① 《教师资格条例》，国务院文件，教师[1995]188 号。
② 《教师资格条例》，国务院文件，教师[1995]188 号。
③ 《中华人民共和国教师法》，中国法制出版社，2010 年，第十条。

格,应当具备中等师范学校毕业及其以上学历;取得初级中学教师、初级职业学校文化、专业课教师资格,应当具备高等师范专科学校或者其他大学专科毕业及其以上学历;取得高级中学教师资格和中等专业学校、技工学校、职业高中文化课、专业课教师资格,应当具备高等师范院校本科或者其他大学本科毕业及其以上学历;取得中等专业学校、技工学校和职业高中学生实习指导教师资格应当具备的学历,由国务院教育行政部门规定;取得高等学校教师资格,应当具备研究生或者大学本科毕业学历;取得成人教育教师资格,应当按照成人教育的层次、类别,分别具备高等、中等学校毕业及其以上学历。不具备本法规定的教师资格学历的公民,申请获取教师资格,必须通过国家教师资格考试。国家教师资格考试制度由国务院规定。①

2. 教师资格的认定

认定教师资格的法定机构是指依据法律规定的负责认定教师资格的行政机构或依法委托的教育机构,其他机构认定的教师资格无效。《教师资格条例》第十三条规定:"幼儿园、小学和初级中学教师资格,由申请人户籍所在地或者申请人任教学校所在地的县级人民政府教育行政部门认定。高级中学教师资格,由申请人户籍所在地或者申请人任教学校所在地的县级人民政府教育行政部门审查后,报上一级教育行政部门认定。中等职业学校教师资格和中等职业学校实习指导教师资格,由申请人户籍所在地或者申请人任教学校所在地的县级人民政府教育行政部门审查后,报上一级教育行政部门认定或者组织有关部门认定。受国务院教育行政部门或者省、自治区、直辖市人民政府教育行政部门委托的高等学校,负责认定在本校任职的人员和拟聘人员的高等学校教师

---

① 《中华人民共和国教师法》,中国法制出版社,2010年,第十一条。

资格。在未受国务院教育行政部门或者省、自治区、直辖市人民政府教育行政部门委托的高等学校任职的人员和拟聘人员的高等学校教师资格,按照学校行政隶属关系,由国务院教育行政部门认定或者由学校所在地的省、自治区、直辖市人民政府教育行政部门认定。"①

教师资格的认定要经过申请、审批和颁发证书等操作程序。首先,申请人要按规定时限向认定机构提交教师资格认定申请表及相关证明材料。其次,教育行政部门或者受委托的高等学校在接到公民的教师资格认定申请后,应当对申请人的条件进行审查;对符合认定条件的,应当在受理期限终止之日起 30 日内颁发相应的教师资格证书;对不符合认定条件的,应当在受理期限终止之日起 30 日内将认定结论通知本人。② 最后,依照《中华人民共和国教师法》和《教师资格条例》的规定,经认定合格后,由教育行政部门或者受委托的高等学校颁发相应的教师资格证书。③

3. 教师资格的限制与丧失

案例聚焦

2019 年,某高中物理教师李某屡次言语骚扰在校学生,并通过微信等方式向多名学生发送性暗示语句和图片,情节严重,影响恶劣。李某的行为违反了师德问题,品行不良,根据《教育法》和《教师资格条例》等相关规定,给予李某开除处分,并撤销教师资格,收缴教师资格证书,将其列入教师资格限制库,5 年内不得重新取得教师资格。

---

① 《教师资格条例》,国务院文件,教师[1995]188 号。
② 《教师资格条例》,国务院文件,教师[1995]188 号。
③ 《教师资格条例》,国务院文件,教师[1995]188 号。

教师资格的限制与丧失是指法律对部分公民取得教师资格的禁止和撤销。《中华人民共和国教师法》第十四条规定："受到剥夺政治权利或者故意犯罪受到有期徒刑以上刑事处罚的，不能取得教师资格；已经取得教师资格的，丧失教师资格。"[①]

《教师资格条例》第十九条还规定，有弄虚作假、骗取教师资格的或品行不良、侮辱学生，影响恶劣的，由县级以上人民政府教育行政部门撤销其教师资格。被撤销教师资格的，自撤销之日起5年内不得重新申请认定教师资格，其教师资格证书由县级以上人民政府教育行政部门收缴。[②] 这些禁止性、限制性的规定都反映了国家对教师素质的严格要求。

（二）教师职务制度

教师职务是指从事教师职业人员的专业技术职务，教师职务制度是关于教师任用的制度。《中华人民共和国教师法》第十六条提出："国家实行教师职务制度，具体办法由国务院规定。"[③]

1. 教师职务制度的特征

教师职务是各级各类学校依据教育和教学的需要而设置的教师工作岗位，有明确的职责；有初、中、高级职务的结构比例；有经相应的评审委员会认定的任职资格；由行政领导根据岗位设置和限额实行期限聘任；有一定的任期；领取相应的职务工资。

国家实行教师职务制度，是为了充分调动和发挥教师为社会主义教育事业服务的积极性和创造性，激励教师不断提高政治思想觉悟、教育水平、文化业务水平和履行职责的能力，努力完成本职工作，促进人才的合理流动。

[①] 《中华人民共和国教师法》，中国法制出版社，2010年，第十四条。
[②] 《教师资格条例》，国务院文件，教师[1995]188号。
[③] 《中华人民共和国教师法》，中国法制出版社，2010年，第十六条。

2. 教师任职条件

 案例聚焦

2020年4月9日,因某学生作业中一道数学题未带计量单位,数学教师赵某想用卷成筒状的书本打手训诫,在该生闪躲后,赵某将书从讲台扔向该生,导致该生右侧面软组织挫伤。其行为违反了《新时代中小学教师职业行为十项准则》第五项规定。根据《中国共产党纪律处分条例》《事业单位工作人员处分暂行规定》《中小学教师违反职业道德行为处理办法》等相关文件,给予赵某党内严重警告、降低专业技术职务等级的处分,并调离教师岗位。

教师任职条件是指受聘教师职称应达到的国家有关法律法规规定的各级各类教师应具备的标准。中小学教师职称的基本任职条件,根据《中学教师职务试行条例》和《小学教师职务试行条例》的相关规定,包括以下方面:中小学教师应拥护中国共产党的领导,热爱社会主义祖国,努力学习马克思主义和党的路线、方针、政策,有良好的师德,遵守法纪,品德言行堪为学生的表率,关心爱护学生,教书育人,使学生在德育、智育、体育等方面得到全面发展,努力做好本职工作,并在完成本职工作前提下,结合工作需要,努力进修,提高教育和学术水平。① 这是对教师任职条件的总要求,教师职务不同,对教学任务的职责也不同。例如,中学三级教师任职条件是:符合《中学教师职务试行条例》第八条要求的高等师范学校和其他高等学校专科毕业生,见习一年期满,经考核,表明具有教育学、心理学和教学法的基础知识,掌握所教学科的

---

① 《中学教师职务试行条例》,教育部文件,教师[1986]112号。

教材教法,能够完成初级中学一门学科的教学工作,并能履行三级教师职责。① 而中学二级教师任职条件是符合《中学教师职务试行条例》第八条要求的高等师范学校和其他高等学校本科毕业生,见习一年期满,以及担任中学三级教师二年以上者,经考核,表明能履行二级教师职责,并具备下列条件:基本掌握教育学、心理学和教学法的基础理论知识;具有从事中学一门学科教学所必须具备的基础理论和专业知识,胜任中学教学工作,教学效果较好;基本掌握教育中学生的原则和方法,胜任班主任工作,教育效果较好。②

3. 教师职务的评审

中小学教师职务的评审工作,由省、地、县三级教育行政部门领导,并分别设立中学教师职务评审委员会。各级评审委员会由同级教育主管部门批准。学校设立评审小组,由县级教育行政部门批准。③ 例如,中学高级教师的任职条件,由省级评审委员会审定;中学一级教师的任职条件,由地级评审委员会审定;中学二、三级教师的任职条件,由县级评审委员会审定。④

在《关于中、小学教师职务试行条例的实施意见》中提到了评审教师任职条件:"先由学校行政领导对被评审的教师从政治思想、文化专业知识水平、教育教学能力、工作成绩和履行职责等五个方面在平时考核的基础上进行全面考核。考核要重视政治思想品质、职业道德和教育教学工作的实绩。考核教育教学工作实绩,不能片面地看学生的分数,而要着重看教师在德、智、体等方面使学生在原有基础上获得提高所作出的成绩。评审程序,一般由教师本人填写《教师任职条件评审申报表》,学校评审小组进行评审

---

① 《中学教师职务试行条例》,教育部文件,教师[1986]112号。
② 《中学教师职务试行条例》,教育部文件,教师[1986]112号。
③ 《中学教师职务试行条例》,教育部文件,教师[1986]112号。
④ 《中学教师职务试行条例》,教育部文件,教师[1986]112号。

并提出评审意见,连同考核材料报送各级评审委员会进行评审。"①

（三）教师聘任制度

《中华人民共和国教师法》第十七条提出:"学校和其他教育机构应当逐步实行教师聘任制。教师的聘任应当遵循双方地位平等的原则,由学校和教师签订聘任合同,明确规定双方的权利、义务和责任。实施教师聘任制的步骤、办法由国务院教育行政部门规定。"②由此可见,教师的聘任应当遵循双方平等自愿的原则,还应遵循合法的原则。

合作研习

自1986年以来,根据党中央、国务院关于改革职称评定和实行专业技术职务聘任制的规定,我国各级各类学校相继实行了教师职务聘任制度。几十年来的实践表明,教师职务聘任制度已初见成效。结合教育案例,谈谈教师职务聘任有哪些形式?

1. 教师职务聘任的形式

教师职务聘任的形式是指学校依法聘任或不聘任教师的具体方法和操作程序。根据有关法律法规的规定,目前我国教师职务聘任主要有招聘、缓聘、续聘、解聘、辞聘、拒聘等几种形式。

（1）招聘

招聘是指学校面向社会公开择优选拔具有教师资格的所需教育教学人员。招聘具有公正、公开、自愿、直接、透明度高等优点,有利于发现和合理使用人才。按照国家的有关规定,招聘需要有

---

① 《关于中、小学教师职务试行条例的实施意见》,教育部文件,教师[1986]112号。
② 《中华人民共和国教师法》,中国法制出版社,2010年,第十七条。

组织、有计划、有领导地进行。

（2）缓聘

缓聘是指应聘者个人素质以及其他的个人原因与岗位要求有差距，或岗位数量有限而应聘人员较多，部门暂不予聘任的情况。

（3）续聘

续聘是指聘任期满后，聘任单位与教师之间不中断聘任关系，随即继续签订聘任合同，续聘合同的内容可与原聘任合同相同，只改变任职期限，也可以在原聘任合同的基础上进行变更。签订续聘合同仍然要遵循平等自愿的原则，并依法定程序办理，续聘合同一旦生效即具有法律效力。

（4）解聘

解聘是指用人单位因某种原因不适合继续聘任教师，根据聘用合同的约定解除与聘任教师之间的聘任合同。由于聘任合同具有法律效力，学校在解除教师的聘任合同时必须有正当理由。例如，学校在聘任后发现受聘者不符合原定的聘用条件，或工作不称职，或违反法律法规等，否则用人单位应承担相应的法律责任。

（5）辞聘

辞聘是指受聘教师请求用人单位解除聘任合同。由于聘任合同对双方的法律效力和约束力，教师辞聘必须有正当理由，例如用人单位不遵守聘任合同约定，或者对受聘人员无理压制、打击报复，致使受聘人员无法履行岗位职责，或者受聘人员因生病或其他合同约定的情况出现不能继续履行岗位职责等，否则应承担相应的法律责任。

（6）拒聘

聘任对象不愿履行被聘岗位职责，即为拒聘。有关部门应积极创造条件，做好思想工作，使聘任对象应聘。若聘任对象仍不愿意应聘，即视为拒聘。

2.聘任制条件下的教师管理

(1)聘任制下教育行政机关对教师的管理

《中华人民共和国教师法》《教师资格条例》等对国务院和地方各级人民政府及各级教育行政部门在教师聘任制条件下领导和管理教师做了较为明确的规定,教育行政部门对教师的管理基本有法可依。教育行政要走法治化路线,要求行政行为的主体合法,行政主体的权限范围(诸如教师资格的认定等)合法,行政行为的内容(如教师工资的及时发放等)合法,以及行政行为的程序合法。此外,针对管理中出现的问题,国务院或有关教育职能部门都可以在法律授权许可的范围内,针对教师聘任制,制定相应的教育行政法规或规章,积极有效地进行行政管理。

(2)聘任制下学校对教师的管理

实行教师聘任制,学校和教师的关系是以共同的意愿为前提,以平等互利为原则,双方的权利和义务是对等的,是一种双向选择、各具相应权责的合同法律关系。学校管理主要侧重于学校系统的内部管理,在聘任制条件下的学校内部管理主要在于通过对教师进行组织、协调和领导,督促教师落实教学计划,实现教育目标,以促进教育对象的全面发展。为了使教师聘任制规范化、制度化、科学化,学校有权在确立内部管理体制的基础上,制定对教师进行管理的规章制度,但是要确保规章制度不能同现有法律相抵触。聘任制条件下的学校管理是民主管理,教师有权通过教职工代表大会等组织形式,参与学校管理,监督学校事务。

四、教师常见法律纠纷与救济

合作研习

苏女士于2015年8月入职某民办学校,担任英语教师。苏女士将课表的排课都上完了,但该学校突然停用了办公场所,校方的管理人员也失踪了,导致劳动合同无法继续履行。经查询,苏女士发现其社保也已欠缴,社会保险关系已转出。因该民办学校未支付苏女士2016年7月的课时工资,苏女士认为该行为系学校违法解除其劳动合同,故诉至法院,要求学校支付所拖欠的工资及违法解除劳动合同赔偿金。而学校方面始终未到庭应诉。审理过程中,法院调查时发现,该民办学校在2016年度未进行企业年检。同一时间内,陆续有多名教师向教委投诉,反映该学校欠付工资,也无法找到校方管理人员。本案中,关于苏女士的入职时间、工资标准、工资构成及工资发放情况均属于学校掌握管理的证据,但学校经依法传唤未出庭应诉及举证,故法院视为其放弃相关诉讼权利,而苏女士提交了双方签订的劳动合同、工资发放明细及课程表,所以法院采信了苏女士所主张的入职时间、工资标准、工资构成及工资发放情况。考虑到学校已经将社会保险关系转出,其行为应视为其与苏女士解除劳动合同,并且综合考虑从教委核实的相关情况,法院经审理后,支持了苏女士的诉讼请求。

上述案例体现了哪些教师常见的法律纠纷类型?

(一)教师聘任纠纷

教师聘任纠纷,是指存在聘任关系的学校与教师之间因为权利和价值冲突而产生的纷争。具体包括学校与教师在聘任问题上发生的争议,如聘用合同的履行所发生的争议,聘用合同终止所引起的争议,双方契约关系建立而引起的争议,还包括因薪酬待遇发生的争议,如休假、工资报酬、工伤医疗争议等。

21世纪以来,随着一系列事业单位人事制度改革法律政策的颁布,教师聘任制的特点日益明确,包括聘任关系契约化、聘任关系平等、实行聘期制、聘任过程公开化和社会化、实行竞争和双向择优机制等。学校包括公立学校和民办学校,两者办学性质不同,在聘任过程中反映的法律问题也不同。在实施教师聘任制的过程中,无论是公办学校还是民办学校,与被聘任教师之间发生聘任合同的签订、履行、终止等各种纠纷激增且日益复杂,引起纠纷的原因也是多方面的。以下介绍公办学校教师聘任纠纷。

1. 公办学校教师聘任纠纷类型

公办学校作为事业单位,在事业编制内与教职工之间签订聘用合同所形成的社会关系即人事关系。公办学校与教师因聘任而产生的纠纷,多体现在聘任关系的建立、聘用合同的履行以及聘任关系的终止上。现行公办学校与教师在聘任过程中出现的纠纷大致有以下几种类型:

(1) 因人事关系的建立而引起的争议

通常是双方在是否建立人事关系或是否已经建立了人事关系,以及建立人事关系的时间如何确认上存在的争议。多表现为教师因未被聘任、未签合同所产生的纠纷。

(2) 因人事关系的继续及聘用合同履行所发生的争议

主要包括对聘用合同期限、聘用岗位职责要求、岗位工作条件等主要合同条款理解上的争议,双方是否依约履行的争议。

(3) 人事关系终止所引起的争议

主要包括人事关系是否终止、何时终止所发生的争议。此类纠纷在教师聘任纠纷中占多数,属于较为常见的纠纷。

2. 公办学校教师聘任纠纷的特点

(1) 解除人事关系的争议居多

在众多教育司法案例中,以"人事争议"为关键词进行检索,75%都是因人事关系的解除而引起的纠纷,包括由教师提出解除人事关系和由学校提出解除人事关系。例如在"孙某诉北京某大学人事争议案"中,孙某在聘用合同到期前10天以书面形式通知学校聘用合同到期后不再续签,学校认为孙某未履行提前3个月通知的义务,双方聘任合同应自动顺延一年,继续保存孙某的人事档案,孙某为此提出诉讼。

(2) 学校的内部管理规则与聘任合同条款的冲突

体现为学校为了规范管理无视合同条款,对教师做出处罚或变更、解除聘任关系。例如"秦某与某大学人事争议案"中,某大学以秦某连续两年考核不合格为由,与其解除聘用关系,但该大学以考核不合格为由辞退秦某缺乏事实和法律依据,属于违法辞退。从以上案例可以看出,学校在内部管理制度与合同条款相冲突的情况下,不能正确处理双方在管理上的隶属与在合同上的平等之间的关系,执行内部管理制度进行处理从而导致法律纠纷。

(3) 存在一定的劳动争议比例

公办学校至今仍存在不少因与临聘人员之间未签订劳动合同而引发的纠纷。如"陶某与成都某大学人事争议纠纷上诉案",退休教师陶某退休后仍承担弹性教学任务,但双方并未签订劳动合同。在此案件中,双方没有签订书面合同,却存在事实用工关系,但由于陶某不是在编人员,与学校之间不存在人事关系,双方只存在劳动关系,因此按照《劳动法》《劳动合同法》相关条款作为判决依据。

(4) 多由学校提出解除人事关系

例如,"湖南某大学两副教授因解聘与学校发生纠纷案"是由学校提出解除人事关系的案例。前期杨某、黄某因未达到副教授上岗条件被聘至专职科研岗,2015 年学校教学科研系列岗位职务聘用委员会对教学科研人员进行聘用审议时,发现杨某、黄某等人在合同延续期内仍未完成合同约定任务,经专家组投票表决不再续聘,杨某、黄某遂提出行政诉讼。

推荐阅读

张小丽《民办中小学教师聘任纠纷及其处理研究》,上海师范大学硕士学位论文,2020年。

(二)教师处理纠纷

教师处理指学校对违反法律法规、学校规章制度或有失职业道德的教师给予的相应处理措施。它包括对教师行为产生负强化作用的一般处理措施、教师处罚和教师处分,其中教师处分是教师处理中常用的惩罚措施。教师处理具体措施有:警告、记过、降低专业技术职务等级、撤销专业技术职务或者行政职务、扣奖金或工资、罚款、开除或者解除聘用合同等。本节以教师处理事件是否涉及人事关系或劳动合同解除为划分依据,对教师处理纠纷的表现类型进行划分。

1. 涉及人事关系或劳动合同解除的教师处理纠纷

 案例聚焦

上海某大学教师陆某于2004年8月2日因嫖娼被公安机关查获,学校先后做出开除党籍的处分、行政开除留用察看处分。留用察看期间,陆某否认嫖娼事实,不断向有关部门申诉、信访等,均被驳回。该大学多次与陆某谈话,对其劝告无果后,于2008年6月30日解除与陆某的聘用关系,陆某不服向人民法院提出上诉。

该学校对陆某既处分又解聘的做法是否违反了《中华人民共和国教师法》第三十七条的规定?

《中华人民共和国教师法》第三十七条规定:教师有下列情形之一的,由所在学校、其他教育机构或者教育行政部门给予行政处分或者解聘:故意不完成教育教学任务给教育教学工作造成损失的;体罚学生,经教育不改的;品行不端、侮辱学生,影响恶劣的。① 陆某作为大学教授、博导、院长，本应为人师表，遵守宪法、法律和职业道德，其嫖娼行为已丧失一名教师应具备的素质。该学校给予开除党籍的处分、行政开除留用察看处分并无不妥。其后学校给予陆某认错悔过机会，然而陆某对此置之不理，一意孤行，其行为已严重扰乱了学校正常工作秩序，不适合在教学岗位上工作，该学校与陆某解除人事聘用关系亦无不妥。这则案例涉及人事关系或劳动合同解除的纠纷。

2. 不涉及人事关系或劳动合同解除的教师处理纠纷

 案例聚焦

2013年6月，四川某学校在一次考试中，监考老师发现有学生作弊。学校通过调查后，认定是教师刘某将考试答案泄露给学生。为此，2014年1月学校给予刘某"记过处分，并延期三年参加职称评定"的处分。在处理过程中，学校听取四川省教育厅的建议，撤销对刘某的处分决定，重新调查处理。四川省教育厅同意撤销处分决定，认为申诉事项已经撤销，无须再对学校做处理。刘某不服四川省教育厅不予处理的决定，认为省厅没有在法定期限内做出处理决定，违反了行政处理程序性规定，后向四川省政府行政复议办公室提出行政复议申请。

这起纠纷案的争议点是处分是否恰当吗？

在刘某一案中，申诉事项已经撤销，省教育厅无须再做处理，不属于不作为，因此行政复议被驳回，这则案例不涉及人事关系或劳动合同解除的纠纷。

---

① 《中华人民共和国教师法》，中国法制出版社，2010年，第三十七条。

3. 教师处理纠纷的特点

(1) 教师处理纠纷主体多元化

教师处理纠纷的主体一方是教师,而另一方则由于现今的教育制度呈多元状态,能对教师做出处理决定的主要有所在学校、其他教育机构或者教育行政部门,因而教师处理纠纷的主体往往是教师与其所在学校、其他教育机构或者教育行政部门。

(2) 教师处理纠纷起因是教师的不当行为

由于处理这一行为自身的被动性,教师处理行为是由教师的不当行为引起教师的主管部门不满而采取的处理措施。教师对这一处理措施不服而进一步诉诸法律寻求权利救济而形成纠纷。因此,教师的不当行为是整个纠纷的起因。

(三) 教师法律纠纷的救济途径

我国现行的教师权利救济手段可以分为诉讼救济与非诉讼救济两种。除了诉讼之外的其他权利救济手段,统称为非诉讼救济。当教师权利遭受侵犯或发生冲突时,当事人可以运用的救济手段主要是申诉、行政复议、仲裁与诉讼。

1. 非诉讼救济

(1) 教师申诉制度

《中华人民共和国教师法》第三十九条规定:"教师对学校或者其他教育机构侵犯其合法权益的,或者对学校或者其他教育机构作出的处理不服的,可以向教育行政部门提出申诉,教育行政部门应当在接到申诉的三十日内,作出处理。教师认为当地人民政府有关行政部门侵犯其根据本法规定享有的权利的,可以向同级人民政府或者上一级人民政府有关部门提出申诉,同级人民政府或者上一级人民政府有关部门应当作出处理。"[1]

---

[1] 《中华人民共和国教师法》,中国法制出版社,2010年,第三十九条。

① 教师申诉范围

由上述《中华人民共和国教师法》的规定可以看出，教师可以提出申诉的范围主要包括以下两个方面：一是教师认为学校或其他教育机构或者有关行政部门侵犯了自己的合法权益提出申诉。教师的合法权益有很多，既包括教师作为专业人员所特有的权利，又包括教师作为公民的各项权利。教师申诉主要指教师作为专业人员所特有的权利，以及教师在学校内享有的其他各种权利被侵犯时的申诉。在有关教师与学校的侵权纠纷中，既存在民事纠纷，也存在行政争议，像人身权、财产权被侵犯等属于民事纠纷。二是教师对学校做出的处理决定不服提出的申诉。学校在对教师进行管理过程中做出处理的行为，在性质上属于学校的行政行为，其中大部分又属于内部行政行为，因而有关的争议属于行政争议。教师申诉范围既包括学校与教师之间的行政争议，又包括两者之间的民事争议。

② 教师申诉程序

教师申诉包括校内申诉和行政申诉两种，当教师对学校的有关处理不服时，可以通过向学校的有关机构进行申诉或辩解，给学校自我纠正的机会，当校内救济途径穷尽时，再向有关行政机关提出申诉。

校内申诉程序与行政申诉程序类似，不同之处在于受理申诉的机关，校内申诉一般是校内教师申诉委员会，行政申诉一般为有关教育行政部门或其他政府部门。一般来说，教师校内申诉主要包括以下程序。

教师申诉的提出：教师申诉应采取书面的形式，因为法律没有对教师申诉的时限做出明确规定，所以教师应当知道自己合法权益遭到侵犯之日起及时行使申诉权，以确保自身利益，以及时纠正有关部门的错误行为或决定。

教师申诉的处理：申诉委员会以书面审理为主，在全面调查和审理基础上,做出以下处理决定。第一,学校或其他教育机构,以及有关行政部门行为和处理结果符合法定权限和程序,事实清楚,适用法律法规正确,应决定维持原具体行政行为或处理决定;第二,行为或处理决定违反法律法规或规范性文件,越权或滥用职权,依据不足,应撤销原具体行政行为或处理决定,也可责令被申请人重新做出决定;第三,被申请人的具体行政行为或处理决定有形式或程序上的不足,可责成被申请人补正;第四,被申请人违法不履行职责,应决定其在一定期限内依法履行职责;第五,被申请人的具体行政行为和处理决定明显不当的,可以做出变更处理;第六,被申请人的行为和处理结果所依据的内部规章制度与现行法律、法规及规范性文件相抵触的,可依职权撤销其内部规章制度或责令其依法修改。受理机关应将处理决定制作成裁决书,裁决书一经送达即发生法律效力。教师对申诉处理结果不服,如属于行政诉讼受案范围,可在收到裁决书之日起15日内向有管辖权的法院提起行政诉讼。①

(2) 教育行政复议

教育行政复议,是指学校及其他教育机构、教师或学生认为具有国家职权的机关、组织及其工作人员做出的行政行为侵犯其合法权益,依法向上一级行政机关或法律、法规规定的机关提出复议申请,并由后者依法进行审查并做出复议决定的法律制度。教育行政复议是教育行政机关内部基于隶属或监督关系而依法进行的针对行政行为的合理性和合法性的审查监督,主要针对教育行政处罚、教育行政许可、教育行政检查等可能侵犯行政相对方办学自主权、人身权、财产权、受教育权等合法权益的

---

① 杨挺《高等教育法规》,西南师范大学出版社,2020年,第212页。

具体行政行为。相对方对行政复议决定不服,可依法提起行政诉讼。①

推荐阅读

《中华人民共和国行政复议法》,[2018]76 号。

(3) 教育仲裁

教育仲裁是指通过仲裁机构,裁断平等主体之间教育纠纷的制度。教育仲裁的范围一般包括平等教育法律关系主体之间的合同争议和财产性纠纷。就合同纠纷的范围而言,主要包括办学合同、贷学金合同、委培合同和产学合作合同以及教职员工的聘任合同、出国留学合同、校内用工合同以及合作办学合同等。教育仲裁的主要特点有:高度权威性和专业性、快速经济性、准司法性与公正性和具有法律效力。

2. 诉讼救济

(1) 教育民事诉讼

教育民事诉讼是指教育法律关系主体依法向人民法院提出诉讼。教育法律关系主体之间基于平权关系引起的人身权、受教育权、财产权等民事纠纷适用民事诉讼法的规定。

① 教育民事诉讼的范围

民事诉讼中,涉及教师权利的民事权利多数来自教师财产权相关的部分,例如民办学校延迟支付或者拒绝支付教师的薪酬等。民办学校教师能够以学校违反聘任合同为由提起诉讼,请求法院依法判决学校这一义务主体履行其给付义务,但这必须满足前提条件:涉及财产权事项。由于民办学校教师聘任合

---

① 杨挺《高等教育法规》,西南师范大学出版社,2020 年,第 212 页。

同本质上是劳动合同,根据《中华人民共和国劳动法》第七十九条之规定,当劳动争议发生后,当事人可以向本单位劳动争议调解委员会申请调解;调解不成,当事人一方要求仲裁的,可以向劳动争议仲裁委员会申请仲裁。当事人一方也可以直接向劳动争议仲裁委员会申请仲裁。对仲裁裁决不服的,可以向人民法院提起诉讼。①

② 教育民事诉讼的程序

由于各类民事诉讼的程序基本是一致的,因此教育民事诉讼的程序遵照一般的民事诉讼程序,可参照《中华人民共和国民事诉讼法》中的规定。

推荐阅读

《中华人民共和国民事诉讼法》,2021年12月。

(2) 教育行政诉讼

教师对学校做出的行政行为或对严重影响其合法权益的处理意见不服时,应当通过行政诉讼的方式寻求权利救济。根据《中华人民共和国行政诉讼法》及相关司法解释的规定,教育行政诉讼受案范围主要是行政相对方认为教育行政机关做出的具体行政行为侵犯其合法权益,依法提请人民法院对该具体行政行为的合法性进行司法审查的案件。

① 教育行政诉讼的范围

结合《中华人民共和国教师法》《中华人民共和国行政诉讼法》等法律的相关规定,学校教师可以就行政机关做出的如下行政行为提起行政诉讼:一是对于符合法定条件,但教育行政部门不予

---

① 《中华人民共和国劳动法》,中国法制出版社,2019年,第七十九条。

颁发教师资格证书或不依法办理审批、登记有关事项的;二是教育行政部门做出变更、中止、撤销教师资格证书决定的;三是教育行政部门违法要求教师集资或者违法要求教师履行其他义务的;四是对教育行政部门做出的申诉处理决定不服的;五是对各级政府或教育行政部门做出的行政复议决定不服的;六是认为劳动行政部门不履行或拒绝履行相关职责的;七是认为行政机关侵犯教师权利的其他行政行为。实际上,根据我国《中华人民共和国行政诉讼法》的立法宗旨,只要学校教师"认为行政机关和行政机关工作人员的行政行为侵犯其合法权益"就能够依法向人民法院提起行政诉讼,请求法院对该行政行为的合法性进行审查。

② 教育行政诉讼的程序

遵照一般的行政诉讼程序,可参考《中华人民共和国行政诉讼法》中的规定。

推荐阅读

《中华人民共和国行政诉讼法》,2017年6月。

技能训练

1. 结合教育实例,谈谈教师的权利和义务有哪些?

2. 按照《中华人民共和国教师法》的规定,教师有哪些情形由所在学校、其他教育机构或者教育行政部门给予行政处分或者解聘处理?

3. 浙江某校初中班主任邓老师在批改作业时,发现学生孙某的作业本中夹了一封写有XXX收的信件,邓老师顺便拆封阅读了此信。这是孙某写给一位女同学的求爱信,邓老师看了十分生气,后在班会上宣读了此信,同时对孙某提出了批评。次日孙某在家留了一张字条后离家出走。孙某家长找到邓老师理论并要求邓老师将孙某找回。邓老师解释说:"我作为教师,对学生进行教育和管理是我的职责,我批评孙某是为了教育和爱护他。他是从家中出走的,与我的工作没有关系。"

邓老师的解释是否正确?试述你的判断以及所依据的法律条款。

第七章
教育研究方法

 模块导读

掌握教育研究方法,是现代教师专业发展的必备素养。随着教育改革的日益活跃,提升教师的科研意识、提高教师的科研能力已迫在眉睫。现代教师应当是研究型、反思型教师,这也是新时代对教师的进一步要求。本章从实际性与科学性出发,将重点介绍中小学教师常用的文献研究法、观察法、问卷调查法、实验研究法、行动研究法、个案研究法等具体研究方法。

在20世纪60年代,英国教育家斯滕豪斯(L. Stenhouse)便提出了"教师即研究者"主张,他认为:"如果没有得到教师这一方面对研究成果的检验,那么就很难看到如何能够改进教学,或如何能够评定课程规划。如果教育要得到重大的改进,就必须形成一种可以使教师接受的,并有助于教学的研究传统。"[①]随着教师专业化的发展,教育研究能力成了现代教师必备的素养。当师范生踏

---

① 见瞿葆奎主编《教育研究方法》(《教育学文集》第15卷),人民教育出版社,1988年,第16页。

上教学岗位后,会在日常的教育活动中积累大量感性经验,这些经验对其自身专业发展是一笔宝贵资源。通过教育研究活动获得系统的教育研究方法,可以使其养成一定的教育研究素养,促使其善于在教育生活中发现问题,并以理论的眼光审查自身教育经验,进而将经验转化为研究资料,并能够对这些资料进行分析、解释,最终形成自己的教育认识与理论,进而向教师专业化迈进。

一、教育研究方法概述

(一)教育研究方法的内涵

1. 研究

《现代汉语词典》对"研究"的释义为:探索事物的真相、性质、规律等。由此可见"研究"是一种认识活动,具有主观能动性,与日常生活中的偶发性认识活动是有区别的。作为一种系统的探究活动,"研究"具备三个属性:第一是"目的性",即是有目的、有计划、有意图的活动;第二是"过程性",即有一定的研究步骤、研究阶段;第三是"方法性",即运用各种方法来认识、解决问题。

2. 教育研究

"教育研究是一种理性活动,理性既指人的行为能力,即形成概念、进行判断、分析、综合、比较、推理等能力,也是思维着的主体对外部存在的概念性掌握,对人的行为具有指导作用。理性由理论理性与实践理性构成,教育研究是二者的统一。"[①]因此,教育研究要根据具体问题采用合理的研究方法或程序,通过收集、整理和分析研究资料对教育现象进行由表及里的认识,在了解"是什么"的基础上还要探寻"为什么"和"怎么办",在这一系列过程中达到理论理性与实践理性的有机统一。具体而言,教育研究主

---

① 李太平、刘燕楠《教育研究的转向:从理论理性到实践理性——兼谈教育理论与教育实践的关系》,《教育研究》2014年第3期。

要包括"5W2H"。即为什么研究(Why)？——研究的目的。谁来研究(Who)？——研究的主体。研究什么(What)？——研究的内容。怎样研究(How)？——研究的具体方法。何时研究(When)？——研究的时间问题。何地研究(Where)？——研究的地点。研究得怎样(However)？——研究的评价。

3. 教育研究方法

"教育研究方法是决定教育研究质量的关键因素，它是人们在进行教育研究时所采取的步骤、手段和方法的总称。"[1]教育研究方法的研究对象主要为以下两种：第一，教育研究的方法论；第二，各种具体的研究方法和技术。第一种是从哲学、认识论、逻辑学等原理中推演出一般的原则性方法，探索方法之间的相互联系和应用发展规律。其研究内容为教育研究的基本原理、基本过程、基本原则等。第二种是对观察问题、分析问题、解决问题的形式与过程进行描述，进而总结出具体的操作性方法。其研究内容为方法的理论基础、特点、操作步骤、适用范围等。

(二) 教育研究方法的类型

教育学是人文学科与社会学科的交叉，教育研究也可以根据不同的标准划分为不同的类型，其基本方法有以下四种[2]。

1. 思辨研究

研究者主要运用辩证法等哲学方法，通过对事物或现象进行逻辑分析，阐述自己的思想或理论，包括理论思辨、历史研究、经验总结等具体方法。

2. 量化研究

研究者依靠对事物可以量化的部分及其相关关系进行测量、

---

[1] 侯怀银《教育研究方法》，高等教育出版社，2009年，第3页。
[2] 姚计海、王喜雪《近十年来我国教育研究方法的分析与反思》，《教育研究》2013年第3期。

计算和分析,以达到对事物本质的把握,包括统计调查、实验法(含准实验)、二次分析、内容分析等具体方法。

3. 质性研究

研究者通过和被研究者之间的互动对事物进行深入、细致、长期的体验,然后对事物的质得到一个比较全面的解释性理解,包括叙事研究、案例研究、田野调查等方法。

4. 混合研究

研究者基于实用主义的主张,在研究过程中同时选择量化和质性两种方法。

以上四种研究方法类型,其具体方法则是多种多样的,并且每一种具体方法都有其独特价值,也有不同的研究范式和适用范围,这些具体方法在实际操作过程中也在不断地进行改造和发展,研究者需要根据自己的研究课题和内容来进行恰当的选择。

(三)教育研究方法的原则

1. 教育研究方法的操作原则

为了保证教育科学研究的科学性,必须遵守教育研究的一般原则,这些原则要贯穿于整个教育研究过程,落实到每个细小环节之中。

(1)客观性原则

客观性是指不以人的意志为转移,遵循事物本身发展规律。因此,教育研究方法的客观性原则就是指研究者必须用客观态度去面对客观事实,杜绝掺入个人主观偏见,歪曲或者虚构事实。教育研究方法客观性的原则主要包括绪论的客观性、过程的客观性、分析的客观性。

绪论的客观性指研究的结论应该是通过对大量事实进行分析、概括的基础上得出的,不能先下结论,后面再刻意找片面的例子以偏概全地去证实。过程的客观性是指在研究过程中保证客观,取得的数据和资料真实。比如问卷调查时要注意问卷的信度和效度,不能为了得到"理想"的调查结果而怂恿学生说假话。分析的客观性是指在已有的资料基础上,对其分析要实事求是,不能歪曲编造事实。比如不能为了实验假设的成立而编造实验数据,不能对于不符合自己主观设想的数据就进行修改。

(2) 教育性原则

一线学校的教育科学研究主要是以中小学生为具体研究对象,所以必须遵循教育性原则。研究者在研究中应该明确自身的身份——教育者,所从事的研究必须符合我国的教育方针、教育目标等方面的要求。具体表现为研究的内容和研究的过程均需具有教育性。

研究的内容要有教育意义。进行的研究要保障学生的身心健康,研究过程中给学生观看的书籍、影片应当是健康的,在测验或问卷调查中的题目也应与社会主义教育相一致。如果在研究中涉及了某些阴暗面内容,则应在研究中或者研究后引导学生进行评价,对学生加强正面的教育与引导。

研究过程要有教育意义。研究过程要保证学生的利益,交付给学生的任务应当适量从而保障学生正常学习,全面考虑到学生的心理和生理承受力。如果调查资料和被调查者的切身利益相关,则应当严格保密。

2. 伦理原则

使教育更加符合规律从而促进学生的健康发展是教育研究的终极目的,因此教育研究应当遵循道德原则、符合伦理特点,争取对教育对象带去积极正面的影响,研究者必须在研究中具有职业道德规范和科学态度修养。

(1) 杜绝"强制"

教育研究应当寻得研究对象的同意,可采取以下措施:第一,说明意图;第二,尊重学生;第三,尊重家长与监护人;第四,注意事后解释;第五,考虑学生与家长权利。

(2) 杜绝"伪证"

教育研究应当保护研究对象的身心健康,为此需要注意:第一,保证研究对象的身心和利益安全;第二,有必要且有效的补救措施。

(3) 杜绝"失责"

教育研究应当尊重研究对象的权益,为此要保证:第一,个人不参加协作权;第二,研究对象在研究过程、研究结果中有匿名权;第三,研究对象有阅读资料权;第四,研究者有保密责任;第五,实验者要承担责任权。

(四) 教育研究方法的意义

1. 促进教师专业化发展

提升教师专业化的措施之一就是开展教育研究,美国佛罗里达州对合格教师应具备的能力有具体的规定,其中重要的一条就是教师要具有研究教育问题的教学试验和教育试验能力。"教无定法,贵在得法",教学有着自身独特的规律和实践逻辑,教育者具备良好的教育研究素养可以在研究中少走弯路,在实践中轻车熟路。

2. 提升教育改革质量

《中国学生发展核心素养》的提出、"双减"政策的出台,都是国家教育改革的具体措施,"教育改革就是对教育现在所发生的任何有意义的转变"。教育改革有利于提高教育质量,而这离不开教育研究。教育者通过教育研究有效地认识教育现象、探索教育规律和创新教育理论从而更新教育改革理念,提出科学有效的策略指导人们正确开展教育教学活动。

3. 连洽教育理论与实践

我国教育界长期以来都存在理论与实践脱节的情况,即大学教师从事教育理论研究,一线教师从事教育教学活动。这样的情形下,大学教师对实际教学情况不够了解,导致教育研究内在空洞,缺乏事实根据;一线教师空有丰富的一手经验,但缺乏理论指导深度研究不到位。教育研究人员走进一线学校进行教育研究,与此同时一线教师参与进这些研究中,或独立或与大学专家一起从事教育行动研究。如此一来,一线教师一方面可以在教育研究中紧跟教育研究前沿,不断更新自身的教育理念;另一方面可以将积累的教育经验进行梳理、分析、归纳,用理性视角审视自身教育实践进而形成适合自己的教育理论与教育智慧。

二、教育研究的方法

能够进行教育研究是现代教师的必备素养,本节介绍的研究方法均指在教育范畴中进行的教育研究方法。

(一)文献研究法

文献是从事教育科学研究的基础,学会积累文献资料,养成科学文献意识,是现代教师必备的素养。

1. 文献法的概述

(1)文献的基本概念

"文献"作为一个词语最早出现于《论语·八佾》"文献不足征也",朱熹曾在《四书章句集注》中说明:"文,典籍也;献,贤也。"指出文献则是对贤者及其思想学说的典籍记录。随着历史的发展,"文献"一词内涵也不断丰富。1984年我国的《文献著录总则》中,其含义被扩大了——它包含了记录有知识的一切载体,凡是用文字、图形、符号、音频、视频等手段记录下来的资料都属于文献。"文献研究法就是对文献进行查阅、分析、整理并力图找寻事物本质属性的一种研究方法。文献法即可以作为一种单独的研究方法,也是其他研究方法的基础。它通过对各种文献资料进行理论解释和比较分析,能使研究者发现事物发展的内在联系。"①

(2) 文献的主要作用

第一,了解研究现状,选定研究课题。教育研究应当是在前人的基础上继承与创新,因此需要充分且全面地了解与要研究的问题的有关资料,这对研究的质量将产生很大影响。具体操作需包括以下内容:梳理该课题领域内前人的研究成果、研究重点、研究水平等,分析前人已经取得哪些成果,解决了哪些问题,哪些问题尚未解决或有进一步的补充,从而找准自己的研究方向,确定研究选题。

第二,借鉴研究方法,获得研究思路。通过文献查阅,研究者可以广泛了解到关于本领域国内外研究者在探索时采取了哪些研究方法和策略,同时可以了解到最前沿的理论与方法。在查阅文献的过程中也会获得自身的启发,寻找到研究课题的不同想法,从而使课题的思路更加广阔。

第三,借助背景资料,深化研究结果。在教育研究过程中可能会出现一些结果是研究者初期没有预料到的,或者与研究预设不同甚至相反的结果。此时,已有的文献资料也许将成为解释这些结果的有力资料信息。

第四,避免重复劳动,提升研究效益。文献检索与分析是现代教师素养之一,这将利于我们认识前人的研究已经到了哪一步,哪些问题需要我们进一步研究,有哪些尚未解决的问题、争论的焦点。

2. 文献的分类及分布

(1) 文献的分类

根据文献内容的加工程度和文献信息质量的不同,文献被分为了四个等级:零级文献、一级文献、二级文献和三级文献。

---

① 袁振国《教育研究方法》,高等教育出版社,2002年,第149页。

A. 零级文献

零级文献又称灰色文献，指作者没有发表或没有刻意修饰的原始文件。比如未经发表的手稿、书信、草案和原始的记载等，也包括口头谈话的录音和记录、学生的作业样本等。

B. 一级文献

一级文献又称原始文献，是作者亲身实践而写的资料。比如一堂教学实录、学校年鉴、调查报告等，这些文献直接记录了事件经过、研究成果，具备客观性和真实性，具有很高的直接参考和借鉴使用的价值。一级文献是整个文献中数量最多、种类最多的文献，但是其储存分散且缺乏系统性。

C. 二级文献

二级文献又称检索性文献，它是对分散的一级文献进行分类加工整理后使之形成系统的文献，以便检索，节省查找文献的时间。主要包括题目、书目、索引、摘要等，比如《中文科技资料目录》《教育文摘》等都是二级文献。

D. 三级文献

三级文献又称参考性文献，是在二级文献的基础之上以一定的范围为界限再次对一级文献进行全面、深入地分析整理而编写成的参考文献。比如文献综述、年度总结、进程报告等。三级文献资料覆盖面较广，具有很强的浓缩性。

（2）文献的分布

文献分布极广，因此创造、记录与传播方式不同，主要分为书籍、报刊、交流文献、网络资源四种。

A. 书籍

书籍主要包括名著要籍、教育专著、教科书、资料工具书及各类科普读物等。名著要籍指某个时代、某门学科或某个领域中最有权威与影响力的著作。教育专著是对教育领域中某教育问题作系统全面论述的著作或论文集，大多是作者多年研究的结晶。教科书是有严格科学性、系统性和逻辑性的专业性书籍。资料工具书往往是对客观问题进行广泛客观叙述，不含作者主观见解。科普读物即面向大众的一类读物，具有通俗易懂的特点。

B. 报刊

报刊主要包括报纸和期刊。研究者可以从中了解到教育研究动态，与时俱进，拓宽视野。我国主要的教育类报纸有《中国教育报》《教师报》《教育导报》等，我国主要的教育期刊有《教育研究》《人民教育》《基础教育改革动态》《全球教育展望》《课程·教材·教法》等。

C. 交流文献

交流文献主要包括会议交流和个别交流。会议交流指学术会议前后散发的、大多为未公开发表的资料，如有关论文、会议报告、会议纪要等，往往代表该领域最新的研究动向与成果。个别交流指同行、专家有意识的交流，在这一过程中往往会产生思维的碰撞，从而利于研究的进行。

D. 网络资源

随着互联网技术的迅速发展，网络也成了文献的一个重要载体，比如中国知网、维普网、龙源网、万方数据库等，都可以查找文献。

3. 文献检索与整理

围绕研究课题对文献进行搜索、整理和分析的过程就是文献检索与整理。

（1）检索文献

第一，根据研究课题确定检索的要求、范围和标准，如关键词、题目、主题、作者等。第二，确定检索工具、途径。如果以书籍为检索工具，则可以利用文章目录直接找到相关文章，也可以利用"索引"扩大查找范围。如果以网络为检索工具，则可以从"题目""作者""摘要""关键字"等几个方面查找。

（2）筛选文献

检索到的文献必须进行筛选，这样才能提高文献的利用效率。

筛选文献时应注意以下原则：第一，相似性。选择的文献与自己的课题研究越相似越好，这样能给予自己更多的借鉴与思考。第二，新颖性。研究的目的是突破与创新，那么就必须重视文献的新颖性，去学习其思路、方法。第三，经典性。主要指一个知识领域的典范性著作、奠基性之作，这类文献可以帮助我们了解本领域的基本观点与主张。第四，权威性。权威期刊、权威人物的文章往往更加规范、严密、高质量，往往代表了某领域的最高水平或最新趋向，因此有必要认真研读。

（3）整理文献

对最终筛选出来的文献可以通过以下方法进行整理。第一，书目记录。阅读过的资料都应做好登记，这样可便于今后查找。完整的书目主要包含以下信息：作者姓名、论文（书籍、报告等）标题。期刊还应标明页码，书籍还应该标明出版社地点、出版者、出版日期等。第二，摘要或笔记。摘要是对文献主要信息的总结，一份摘要主要包括书目登录、问题（对阅读报告中研究课题的说明）、对象（描述研究是如何展开的）、结果和结论（研究的结果和结论）。笔记的方式有标记、批注、摘录等，笔记的价值不仅在于研究者获取了对其有用的部分，也积累了研究者在评价文献时出现的新思想和新观点。第三，综述或评论。文献综述或评论是在阅读了大量原始文献之后对某一个问题的研究现状进行归纳、综合，其内容包括研究的主要内容，还包括相关专家学者的观点、理论。

4. 文献综述

（1）文献综述的概念

"文献综述是研究者对某个时期或某个专题的若干文献进行比较系统、全面的综合概括和评论。"[①]文献综述又叫文献阅读报

---

① 汪芳、王国英《教育研究方法》，华东师范大学出版社，2009年，第80页。

告,其目的在于将某一领域前人已经做过的工作进行综合与总结,从而进一步了解目前的研究水平,分析存在的不足。写文献综述是科研能力的基本功之一,是现代教师的基本素养。

(2) 文献综述的类别

文献综述大致可以分成目录性综述、文摘性综述和分析性综述三大类。目录性综述即按某个专题或者具有某种共同特征对一定时间范畴中内容相似的原始文献题目进行综合描述,与题目相似。这类综述只是客观地提供信息,比如某人做过什么,并不会反映原始文献的质量,也不会谈及作者的观点,涉及范围广,也因此不够深入。文摘性综述即对文献探讨的问题加以综合描述,只把搜集到的文献所论述的问题进行归类,分别描述,比如关于某一个问题,不同的学者是怎样论述的,对所含的信息并不予以分析与评论,这类综述包含的内容比目录性综述更加具体、明确。这类综述常常出现在课题研究中,成为课题研究的一个部分。分析性综述即把原始文献中涉及的内容加以归纳、综合、分析,并且综述撰写者会附上自己的评论、思考或结论。这类综述需要撰写者占据大量原始文献、熟悉专业领域、具备较高的分析归纳能力,因为其本身就是一项创造性的研究成果。期刊上发表的"综述""书评"等都属于分析性综述,比如《近十年来我国教育研究方法的分析与反思》。

(3) 文献综述的步骤

第一步,确定主题。即明确撰写文献综述的目的,可以将"新颖""争论"作为重点。"新颖"是收集某一研究领域中新的观点、新的方法或新的进展等,对此加以介绍从而引起人们的注意;"争论"是对有争议的观点、有分歧的理论加以介绍、综述从而让人们清晰争论思路。

第二步,收集资料。文献的数量、新旧是文献综述参考价值的衡量标准,研究者可在日常进行资料积累,也可主动地去检索查阅相关文献,途径主要有:向专家请教、从书籍期刊中获得、利用检索工具查寻。一般而言新的课题综述引用的文献最好是近五年内的,综述若是要发表,其参考文献最好不少于6篇。

第三步,研读文献。文献综述的关键就是对文献的深入研读。一般先是浏览,获得大概印象。接着认真研读重点文献,消化、理解文献中的内容。在研读的过程中需要批判性地阅读,发现其问题,找到新的思路。

第四步,撰写综述。根据撰写综述的出发点,以及收集到的文献内容,确定综述的框架内容。综述内容应该是明确、新颖的。

(4) 文献综述的结构

文献综述因为其内容的不同,所以并没有完全统一的结构。但一般而言,文献综述应该包括以下几个方面:标题(题目)、摘要、关键词、前言(引言)、正文、总结及参考文献。

A. 标题(题目)

题目是文献综述的高度概括,应有一目了然的作用。题目可以是对某个领域、学科、专题或者某种方法的综述。

B. 摘要

摘要是对文献综述主要内容的概括,通过阅读摘要就能够清晰该综述主要是对哪个领域的哪些方面在进行综合、概括、分析。

C. 关键词

关键词是以词语的形式对文献综述内容进行概括,一般关键词来源于标题。

D. 前言(引言)

前言通常简明扼要地介绍文献综述的写作目的、背景、意义,介绍相关概念及研究现状,使读者在阅读后能够对全文有大致了解。

E. 正文

正文需要将所收集到的文献进行归纳、分析、比较,阐述相关主题的历史背景、现状和发展趋势。正文撰写的逻辑顺序有很多种,比如时间顺序、不同观点的比较、相似观点的整合,等等。

F. 总结

这部分主要是对正文部分的论证结果提出还存在的问题以及未来研究的方向,并提出自己的观点、见解。

G. 参考文献

这也是文献综述的重要部分,它是对被引证学者的劳动的尊重,一方面可以表明综述中的文献来源可靠,另一方面也可为读者提供寻找文献的线索,因此凡是综述中提到的均需列出。参考文献的编排应该符合格式,具体见下文。

① 根据 GB3469 规定,以下各种参考文献类型以单字母方式标识。

专著	论文集	报纸文章	期刊文章	学位论文	研究报告	标准	专利	汇编	参考工具	其他文献
M	C	N	J	D	R	S	P	G	K	Z

② 数据库、计算机程序、电子公告等电子文献类型,以双字母方式标识。

数据库	计算机程序	电子公告
DB	CP	EB

③ 非纸张型载体电子文献,需在参考文献标识中标明其载体类型,建议采用双字母标识。

磁带	磁盘	光盘	联机网络
MT	DK	CD	OL

参考文献的标注格式,可参考《参考文献著录格式》(国标 GB/T 7714-2015)。

(二) 观察法

观察是人类认识世界的一个重要活动形式,观察法是教育研究最基本、最质朴的方法之一,通过观察法研究者可获得感性材料,这种方法也是检验和发展假说的实践基础。

1. 观察法的概述

(1) 观察法的概念

观察属于认识论范畴,是有目的、有意识的感性认识活动,其发生条件是"自然发生",被观察者进行自然而然的行为,观察者不作丝毫干涉。观察分为日常观察和科学观察两种,前者是对自然存在的现状进行随机、自发的感知,无固定目的,也不要求严格记录;后者是在自然条件下借助科学仪器和感知觉器官有目的、有系统地对观察对象进行观察并作详细记录。日常观察是科学观察形成的初步基础,科学观察是日常观察的进一步深入。

(2) 观察法的要素

观察法主要包含观察手段、观察对象及观察对象的状态三个要素。

观察手段主要是研究者运用听觉、视觉器官进行观察,需要有思想、有目的地观察。随着现代技术的进步,也可以借助现代技术,辅助研究者进行观察。

教育研究中的观察对象主要是教育活动中的人以及人的活动,研究者主要观察某个人或者某些人的某种活动,看他是如何进行、结果怎样。

观察对象的状态是指研究者一定要在自然的状态下进行观察,因为观察的目的是观察客观情况,所以要保证观察者的状态是真实的。

(3) 观察法的特点

A. 目的性

漫无目的的观察取得的效果微乎其微,观察往往是在明确的课题要求下,有具体的观察目的、观察对象,是专门为了解决某个具体问题而进行。

B. 计划性

研究者会根据自己课题的需求来制定观察策略,对整个观察过程会做详细的规划,比如对时间、地点、顺序、对象、记录方法、表格等都有预先的安排,以此来保证观察的有效与科学。

C. 客观性

观察的前提是保证不对被观察者进行干预,需要保证其自然状态,观察者只是客观地观察和记录全过程,同时在记录时也不能掺杂自身的主观情感。

D. 观察法的优缺点

观察法作为最基本、最普遍的教育研究方法,有其独特的优点:

(1) 简单便于操作

观察法不需要过多、复杂的仪器设备,也不会对被观察者造成影响而产生不良后果,其适用的范围较大。

(2) 获得的资料可信度高

研究者与被观察者是直接接触,获得资料属于一手资料。同时,被观察的行为或事件都是发生在无干预的自然状态下,有利于了解客观事物的客观面貌。

(3) 时间线上可纵贯

某些观点一时间或许难以通过测验或者实验来验证,那便可以反复跟踪和观察被观察者,以便于利用充分的时间来进行深入、持续的观察,从而得到相关验证。但观察法也存在一些不足:

(1) 所得资料不够深入

观察法所得的资料只能说明"有什么"和"是什么",即只是关于行为的观察和结果,需要根据现象去推断才能得出"为什么"。

(2) 研究取样范围较小

观察法面对的对象是有限的,取样样本较小,其获得的结果也许不具备普遍性,可能影响结论的推广性。

（3）容易受主观因素影响

所观察的行为或事件均发生在自然状态下，研究者对影响资料的外部变量难以控制。另外，在观察过程中观察者容易倾入主观因素，对于自己认为应当出现的现象更容易观察到，而其他的则容易忽视。

2. 观察法的类型

（1）自然观察和实验观察

从观察情境条件来说，观察法有自然观察和实验观察两种。前者是在自然状态下进行，后者是在人工控制状态下进行。

自然观察是指在自然而然的情景中进行观察，对被观察者不加任何干预和控制。这种方法能够观察到最真实的行为，获得客观资料，具有生态效应。但是这种方法所获得的材料只是被观察对象的外部行为表现，其内在因果联系难以确定，需要进行谨慎推断。

实验观察是指在实验室中进行观察，观察者可以调节某些变量，在控制条件的过程中对现象或行为进行观察。这种观察方法有严密的计划，所得资料具有较为明显的因果关系。但是这种方法对外部环节的人为控制难度较高，实施起来较为困难，也会因为控制了量变有可能导致结果失真。

（2）直接观察和间接观察

从观察手段来说，观察法有直接观察和间接观察两种。前者是观察者运用自身的视听觉进行观察，后者是借助相关仪器进行观察。

直接观察是指观察者运用自身的器官，比如眼、耳等感官进行现场的直接观测，以此来获得一手观察资料。如听课、参观、参加活动等，这都可以使观察者快速、直接获取生动的一手资料。但是直接观察往往会遗漏一些信息，因为人的感官灵敏度有限，并不能将任何信息都及时捕捉，同时人的注意力有限，观察对象不能被完整保存。

间接观察是指观察者借助相关的仪器设备或技术手段来进行观察，比如录视频、录音，间接地对现象或行为进行观察，从而获取资料。这种观察可以尽可能地将当时的情形还原,也可以在日后反复观看。但是操作起来较麻烦、花费较大,而且现场的设备仪器的局限也会导致被观察者的行为不够真实,从而使资料失真。

(3) 结构式观察和非结构式观察

从观察前是否确定观察项目、观察程序严密与否来说,观察法有结构式观察和非结构式观察。

结构式观察是指有明确目的、计划严谨、操作标准的观察,这种观察对观察者和观察手段的要求较高,其获得的资料也更加具有科学性,因此常用于描述性研究和实验资料的搜集。

非结构式观察是指没有明确目的、无周密计划,结构也较为松散,这种观察易于实施,适合教师获取日常教育、教学方面的信息,常用于探索性的观察研究。但其科学性较为欠缺,所获得的数据也较为凌乱。

3. 观察研究的记录方法

观察法的记录方式多样,主要有描述记录法、取样记录法和等级评定法三种。

(1) 描述记录法

描述记录法是通过详细记载时间或行为发生、发展的过程从而获得资料的方法,主要分为日记描述法、轶事记录法和连续记录法。

A. 日记描述法

日记描述法指连续记录变化的观察方法,是纵向的记录方法,在较长的时间内以日记的形式,重复、连续观察同一个对象。最早使用这种方法的是裴斯泰洛齐,他运用这种方法观察了他的孩子三年,撰写了《一个父亲的日记》;我国最早使用日记描述法的是儿童教育家陈鹤琴,他对自己的第一个孩子进行了长达 808 天的观察并作了详细记录,在此基础上写成了《儿童心理之研究》。

B. 轶事记录法

轶事记录法是观察者着重记录自己感兴趣的事例或者记录某

种有价值的行为,与日记描述法的连续性不同,轶事记录法不受时间限制,不需特殊情境和步骤。

C. 连续记录法

连续记录法是指观察者对被观察者在自然的状态下所发生的行为进行有序、详细的记载,记载的内容一定是客观真实的,不含主观推断和分析,相较于轶事记录法,连续记录法的记载更加详细。

(2) 取样记录法

取样记录法是缩小范围聚焦观察,即在符合标准的研究总体中抽取部分对象作为样本进行观察,然后根据样本所得的结果推论总体情况。取样记录法主要分为时间取样法、事件取样法和个人取样法。

A. 时间取样法

观察者根据观察的维度,以一定的时间间隔为取样标准,观察这些时间段中发生的行为或事情,并将观察结果记录下来。Parten 关于学前儿童在游戏中的社会参与程度的一项研究是时间取样法的典型案例。

B. 事件取样法

指观察前选定所要观察的行为或事件,在观察过程中只关注、记录这些选定的内容。与时间取样法不同的是事件取样法不受时间间隔和规定的限制,只要相关事件或行为(比如学生上课走神、学生打架)出现立即进行观察记录即可。事件取样法的典型例子是大卫(H. C. Dawe)学前儿童争执行为的研究。[1]

C. 个人取样法

以单个人为单位,在规定的时间内,记录该个体的行为和实践,之后再选择另一个被试进行观察,如此反复进行,终而获得多个个体组成的样本。在个人取样法中,取样一定是随机的,这样才能保证被试的代表性。

---

[1] [美]大卫《学前儿童争执事件 200 例分析》,《儿童发展》1934 年第 5 期。

(3) 等级评定法

等级评定法也叫评价观察法,是在观察前对观察行为作预先标准拟定,即划分不同的等级。观察者在观察时根据拟定的标准对行为或事件作出评价,评价的方式多样,因此等级评定法也分为数字等级法、图标评价法、强迫选择法等不同类型。

4. 观察法实施的基本步骤

(1) 界定观察问题

在观察之前需要确定观察的问题,观察问题确定的同时就确定了观察对象。观察问题是指研究者在明确研究问题的前提下,决定采用观察法收集资料,并且根据研究的需要来设计,观察的问题是具体的问题并且有可操作性。

(2) 明确观察目的

观察目的是根据研究任务和观察对象的特点而确定的,即明确"为什么"研究。这是开展研教育研究的前提,确定了研究目的才能确定观察范围,选择观察重点,设计大致的观察研究框架。

(3) 制定观察计划

明确观察目的后需进一步制定观察计划和实施方案,计划和方案需要详细、可行。一般观察计划包括：A. 观察目的；B. 观察对象,即所要观察的内容,需具有代表性和典型性；C. 观察方法,根据具体情况选择最合适的方法；D. 观察内容,将需要通过观察获得的资料项目都列出来；E. 观察过程,包括观察途径,观察的时间、次数和位置；F. 观察记录表,根据实际出发进行设计；G. 观察手段和工具；H. 观察的注意事项。

(4) 实施观察

观察者在现场正式观察时应按照拟定的观察计划,有步骤地进行系统观察。在观察过程中严格按照设计的记录表内容进行记录,同时也要灵活处理突发情况。记录观察结果的时候保持客观中立,并且要分清自己的推断与观察到的事实。作为教师,观察的途径主要有以下几个：A. 在日常工作中进行观察,即在自己的实际教育教学活动中随时观察学生的反应；B. 听课,即以旁观者的身份分析其他老师与学生的教学行为；C. 参观,比如参观学生的作品,到其他学校进行交流；D. 参与教育活动,比如学校的队会、节日庆祝会等也是全面观察学生的好机会。

(5) 收集记录资料

收集记录资料是观察法的重要一环,这些资料应力求准确、客观,为此记录应该及时且不能单纯依赖大脑。一般记录的方式有以下几种：

A. 等级记录

根据观察对象的行为表现,按照事前确定好的等级,记录观察到的现状的行为等级。比如在观察记录学生课堂回答问题的积极性时,可以分为十分活跃、活跃、一般活跃、不活跃、很不活跃五个等级,根据实际情况在事先印制好的表格中用"√"或"○"来表示。

B. 频率记录

即在特定的时间范围内记录某一行为或事件出现的频率,待行为或事件出现,观察者则在事先准备好的含有观察对象、观察项目的表格上作上相对应的记号。

C. 行为核查记录

即对观察对象的某些行为是否出现、出现的时间、出现的频率等进行查核后的记录。事先需要编制好行为核查记录表,按照一定的类别列出需要核查的行为,然后进行核查记录。

(6) 整理、分析观察资料

整理资料的步骤一般为：删去错误资料→补充遗漏资料→纠正资料→修补资料。如果记录的内容过于概括还需进行细节方面的补充,对于当时未及时记录的资料需进行及时的补充,过程中若发现特殊情况的资料则需要给予特别处理。在以上基础上对资料进行定性或定量分析,从而得出研究结论形成观察报告。

(三) 问卷调查法

1. 问卷调查法概述

(1) 问卷调查法的定义

问卷调查法是教育研究中的一种常用方法,它依托"问卷"的形式来进行调查从而搜集资料,问卷的形式可以是纸质版也可以是电子版,可以是直接面对面调查,也可以是间接非当场调查。最重要的是编制的问卷应当是标准化的,即要把所调查的问题进行一系列科学处理,在此基础上再进行回收统计与严密分析。

(2) 问卷调查法的特点

A. 调查工具标准化

标准化的问卷才能保证调查的高效信度,标准化问卷往往要经历严谨的设计过程,需要多番修改达到逻辑严密、表达精炼。

B. 调查过程标准化

正规的调查问卷要有规范的指导语和程序要求,同时问卷调查法一般都允许被调查者匿名,以期被调查者真实客观地回答问题。

C. 调查结果标准化

在上一点的基础上,问卷所获结果往往是客观的,其答案又经过规范的编码和整理,便于统计分析。

D. 研究效率高效化

问卷调查能够在较短时间内搜集到大量的信息和资料,所花费的时间、人力、经费相对而言较少。

(3) 问卷调查法的优缺点

A. 问卷调查法的优点

问卷调查法的优点是花费的时间少,方便实用,花费较小;由于答卷人可以匿名,所获的资料结果相较于更加客观真实;能够搜集大量样本信息资料,特别适用于描述大总体的性质;调查结果容易量化且便于数据处理与分析。

B. 问卷调查法的缺点

问卷调查法的缺点是问卷设计较难，问题设计需要明确，题量也不能过大，调查者的合作度等都会影响结论的代表性；调查的结果较广，搜集的资料往往是表面性的，要了解深入内容还需仔细分析；被调查者如果不作答就难以得知其原因，从而影响问卷的效度。

2. 问卷调查法分类

不同形式的问卷有各自的特点和功能，主要有以下几种：

（1）根据调查中使用问卷方法的不同，可以分为自填式问卷和代填式问卷。自填式问卷是指由填卷人自己回答，代填式问卷是调查人按照事先设计好的问卷向被调查者提问，根据被调查者的回答进行问卷填写。

（2）根据发放形式的不同，可以分为送发式问卷、报刊式问卷、电话方法式问卷、邮寄式问卷、网上访问式问卷、人员访问式问卷等六种。

（3）根据问卷问题方式的不同，可以分为结构型问卷、非结构型问卷以及综合型问卷。结构型问卷又叫封闭式问卷，它提供备选的答案，事先将答案加以限制，被调查者只能在提供的答案中选择。非结构型问卷也叫开放式问卷，调查者提出问题，题型可以是填空也可以是问答，没有固定答案，被调查者根据自身情况自由作答。综合型问卷一般是由封闭式问题和开放性问题结合，即调查者把自己比较清楚、有把握的问题设计为封闭型问题，对那些尚不清楚、无把握的问题设计为开放型问题。

3. 问卷调查法结构

（1）题目

题目往往简明扼要地概括问卷调查的主要内容，"关于……的调查"是常用的问卷题目形式。

（2）封面信

封面信是问卷调查的前提，主要内容有以下几点：第一，调查者的简要介绍,如身份、联系方式等;第二,该调查的目的与意义的解析;第三,说明调查的保密措施,尤其是匿名方面;第四,感谢语,请求被调查者真实作答。

(3) 指导语

指导语相当于"说明书",用来提示被调查者如何正确地填答问题的一组陈述。指导语一般集中在封面信之后,并会标上"填卷说明"的标题。指导语在一定程度上保证了问卷调查的规范性和严谨性,对于后期的结果分析也有密切关系。

(4) 正文

问题和答案是问卷的主体,这部分内容将在下文进行进一步阐述。

(5) 结束语

问卷的最后一部分就是结束语,它的形式大致有两种。一种是通过一段简短的话感谢被调查者的支持;另一种是针对调查形式、调查内容等方面请被调查者提出自己的感受与看法。一般而言,第一种更加常用,因为第二种会给被调查者带去额外的负担。

4. 问卷调查法一般步骤

问卷调查法的运用由一系列工作组成,主要包括以下几部分:

(1) 明确需要搜集的资料

在进行问卷调查之前需要明确研究目的,根据研究目的确定调查对象、搜集所需要的资料。在把一个题目放入问卷之前,应该确定最后如何统计或者使用,如果不能预先确定则不太适合出现。

(2) 确定问卷的形式

根据实际的需求,问卷形式可以从以下五个方面进行考虑:

A. 问卷实施的方式:如果是邮寄的方式,封闭式问卷更适合;如果是个别访问的方式,开放式问卷更合适。

B. 研究问题的性质:如果研究问题较浅,则可以考虑封闭型问卷;如果需深入研究,则使用开放型问卷。

C. 将来资料统计和分析方式：如果需进行量化研究,线段式、表格式的封闭式问卷更合适；如果需进行定性分析,则开放式问卷更合适。

D. 答卷者的特点：受教育程度较低者使用封闭式问卷更合适,反之则可以使用开放式问卷。

E. 根据调查者对问题掌握的确定性：较为确定的问题采用封闭式,不太确定的问题选择开放式,如果一个调查项目中既有较为确定的又有不太确定的,则适合选择综合式问卷。

(3) 问卷设计

问卷设计是问卷调查法极其重要的一个环节,它直接关系到问卷本身的质量,影响调查结果的真实性和科学性。问卷设计需要考虑以下几个方面的内容：

A. 问题的提出

问题的提出是问卷设计中最重要的部分,问卷中问题的提出需要达到以下要求。第一,问卷中的问题应当与待定的研究课题及其理论假设相关。问题的设计是以研究的问题为基础,研究者需要通过分析、鉴别来保证设计的问题与研究课题有实质性的关联。第二,问题适用于所有被调查者。问卷调查中的问题应当对所有被调查者都适用,但在实际的情况中有些问题确实只适合一部分人,比如"你的性别是男性或女性？"这样的问题会有两个答案,即"女性"或者"男性",针对这个问题的不同回答则有不同的后续问题才能继续进行调查。第三,问题的提出要单一。即一个问题只有一个调查指标、只询问一件事情,不能出现包含式、递进式或并列式等形式的问题,单个问题才能让被调查者便于回答,如此才能保证调查的科学性。第四,问题的提出要中性化。即问题不能带有倾向性,因为倾向性问题对于被调查者而言具备诱导作用,如此便会使答案失去客观性。第五,问题的提出要明确。即问题的表达要清晰,让被调查者一读便懂。为了保证问题的明确可以这样做:尽量避免使用抽象概念、尽量避免使用专业术语、保证表达的恰当。第六,避免敏感问题。直接提出敏感问题,被调查者往往是拒绝回答的。因此,关于敏感问题需要用委婉、艺术的形式去提。

B. 问题的排列

问题的排列也需要讲究逻辑,合理安排问题顺序能够保证被调查者的兴趣,一般来说问题安排需要遵循以下几个规则:第一,时间顺序。时间顺序一般是由远及近或者由近及远,问题的时间顺序关系着被调查者的思路。第二,内容顺序。问题的排列一般是由浅入深、由易到难,把人们容易回答、比较感兴趣的问题放在前面以此吸引注意力,把不太容易回答的问题放在后面。第三,类别顺序。一般是事实问题到实际行为问题再到态度性问题,比如年龄、性别、学历则是事实问题,已发生的、客观的事实属于实际行为问题,涉及被调查者的主观因素的问题则为态度性问题。第四,范围顺序。一般是从大到小,先提大范围的一般性问题,这类问题应该是不具威胁性的问题;再提小的问题,这类问题应该是具体、特殊的问题。

C. 答问的设计

这是问卷设计的最后一步,在设计的时候研究者需要考虑被调查者是否方便填写和回答,也要考虑后期是否方便分析和处理结果。

开放式问题一般都是在问题后留出一小段空白请被调查者自行填写,形式简单,此处不赘述。主要介绍一下封闭式问题的回答设计。

第一,是否式。这种答案只有两个选择,即"是""否",适用于相互排斥的二选一的定性问题。

比如"你是语文老师吗?" A. 是　B. 否

第二,填空式。这种形式适合于被调查者便于填写的回答。

比如"您的年龄是＿＿＿?"

第三,多项选择式。这种答案至少有两个,适用于集中不相互排斥的答案的定性问题。比如"你喜欢的科目有哪些?(可选3项)"A. 语文　B. 数学　C. 英语　D. 政治　E. 历史　F. 地理

G. 物理　H. 化学　I. 生物　J. 美术　K. 音乐

第四,排列式。这种回答方式是先把答案给出,被调查者按照要求将答案进行排列。比如"请将下列职业按照你想从事的程度排列,最想从事的放在最前面"。A. 教师　B. 农民　C. 医生　D. 军人　E. 运动员　F. 记者　G. 商人　H. 歌手　I. 演员　J. 探险家

第五,量表式。这种回答方式是将问题答案列出等级,要求被调查者选择符合自己的程度。适用于表示意见、态度、情感等方面的定序问题。比如"请按照您的满意程度在相对应的选项中画圈":

问　题	满　意　度				
如何评价目前的工作？	非常不满意	满意	不清楚	满意	非常满意
总是能让自己保持充实吗？	非常不满意	满意	不清楚	满意	非常满意

D. 修改和预试

(1) 修改

问卷在制定好之后并不能立即投入使用,还需要对问卷进行细致、科学的修改,最好是请相关方面的专家或者对研究问题有较为充分认识的人士提出意见、批评,作为修改问卷的参考。

(2) 预试

问题编拟完后,还需要进行预测。预试的对象一定要与正式调查的对象特征尽可能接近,通过预试可以了解问卷的可行性以及不足之处,然后进行及时的修改与补充。

E. 正式调查

形成最终的问卷后,问卷的发放也有一定的讲究,选择的被调查者应当具备代表性。

(1) 确定发放的形式

问卷的发放形式主要有网络形式、有组织分配、当面填答三种。网络发放问卷的方式简便易行,省时省力,但被调查者会因为

对研究者的问题不感兴趣而忽略作答或问卷设计的问题不便于回答而影响作答,进而影响回收效率。

有组织的分配方式发放迅速,回收率高,便于汇集和整理,但是组织起来需要花费一定的时间。

当面填答,回收率高,被调查者不明白的问题也可当场提问,获得的资料也更加有效,但取样的范围较小。

(2) 回收率计算

问卷发放出去之后要在规定的时间内及时收回,收回后研究者应一份一份过目,进行检查和筛选,将无效问卷剔除。无效问卷是指一份问卷中某个题目没有作答或者误答的问卷,这类问卷会影响整体的有效性。筛选完成后对试卷进行编号,以便后期核对数据;再给各个变量、题目项给予代码,并依据问卷内容有序地输入计算机进行存档、分析、整理。一般而言,问卷回收率在30%时,资料只能作参考;50%以上时,可以采纳建议;70%—75%时,才可以作为研究结论的依据。[①]

(3) 对问题回答偏斜估计

偏斜(response bias)是指被调查者没有客观地反映事情的真实情况,一般有以下几种可能:第一种,对事实错误回答;第二种,假装倾向;第三种,默认倾向;第四种,道义理论与事实相悖;第五种,没有回答。出现以上情况问卷都应当筛除,从而保证问卷的效度。

F. 调查报告的撰写

问卷收回后需要做一系列工作后才能撰写调查报告,其步骤一般是:数据整理→结果统计→结果分析→呈现结果(即写研究报告)。研究报告需要明确地说明调查者研究的对象、采用的研究方法、研究过程的进行以及最后的结果。一般而言,研究报告有引言、方法、结果、讨论(分析)、结论等五个部分。

---

① 裴娣娜《教育研究方法导论》,安徽教育出版社,2002年,第176页。

（四）实验研究法

1. 实验研究法的概述

（1）实验研究法的含义

"实验研究法是通过主动变革、控制研究对象来发现与确认事物间的因果联系的一种科研方法。也就是说，在实验过程中，研究者引入（或操纵）一个变量（自变量）来观察和分析它对另一个变量（因变量）所产生的效果。"[①]这里可以从赫洛克的一项实验研究"评价方式对学生学习的影响"来更进一步了解何为实验研究法，具体内容见下表。

研究题目	评价方式对学生学习的影响。
研究问题	不同的评价方式对学生的学习会产生什么影响。
研究假设	根据教育学、心理学等相关理论，提出假设：表扬和鼓励比批评和指责更能激发学生的学习动机。
研究过程	1. 选取106名四、五年级学生为被试。 2. 对被试进行测验。 3. 根据测验成绩进行4个分组。 4. 四组每天在四种不同情况下进行难度相等的加法练习，每天15分钟，共进行五天。四种情况分别是： 第一组为受表扬组，每天练习后老师进行表扬和鼓励，当众宣布受表扬同学的姓名； 第二组为受训斥组，每次练习后老师不管实际情况如何，总是点名批评和训斥这一组； 第三组为静听组，静听组本身不受表扬或批评，而是静听他人受表扬或批评。以上三个组都在同一个房间里进行练习； 第四组为控制组，进行单独练习，既不受表扬，也不受批评，也听不到他人受表扬或批评。 5. 再次测验这四组练习的平均成绩，并汇总整理，制成曲线图。
实验结果	受表扬组成绩最好，受训斥组次之，静听组又差一些，控制组最差。这个结果就验证了前面的假设：表扬比批评效果好，有批评比无批评效果好。

---

① 贾霞萍《中小学教师怎样进行课题研究》，《教育理论与实践》2008年第4期。

据此可以说明实验研究法的基本逻辑,即:根据日常生活经验或某个理论的主观判断,来假设两个变量之间存在某种因果关联,用 A→B 的关系来表示,也就是猜测现象 A 是导致现象 B 产生的原因。为了验证这个假设是否成立,我们先观察在没有 A 影响下的 B 的情况,并作好记录(这也可称为"前测");然后将 A 引入,让 B 发生改变;在 B 有了变化之后再对 B 进行测量并作好记录(这也可称为"后测");最后比较前后两次检测的结果。结果一般有两种情况,一种是引入 A 之后,B 并未发生明显变化;另一种是引入 A 之后,B 发生了明显变化。如果是后一种,就能说明 A→B 这个假设的成立,即 A 是 B 变化的原因。

(2) 实验研究法的特点

教育范畴的实验研究法主要是用来研究教育的相关问题,主要有以下五个特点。

第一,实验者在整个实验过程中,扮演着双重角色,即实验工作的策划者、实施者,也是教育者。即在教育教学中本身就承担教育工作,而实验也是在教育教学中进行。

第二,教育教学中的对象也是被实验者,即被试是一群特定的学生。他们是鲜活的生命,会有自己的主观能动性,实验者必须全程尊重他们的想法与感受,在实验的同时要保证其身心健康不受到损害。

第三,教育实验是在真实的环境(社会环境、学校环境)中进行,并不是在专门的实验室中进行的,因此就有可能受到政治、文化、习俗及其他非科学因素的干扰。

第四,教育实验要确认教育现象之间的因果关联,求真是其前提条件,至善是其出发点,同时真理标准和价值规范也将对实验进行双重的制约。

第五,教育实验所花费的时间较长,即周期较长。因为新的制度、新的教材或者新的教法实验,都需要较长时间的进行才能看到效果,而且教育实验较为复杂,往往还需要反复的实验才能获得可靠的结论。

(3) 实验研究法的优缺点

关于建立因果关系,众多教育研究方法中,属教育实验研究法最为有效。主要体现在以下几个方面:第一,关于变量之间的因果关系,通过实验研究可以确认;第二,实验法可以创造具体的情景,而这些情景极有可能是在自然条件下难以遇到甚至不可能遇到的情景;第三,由于情景的情景创设,研究者的研究范围得以扩大,那些影响或者不利于研究的因素也可排除或抑制,以此研究者能够在多种情景中进行教育问题的研究。如此一来,研究者可以多方面、全方位地对事物各个部分进行精细研究,这也是观察法、调查法等不具备的优点。

教育实验研究法的缺点也十分明显:第一,花费的人力较多;第二,时间周期较长;第三,控制难度较大。因为教育实验的研究对象是学生,他们是活生生的人,因此绝不可能像自然研究一样有严格的控制。并且教育实验研究对进行实验或参加实验的人都有一定的要求,有的实验还要求实验者要有熟练的经验与技术,有的还需要相关学校、单位进行配合与协助才能进行。

2. 实验研究法的类型

根据不同的划分要素,实验研究法有不同的类型。主要有以下两类:一是根据实验场地分为自然实验和实验室实验;二是根据实验目的分为探索性实验和验证性实验。

(1) 自然实验和实验室实验

自然实验也叫作现场实验,是在实际教育教学过程中进行的实验。被实验者的一言一行都是自然而然的,因为他们并不知道在做实验,正是因为没有任何其他条件的约束与限制,所以得出的结果有了进一步应用和推广的可能。自然实验也成了教育实验常用的方法。

实验室实验更多地运用于心理学方面的研究,它是在特定的实验室中进行的实验。实验室实验因为可以较好地控制条件,所以获得的结果相较于自然实验而言也更加准确。但是实验室实验的结果并不能直接用于实际的教育教学,因为实验室中特定设置的情景和真实的教育情景之间的差别是较大的,因此还需要与其他教育科学研究方法相结合起来才能投入使用。

(2)验证性实验和探索性实验

验证性实验则是对已经有的明确假设和方案进行验证,它具有问题明确、因素较少、实验规模较大、控制要求较大等特点。

探索性实验主要是探明某种现象发生的原因是什么,或者操纵某些条件会引起什么效果,它的特点是影响因子较多,经常把许多可能影响结果的因子组合在一起,进行比较、筛选、更新,对实验精度要求较低,实验规模也不大。

3. 实验研究法的步骤和要求

教育实验研究的步骤主要有以下四个步骤,即选题—制定研究方案—实施方案—撰写研究报告。

(1)实验课题的确定与理论假设的形成

首先,选题。

问题是教育实验的起点,它形成的原因是教育理想与教育现实之间的落差,是教育理论与教育现实之间的矛盾。通过对已有的问题现象进行筛选与分析,再把问题进行归纳、概括,找到问题的本质,以此形成有研究价值的选题。

其次,提出因果关系的假设。

假设是根据相关理论、具体事实来进行推测,构建某种教育教学措施与教育教学效果之间的因果对应关系。整个教育实验研究都是围绕这个假设来进行的,它为实验研究选定了方向、确定了范围,为搜集、分析资料与数据提供了依据。

(2) 实验的设计与实施

首先,设计实验。

设计实验室对整个实验的进程、步骤作全面而详细的规划,主要包括实验操作和实验管理两大部分。

第一部分,实验操作。明晰实验目的,确定指导实验的理论框架;明确实验自变量的操作原则、方法与实施程序;制定选择实验对象的原则、分组的方法以及实施程序;提出阶段性实验目标达成的评价标准与方法以及终极目标达成的评价标准与方法,也就是进行因变量观测设计;选择实验设计类型,制定无关变量控制的目标、原则、方法与程序。

第二部分,实验管理。对第一部分的内容制定实验的工作计划,比如制度要求、组织安排、经费计划、时间把控等详细方案。

教育实验设计的基本类型有三种,分别是单组实验法、等组实验法以及轮组实验法。

第一种,单组实验法。对一组被实验者在不同的时间段实施不同的实验因子,然后记录下这一组被试在不同因子影响下的结果,再将这些结果加以比较。这种方法的优点是简单方便,不足是会受时序效应的影响,因为被试只有一组,因此只能比较不同时期的测试结果。

第二种,等组实验法。把被试分成几个基础相同的小组,如人数相同、能力相等、环境相同、教材相同等,总之各组的情况都相同。待各类条件都相等以后,再向被试施以不同的影响因子,一段时间之后,再测量结果,以求结论。这种方法的优点是能够避免时序效应,可以控制无关变量,不足是想要做到真正的"等组"是非常困难的。

第三种,轮组实验法。顾名思义,轮组实验法需要进行至少两轮。在第一轮的时候,让两个组一起受到不同实验因子的影响;在第二轮的时候把实验因子对调让两个组再次受到实验因子影响；最后，对两轮实验因子施加后产生的效果进行比较。这种方法的优点是可较为有效地克服时序效应，抵消无关变量的影响，不足是因为实验轮数较多，还要对调因子，故而组织起来较为繁杂。

其次，实施实验方案。

根据上述实验设计进行教育实验，观测由此产生的效应并及时客观地记录通过实验获得的数据与资料，为后期撰写实验报告提供必要的支撑。

（3）运用教育实验研究法应遵循的要求

第一，实验设计要符合基本的道德准则。教育实验的研究对象是具有主观能动性的人，这也是它与自然实验最明显的区别。据此，在提出实验课题或者设计实验因素的时候要充分考虑到对研究对象身心健康的保护，切勿产生不良影响。

第二，必须提出实验的假设。假设是实验过程设计的重要指向，其明确性、科学性对于实验能否成功和价值大小有深刻影响。因此，确定课题后必须根据演技目的提出实验的假设，这也是实验过程中必不可少的一个环节。

第三，确定实验的自变量。自变量应当具有可操作性，评价变量的相关指标也应明确，同时对无关变量要进行严格控制，从而保证实验结果的真实性。

第四，教育实验需反复进行。前面已经讲到教育实验具有复杂性，对问题的探讨需要经过反复的实验才能得出定论。可先从小规模、相对而言较短的时间进行，然后逐步扩大范围、延长周期，以此得出具有客观规律性的结果。

第五，实验研究应与其他科学研究方法综合运用。一般而言，教育科学研究方法都具有各自的特点与不足，只有相互结合，取长补短，才能够使研究更加科学、有效。

教师身处一线教育教学，拥有天然方便的实验研究场所，应当重视实验、参与实验、增强实验意识,以此来提升教育科研水平,提高教育质量。

(五)行动研究法

1. 行动研究法的概述

(1) 行动研究法的内涵

"行动研究"作为一个专业术语出自美国的柯利尔(J. Collier),他在担任美国印第安人事务局局长期间探讨印第安人和非印第安人之间的关系的方案时,让局外人士参与进来与他的同事合作,他称这种方式为"行动研究"。之后行动研究法受到了社会学家和教育学家的关注,50年代开始被应用于教育领域,80年代被介绍到中国,目前已成为我国广大中小学教师从事教育研究的方法之一。教育行动研究是在教育领域适合于实践工作者开展的应用研究,目的性和计划性较强,以一线工作的教师为研究主体,旨在对教育行动中的具体问题进行系统探究,以期提高教育成效的一种研究方法。

(2) 行动研究法的特征

作为重要的教育科研方法之一,行动研究法除了所有研究法应有的共同特征之外,也有其自身的特殊性。

A. 为行动而研究

行动研究法的研究对象更多是一线教师的日常教育教学行为,其研究目的是解决教育教学行动中遇到的真实具体问题,提高教育成效,因此行动研究者更加关注的是教学场域即学校的实践问题。研究这些"实践问题"主要的目的不是验证理论或者发现新知,而是直接解决某些"实践问题"。因此,行动研究是为行动而研究。

B. 在行动中研究

行动研究所处的环境是教师工作的实际环境,不是在图书馆或实验室研究,而是教育教学现场。行动研究不建议把研究与行动分别进行,而是把科学研究和教育日常行动融为一体,提倡在研究中行动和在行动中研究,教学工作常常伴随研究,研究与行动相辅相成、互相验证。

C. 由行动者研究

解决教育教学中的实际问题是行动研究的主要目的,这一个特点决定了研究者必须是一线学校的老师或管理者,他们拥有研究和解决教育教学问题的一手资料,因而在行动研究中具有重要的地位。这也改变了以往传统形式的研究现状,教师大多处于辅导地位去配合专家,在行动研究中教师自己是行为的研究者,可充分发挥自身的主观能动性。

2. 行动研究的选题

行动研究的选题与其他类型的研究相比具有独特性,即行动研究的选题不要求有高度的抽象概括性,也不要求对现实问题具有广泛代表性。其主要目的是随时随地研究和解决具体的实际问题,所以行动研究的选题范围就是教育教学工作中的具体问题。

行动研究的选题来源于具体问题,因此有具体的时间、地点、人物、背景及事件发生的历程等,一般标题为"关于××问题的研究""解决××问题的尝试""基于×××,解决××问题的研究"。这些问题都来自教育者的日常工作,看起来是"小"问题,但仍然有研究的价值。并且,行动研究的选题范围较为广泛,但凡是和教育有关的,都可以成为教育行动研究的课题。

选题时研究者应当注重以下策略:第一,务实的态度。在日常教育教学工作中善于透过现象发现本质,找到焦点问题。第二,有意识地记录和反思自己在工作中的成败得失,将其精炼成选题来源。第三,拓宽选题思路。比如工作中的矛盾、自己与其他人不同的做法、自己擅长的方向等,都可以成为选题。

3. 行动研究的主要环节

选题与报告撰写是行动研究的一头一尾,因其特殊性,故分开来介绍。除了这两部分外,行动研究还有计划、行动、观察及反思四个环节。

(1) 计划

选题确定后就应该拟定研究计划,即制定行动研究的方案。行动研究的计划主要包括研究目标、研究策略、研究形式及评估机制等几个方面。

第一,明确研究目标。行动研究的起点就是行动研究的总体设想和目标,这也是行动研究的终点。预期的成果指导着研究的方向,也是最终的评估依据。

第二,确定研究策略。有了行动研究的目标之后,如何达到目标是值得研究者思考的问题。实现目标的方式有哪些?目前有哪些理论可为本研究提供依据?国内外的研究现状如何?研究者在此可以借助已有文献和理论进行相关学习。

第三,选定研究形式。研究的形式多种多样,可以选择个体研究,也可选择小组研究(约请同事与专家)。同时也要安排好行动的时间与进度。

第四,设定评估机制。资料与数据可以从哪些途径获得?获得的这些资料与数据如何分析?最终的研究成果怎样评估?

在制定研究计划的时候需要注意以下三点:首先,研究者应当量力而行,制定的计划在自己的能力范畴之中。第二,制定的计划不能干扰学校正常工作的运行,而应与学校的工作安排协调一致。第三,计划应当有一定的开放性和灵活性,既考虑到已知的制约因素,也要预设有可能发生的其他情况并做好应对措施。

(2) 行动

此处的行动与日常的教育教学工作有一定的差别,即是有计划、有目标、有系统、有监控的行动。这时的行动属于研究中的一部分,同时也是正常教学中的一部分。在这一过程中,教师是研究者也是行动者,因此教师既要实施自己拟定的计划,也要随时监控行动进展、搜集数据资料、观察行动效果、调整反思行动内容。并且在研究的过程中也有可能发现与之前的预设有差异,这也需要研究者进行灵活调整。

(3) 观察

第一,监控行动的整个过程。即对行动者及其行动的背景、过程、效果、特征等进行全面的观察,及时提供反馈信息,以对研究过程进行监督控制。同时还可以借用先进的技术手段辅助观察、约请局外人从旁观者的角度观察,以此来提高观察的科学性和客观性。

第二,搜集资料和数据。行动研究过程中应当搜集一些材料和数据,它们能够反应研究过程的效果,比如教师的研究日志、教学日志,学生的作业、作品;会议记录,等等。

(4) 反思

反思并不是行动研究最后一个步骤,它存在于整个研究过程中。这里主要介绍在研究后期反思的主要内容。

第一,整理和描述工作。即研究者对相关的资料进行归纳与整理,这些资料可以是自己日常工作中的观察、感受,也可以是已经制定的计划或者与实施计划有关的各类资料。同时对行动研究的整个过程进行系统描述,把获得的数据进行及时分析和解释。在此基础之上,研究者将研究所得的数据成果与之前制定的方案进行比对,主动检查教育教学改进的成效与存在的不足,总结行动研究的得与失,撰写研究报告。

第二,评估与解释工作。即研究者对行动研究的全部过程和最终结果给予评判,对相关的教育教学现象及其形成原因进行分析。如果有必要,还可以提出进一步的假设与预想。

教育实践具有一定的复杂性,因此教育行动研究也不大可能直线进行或者一次性完成,而是一个螺旋发展的过程。也是这个原因,与教师日常工作中基于零碎或偶然思考的随意解决问题相比较,教育行动研究是系统、专业、创造性地解决问题。

4. 行动研究报告的撰写

撰写研究报告是行动研究的最后一步,这意味着研究者有可能会以文字形式总结和公开自己的研究过程与研究成果。一方面,可以将自己的研究成果与他人分享、借鉴;另一方面,也可以广泛地接受同行和社会的评价。

行动研究报告没有既定的格式,初学者可以从以下几部分模仿借鉴。

(1) 题目

题目尽量简明扼要,一般为"关于×××问题的研究""基于×××对×××问题的研究"等。

(2) 摘要

摘要应简明扼要地概括行动研究报告的主要内容。

(3) 关键词

关键词的作用是便于读者检索文献。因此一般而言,关键词是能代表和反应研究报告主要内容的概念术语。

(4) 正文

正文是研究报告的主体内容,大致包括以下几个部分:

第一,问题提出与原因分析。即问题产生的背景介绍,某个问题出现的原因分析。

第二,拟定措施与实施计划。即说明研究者是如何根据实际情况拟定计划并在实际的教育教学中执行的,同时需要说明所拟定的行动方案实际实施情况、影响范围以及在整个过程中是如何搜集资料、反馈信息的。需要注意的是,这部分内容不能记流水账,而要呈现研究要点;对涉及的人名、地名、单位名字等都应该注意保护。

第三,评估与反思。即说明研究的结果与价值,对研究的结果、相关现象进行原因分析与解释,说明预期结果与研究结果不一致的原因等。同时也可以对自己的研究进行辩护,比如研究的真实性、合理性,等等。

(5) 致谢

即向在研究过程中对自己给予过帮助的主体表示感谢,如个人、单位等。

(6) 参考书目

即把自己在研究过程中参考过的书目和文章都列出来。列出参考书目是学术规范的体现,也是对他人劳动成果的尊重。

(7) 附录

即把那些有利于读者进一步了解本研究的一些原始资料列出来,如研究计划、调查问卷及数据分析等。

行动研究一定是要"行动",这并不会增加研究者的负担,反而会帮助研究者把教育教学做得更高效,初学者可以从一些小的、简单的行动研究开始做起。

(六) 个案研究法

个案研究法的运用十分广泛,如医学、教育学、社会学、心理学、经济学等领域都有使用。个案研究法起源于18世纪的医学领域,到了20世纪20年代才开始广泛运用。随着教育改革的不断深入,该研究方法在教育领域的运用也日渐广泛起来。个案研究法概述医学中的个案研究是研究个别病例,即了解病例的病因、发展以及治疗的方法。在教育领域的个案研究法,也是通过了解个别情况来解决具体问题,只不过该个体是学生。

1. 内涵

"个案"也被称为"案例",是指具有某种代表意义及特定范围的具体对象。个案研究就是通过广泛搜集个例的资料,深入且全面地了解个例的现状及发展过程,对单一研究对象的典型特征进行全面研究分析,确定问题所在,进而提出改进建议的一种研究方法。个案研究法也常被称为"个案法""案例研究法"。①

2. 特征

个案研究法的特征主要体现在四个方面,即个案、结果、情境以及分析。第一,研究对象的典型性。个案研究是对个体进行研究,但是这个个体并不是孤立的,它与其他个体会存在联系。因此,个案研究往往能够通过某一个体而反映出普遍性的规律。比如皮亚杰的研究就是通过对少数儿童的谈话与长期追踪进而得出许多带有一般规律的儿童发展特性。同时需要研究者注意,个案研究的取样较少,所得的研究结论也是小范围的,因此需要做到具体问题具体分析,切忌由小代大、以点代面。第二,研究结果的描述性。个案研究的研究对象相对较少,这能让研究者对个案在时间和空间上有条件进行全面、深入的研究,因此研究结果的描述往往也更加具体而详细,能够包括研究对象的现在、过去、未来发展。对个案的研究可以是动态的跟踪考察,也可以是静态的分析判断,研究的内容也会更加深入,所采取的教育措施也会更具针对性。第三,情境的自然性。在个案研究中,研究者会在一旁或者参与其中,不会改变外在因素,而且个案研究的时间和地点非常灵活,可以随时随地对研究对象进行研究。第四,注重分析的科学性。个案研究因为要代表整个现象,因此其中的资料大量而丰富,时间线也较长。通过对资料的谨慎分析,才能准确找到问题所在。每个个案研究的背景都是独特的,其形成也是长期的,因此个案问题需要考虑多变项,需要对目前探讨的问题的前因后果进行分析,而不能够局限于眼前。

---

① 徐冰欧《中小学教师怎样进行课例研究(五)——教育科研方法之个案研究法》,《教育理论与实践》2008年第5期。

3. 个案研究法的意义

（1）可操作性较高

一线教师日常工作较为繁忙，一般而言缺乏理论储备，所以想要进行大型的教育研究或严格的教育实验就不太现实。而个案研究的研究规模小、研究对象数量少，且都是在自然的状态下进行的，这些条件符合教师的实际条件。在日常的教学中就可以抓住个别典型的案例或者自己感兴趣的对象进行研究，这样也不会影响正常的教育教学活动。

（2）实践意义极强

个案虽然是研究个体案例，但是它往往具备普遍代表意义。在日常的教育教学中教师也会遇到这样那样的问题和困惑，要想保证自己顺利进行工作则必须解决这些问题，这就是教师进行个案研究法的动力。而且，教师可以随时采取搜集研究所需的资料，这也是其他研究不具备的优势。

（3）具有专业促进作用

当教师确定了研究对象后会对研究对象进行长期而深入的跟踪调查，在这个过程中教师会去查询问题所在，并追问"为什么""怎么办"等问题。除此之外，个案研究还能够增加教师的理论储备，用理论指导实践，从实践中归纳规律性东西，将实践和理论联系起来进行深入理解。

4. 个案研究法的步骤

（1）确定研究对象

研究者根据个案研究的目的和内容来确定研究对象，研究对象应是在某方面有典型特征的人事。例如，我们想研究超常儿童的特点，帮助智力超常的儿童成才，那么我们就应当选择真正的高智商、成绩出众的学生作为研究对象，这样才具备典型性。

（2）搜集研究资料与数据

案例搜集的过程可分为两个阶段。第一阶段，通过文献检索的方法搜集与研究相关的资料,比如论文、研究报告、官方文件等,以此为研究做好准备。第二阶段,进入现场对个案进行全面深入的考察。这个阶段实行的方法多种多样,只要是利于自己发现问题、分析问题、解决问题的方法都可以用。比较常用的是观察、访谈、实物分析三种。

第一,观察。观察是最质朴的一种研究方法,通过观察可获得一些环境和行为的信息。观察需要有目的地观察,因此研究者在进入观察现场之前要做好相关的准备工作,如设计观察提纲,确定观察内容、观察时间以及观察事件,等等。观察的内容可以进行全面记录,也可以有针对性地记录。同时研究者可以观察个案所处的学校氛围、家庭背景、社区环境等,从而进行描述性记录。

第二,访谈。访谈是个案研究证据的基本来源,因为绝大部分的个案研究都是与人的事务有关。通过访谈可以更进一步了解个案的内在信息,比如态度、思想、愿望等,还可以了解个案曾经发生的事情,从而了解来龙去脉,对现状与缘起作更深入的分析,而这些都是观察无法获取的。研究者在进行访谈之前也需要列出访谈提纲,但在访谈过程中可以灵活应变,不必生搬硬套。

第三,实物分析。实物主要是指具体的资料,如书籍、报纸、档案以及私人资料(日记、照片、书信等),通过实物可以了解被研究者言行的情景和背景。研究者对这些资料几乎没有干预,因此具有真实性和可信度,可以作为观察和访谈的印证。

(3)整理和分析个案资料

通常情况下,个案资料搜集工作与整理分析是同时进行的。在搜集、整理分析的基础上要进行研究问题与方法的调整,之后再进行资料的搜集、整理与分析,如果有需要还要再次进行相关调整,然后再投入搜集、整理,这是一个循环往复的过程。

首先，进行观察和访谈。结束之后研究者应当第一时间对观察记录和访谈稿件进行整理，去除无用资料，归类有用资料，从而对个案作出正确诊断，根据分析的结果及时对研究问题与方法进行适当调整。

其次，在进行整理分析资料时，呈现出的个案特征的材料应当力求客观。这也是个案研究的难点所在，因为研究者都有自己的价值体系，在强调客观真实的基础上，也可以融入研究者的价值。面对一大堆资料，研究者可以从以下路径出发。

在收集数据与资料时，应注意掌控范围，尽量缩小研究范围而不是试图面面俱到；在研究过程中及时记录下自己的感受与思考，这可成为研究报告的撰写素材；对研究的内容有分析时及时写下，以此形成理性的思考。

个案研究的范围小，时间长，资料多。因此在进行集中的资料和数据整理分析时应当有一定的步骤，否则极易出错。第一步，为每份资料进行编号，建立编号系统。第二步，阅读原始资料，熟悉资料的内容，思考其中的关联与意义。第三步，在资料中发掘被研究者经常使用的概念以及使用该概念时带有的强烈情感色彩，将其作为重要的号码进行记录。第四步，按照编码系统将相同或者相近的资料混合在一起，将不同的资料区分开，找到资料中的主题或者故事线，在它们之间建立起必要的联系，对研究结果作出初步结论。[①] 总而言之，个案研究中的概念以及概念数量是研究者必须重视的内容，要有意识地去挖掘概念，并对其进行相同或者相异的分类，再进行推测分析。

（4）撰写个案研究报告

个案研究报告并无固定的表达格式，研究者可以根据需要而

[①] 徐冰欧《中小学教师怎样进行课例研究（五）——教育科研方法之个案研究法》，《教育理论与实践》2008年第5期。

灵活设置。无论风格如何，个案研究一般都包括以下几方面：

A. 介绍研究背景

主要包括三部分：问题的提出、研究目的和研究意义。向读者说明研究现象和研究问题，比如选择的个案是什么；阐明本研究的目的，主要是个人目的和公众目的，也就是为什么要进行这个个案研究；分析研究的意义，主要是理论意义与现实意义，即此研究有何作用。这部分应简明扼要，让读者一目了然。

B. 说明研究方法

设定的抽样标准是什么，如何根据这个标准来选定个案；研究者与被研究者在研究现场如何建立、保持关系；搜集资料和分析资料运用了什么方法；研究道德与伦理是如何考虑的；整个研究过程的时长、观察与访谈的频率等具体的实施，等等。这部分需要让读者全面深入的了解，因此需要详细具体。

C. 分析研究结果

即对个案的研究结果的相关数据与资料进行描述与分析，这也是研究报告的主要部分。这部分的写作形式一般有类属型、情境型、结合型三种。

第一种，类属型。即把研究结果按照一定的主题进行归类，然后分类阐述。比如，对学生早恋的研究，就可以从学生自己的角度出发，按原因、过程、心情、反应等进行分类描述和分析。

第二种，情境型。即关注研究的过程和情景，这种形式注重按时间之间的逻辑关联或事件发生的时间顺序对研究结果进行描述。这一种方法能够生动详细地描述事件发生时的情境，从而可以表现被研究者的情感反应和思想变化。

第三种，结合型。即将前两种方式进行结合使用，如将类属法作为基本结构，同时在每一个类属下穿插小型的故事片段；或者将情境法作为基本结构，按照故事发展的顺序对情节进行叙述。一般而言，第三种方式使用较多。

D. 结论与建议

即对个案研究中的重要因素和研究结果进行深入的分析与讨论，从个案研究中推导出具备一般性规律的结论，同时对结论的真实性、科学性、有效性作出合理的解释，最后对个案研究的问题提出相关建议与意见，以期来提升教育教学效果。

E. 列出参考文献及附录

这是对前人研究成果的尊重，也是学术规范的重要体现。根据参考文献的标准格式将其列出，附录应当放置于文章的末尾。

总而言之，叙事风格是个案研究报告的一个特点，成文应当尽可能地真实再现通过观察、访谈等途径获得的被研究者的具体情况，尽可能地使用他们的语言来描述研究结果。同时阐述研究者在整个研究过程中的启发与思考，进而根据一般规律站在更高角度，从社会文化的大背景对研究对象的情况进行更深入的探讨。

 技能训练

1. 本章的六个教育研究方法其优缺点各是什么？
2. 结合教育教学中的具体现象选择一个教育研究方法，说明选择的理由。

第八章
现代教师的信息技术素养

模块导读

本章第一节主要梳理了信息技术素养的相关概念,并且对现代教师的信息素养的三方面能力展开讲解。将教师的信息技术素养分为理论素养、技术素养、信息素养三个方面,并展开进行详细的论述。第二节从我国师范生信息技术培养现状的实际情况出发,从信息化教育资源准备、信息化教学过程设计、信息化教学实践储备三个方面介绍了信息技术在实际教学中的运用。第三节从职前教师的培养策略出发,从师范生自主提升和学校层面两个方面提出了信息技术素养的提升途径,以供学生借鉴。

一、现代教师信息技术素养概述

(一)信息技术素养

伴随着互联网等信息技术的发展,信息技术素养(IT literacy)已经不是一个新词了。目前关于信息技术素养学术界尚未有权威的定义,采纳较多的是2012年美国威斯康星州《信息技术素养》课程标准对这一概念的论述:"指使用工具、资源、程序和系统,负责任地获取和评价任何一种媒体的信息,以及使用信息解决问题、进行清楚的交流、做出信息决策、建构知识、开发产品和系统的能力。"①信息技术素养包含了对信息工具的使用、信息资源的开发运用以及工具语言的使用、对信息内容批判性分析等各项综合能力。提升信息技术素养对各行各业的从业者来说都非常重要,作为教师,增强信息技术素养也显得尤为重要。

(二) 现代教师信息技术素养

对于教师而言,教师信息技术素养(Teacher's Information and Communication Technology Literacy, TICTL)是教师在教学过程中对信息技术(Information and Communication Technology, ICT)的整合与运用,内容包括 ICT 意识、知识、能力与伦理道德,是"教师在驾驭信息技术媒介方面所具备的较为稳定的内在品质与涵养"。2014 年国家教育部下发的《中小学教师信息技术应用能力标准(试行)》,又将教师的信息技术应用能力分为技术素养、计划与准备、组织与管理、评估与诊断、学习与发展五个维度。②随着信息化社会的出现,对教师提出了全新的要求,培养和提高教师的信息技术素养变得愈发重要。结合师范生的学习和职业发展特点,本书将教师的信息技术素养分为理论素养、技术素养、信息素养三个方面。

首先,理论素养是信息技术素养的基石。作为基础的理论素养又可以分为三个部分:

1. 信息技术基本知识

信息技术基本知识包含了信息技术的含义、内涵、发展历史和发展背景、信息技术对现代教育的促进作用、发展前景,以及信息

---

① Wisconsin's Model Academic Standards for Information and Technology Literacy, 2018 年 5 月, http://www.dpi.state.wi.us/standards/pdf/infotech.pdf.

② 中华人民共和国教育部《中小学教师信息技术应用能力标准(试行)》,2014 年,第 1 页。

技术的相关理论知识。这其中,对理论知识的掌握是重中之重,信息技术主要包含了视听教学理论(经验之塔理论)、教学与学习理论、传播理论、系统理论四大理论基础。

对于现代教师而言,在这个教育信息化的时代,中小学教师对信息技术的基本知识应该予以掌握。

2. 将信息技术与课程相结合

中小学教师应该在掌握理论知识的基础上学会将信息技术与教学、课堂相结合,这一能力也被称作信息技术与课程整合(Integrating Information Technology into the Curriculum,IITC),是指信息技术有机地与课程结构、课程内容、课程资源以及课程实施等融合为一体,成为课程的有机组成部分。[①] 值得注意的是,在这个建构的过程中,信息技术不是以辅助工具的角色出现的,而是将成为知识载体、教学媒介、交流工具而存在。在建构的过程中,应该重点强调和利用信息技术工作打造一种全新的教学生态和环境。在此情境中,能够实现在教与学的互动环节中完成情境创设、启发思考、信息获取、资源共享、多重交互、自主探究、协作学习等多方面要求的教学方式与学习方式。在信息技术主导的教学环境中,学生的积极性、主动性、创造力、参与度相较于传统课堂都大大提高,从而实现教学课堂结构的根本性革新,能够更加具有个性化、提升课程效率,培养学生的创新思维能力和学习能力,为社会培养出创新型人才。要想达到这一目标,中小学教师就必须具备将信息技术与课程相结合的专业素质。

3. 科研创新能力的培养

科研创新能力也是中小学教师面临的巨大挑战。教育教学的

[①] 黄云峰《信息素养与信息技术素养的概念界定以及信息技术教学》,2006 年 8 月,http://218.4.193.174:82/cnet/dynamic/presentation/net1/itemviewer.do?unitid=10000007&id=6493。

过程本身就是一个极具创新性的过程,教师要时刻保持敏锐的创新能力。传统的教育教学重点在于进行知识传授,现代教师应该以培养学生的创新意识和实践能力为目标,重点培养学生的自我学习能力和实践创新能力。

其次,技术素养是信息技术素养的重点。随着计算机技术、现代教育技术、人工智能技术、虚拟现实技术等的发展,技术被不断地运用到了课堂之中,中小学教师在技术素养方面应熟悉信息化教学中用到的各项硬件操作技术和软件操作技术。

1. 硬件操作技术

在现代教育教学工作中,计算机已经被广泛地运用到了课堂之中。作为现代教师,对计算机的使用能力显得尤为重要。计算机由信息处理设备、信息输入、输出设备、信息存储设备等几部分构成,教师应该对电脑设备的运用较为熟练,在日常的使用中能自主解决技术故障,从而确保课堂的顺利开展不延误。

2. 软件操作技术

(1) 多媒体课件的制作

多媒体课件是根据教学大纲的要求和教学的需要,经过严格的教学设计,并以多种媒体的表现方式和超文本结构制作而成的课程软件,具有丰富的表现力、交互性强、共享性好、有利于知识的同化等多重优点。中小学教师具备自主制作多媒体课件的能力,可以令抽象的知识变得更为直观,从而激发学生的课堂积极性和趣味性,有效提高学生的注意力。多媒体课件的超文本组织方式能够为学生提供海量的学习资源,帮助学生不断拓展课外学习。教师在设计、编制多媒体课件的时候应该注意遵循教育性、科学性、技术性、艺术性、可用性五大原则,不断提升自己的多媒体课件制作能力。制作多媒体课件常见的工具是 PowerPoint、Authorware、Flash 等软件。在中小学课堂中使用最多的是 PowerPoint,PowerPoint 具有好操作、适用性强、易于学习等优点,中小学教师应该具备使用 PowerPoint 的基本能力。

(2) 互联网的使用

与计算机技术共同诞生的就是互联网技术。教师在设计自己的教学内容过程中,会大量地使用到互联网技术。互联网的共享性、快速性、互动性、内容海量化等特点让其在教育中的运用显得愈发普遍。教师应该正确、高效地使用互联网技术搜集教学资源,为课程教学服务,不断提高课程教学的效率和质量。教师常见的互联网技术包含了利用搜索引擎查阅资料,使用各类软件处理课件和教学素材,以及在各类数据库查阅文献和资料等方面的综合能力。

(3) 图片和视频软件的使用

图片和视频这两类素材在教师的教学工作中经常会被使用到,这两类素材具有形象化、趣味性、个性化等特点,能充分激发学生的注意力和参与度。对教师来说,常见的图片处理软件有 Photoshop、Lightroom、海报工厂、Photo Pos 等专业软件,除此之外,office 系列软件也具有简单处理图片的功能。常见的视频处理软件有 Premiere、剪映、会声会影、iMovie 等。如果想要制作精美的微课作品,可以使用来画、万彩等软件实现。这些软件需要教师自己积极地学习,制作出实用的教学素材。

最后,信息素养是信息技术素养的内在驱动力。信息素养包含了技术和思维两个层面,从技术层面来看,信息素养反映的是人们利用信息的能力和意识的强弱;从思维层面来讲,信息素养包含了人们一系列的心理状态,包括动机、情感、道德等层面。总体而言,教师的信息素养包含了现代教育信息观、教育信息处理能力、教师信息道德素养三个方面。

1. 树立现代教育信息观

在高度信息化的今天,教师面对海量的信息是束手无策,还是取其精华、去其糟粕?作为学生的指导者,教师在教学过程中应该树立正确的现代教育信息观。教师应该合理而充分地利用现有的信息资源，包括网络资源，不断地进行学习和更新自己的知识体系，让信息为自己的教学工作服务。教师正确地选择和使用信息将有利于促进现代教育的改革和创新，帮助学生树立正确的信息观，提高学生的自我学习能力、资料搜集能力、自我监督能力等。

2. 教育信息处理能力

教育信息处理能力是以技术素养作为基础的，可以细分为信息获取、组织、呈现、处理、评价五个方面。信息获取是指检索、查询、下载信息的能力，如通过互联网技术广泛搜集教学资源，为学生提供更多的学习内容。信息的组织能力主要体现在课件的制作上，教师在制作课件的时候应该对搜集到的素材进行筛选，结合教学目标和教学大纲进行有条理、重点难点分明、主次关系突出的组织和布局，帮助学生快速理解课程中的重点和难点，提高课堂效率。信息的呈现要求教师能够选择合适的媒介，将教学资料进行生动、有趣的可视化呈现，增强学生的感性理解，有利于重点和难点的突破。信息的处理要求教师能够对搜集到的信息进行编码或转换，例如将深奥的论文进行可视化的处理，形成形象化的课件。信息的评价能力要求教师具有广博的知识文化，能够对各种渠道的信息进行真伪辨别，选择权威的信息而不是道听途说，为课堂传播的内容的真实性和科学性负责。

3. 教师信息道德素养

互联网上充斥着海量的信息和内容，作为教师，应该努力提升自己的信息道德素养，引导学生对信息进行判断和选择，自觉接触积极健康、科学实用的信息，抵制垃圾信息和不健康的互联网信息。作为教师，在使用互联网的时候应该要约束自己的行为，不信谣、不传谣、不发布垃圾信息、坚决抵制不良信息，为学生树立良好的示范，共同建设风朗气清的互联网环境。同时，教师应该坚决抵制学术抄袭和学术造假，树立高尚的网络道德观，合理利用互联网资源,不侵犯他人的著作权、隐私权和名誉权等合法权利。

(三)信息技术素养与现代教育技术

前文我们梳理了信息技术素养的相关概念,以及现代教师应该具备的信息素养构成要素。对于教师而言,信息素养主要的运用领域就是在教学过程之中,因此,教师的信息技术素养与现代教育技术是包含与被包含的关系。教师在训练自身信息素养的过程中,应该尤其注重培养和提高自己的现代教育技术能力。

从21世纪开始,人类社会进入了高速的信息化时代,计算机、互联网技术衍生出了各种新型的教育模式和教育产品,慕课、微课、翻转课堂、智慧教室、混合学习、移动学习等新型教育产品如雨后春笋般兴起,引发了现代教学课堂的极速变革。在现代教育技术重塑学校教育的今天,发挥教师的积极作用显得尤为关键,将直接影响着信息时代教育质量和人才的培养。

现代教育技术以学习理论、教学理论、媒体传播理论、系统科学理论为理论基础。其运用可以有效促进学生的科学思维能力的培育、教师专业的发展和基础教育的不断变革。

案例聚焦

张老师是一位小学三年级语文教师。学校地处偏远的乡村,教学条件简陋,没有多媒体教学设备,甚至没有一台电脑。张老师习惯了几十年如一日的传统教学方式,教学只能依靠书本和板书进行。随着当地经济的发展和国家对贫困地区基础教育的愈发重视,当地政府和慈善机构为张老师所在的乡村小学捐助了电脑、投影仪、话筒等多媒体教学设备和各类教学工具,并为学校开通了网络。

但教学设备的升级并没有让张老师感到便捷,他对基础电脑知识和多媒体教学设备的使用并不熟练。张老师也曾尝试过自学电脑知识,但是感觉到自学非常吃力。当张老师将自学的多媒体教学工具运用到课堂之中时,发现学生反馈的效果并不理想。他发现农村小学生本身就缺乏网络知识,对网络和信息化工具的认知不足,也缺乏家长的合理引导,大部分学生认为电脑就是看电影、打游戏的娱乐工具,使用多媒体授课的时候学生也感觉到很不习惯,这让张老师十分苦恼。久而久之,张老师放弃了继续尝试多媒体教学,这些设备并没有被实际运用到孩子们的教学实践中。

案例思考:
1. 如何树立乡村教师的现代教育信息观?
2. 乡村教师的信息技术素养应该如何提高?

二、信息技术在实际教学中的运用

(一)我国师范生信息技术培养现状

随着信息技术的发展,全球已进入信息时代。在信息化环境中,教育信息化已成为各国学校教育的普遍共识。教育信息化的核心在于教育模式的创新。基于当前的信息化环境,强调问题中心、以学为主的整合探究模式已成为各国教育信息化的普遍追求。直至今日,我国开展教育信息化建设已经长达20余年,在该过程中,现代教师的信息技术素养水平一直是教育信息化建设工作中一项重要的指标。回顾我国对于教师信息技术素养的研究,发现对于教师职后教育一直是研究重点,而对师范生的关注度远远不够。师范生作为未来教师队伍的预备力量,其信息技术素养的水平将直接影响我国教育信息化的水平,理应在在校阶段进行良好的培养,以适应信息化时代对教师提出的新要求。

而就目前来看,在师范生的信息技术素养的职前教育中,大多数高校的课程内容不适用于教育信息化的发展要求。主要表现在相关教学内容与未来教师从事的实际教学工作脱离，师范生在学习后无法直接运用于职后的教师工作。因此，针对师范生在未来教学中信息技术素养的培养应该从职前的在校教育阶段开始，就与实际的教学相结合来开展。

如前文所述，对于师范生的信息技术素养的教育主要涉及理论知识素养、技术素养和信息素养这三个层面的内容。不管从哪个层面来看，其体现和验证最终都是在日后的教学中得以呈现的。因此，如何在职前教育阶段，将师范生信息技术素养的培养和未来的实际教学相结合，是我国教育信息化的重大课题之一。

在我国的教育信息化进程中，针对师范生信息技术在教学中的应用的培养还存在着较多亟待解决的问题，其中最突出的问题在于以下三点：一、围绕以教为主来进行信息技术的利用和教学设计；二、过于重视信息技术在课堂中的运用，忽视了对于课前和课后的信息技术的应用；三、信息教育技术和实际教学脱节，教师对于信息教育技术和实际教学相结合的实质内涵理解不够深入。这三点问题可能直接导致的消极后果主要有以下三点：一、学生的课堂参与感较弱，积极主动思考的欲望较低；二、学生的实际操作能力较弱，对于技术的掌握和运用更多停留在理论层面；三、教师的教学模式固化，依旧以传统的教学模式为主导，以信息技术为辅助工具，进行教学设计。

针对上述提出的几点问题和可能导致的消极后果，对于在职教师信息技术素养的巩固和提升固然重要，加强对未来即将从事教育教学工作的师范生的信息技术素养的教育才是当前应该关注的重点。更早地培养师范生的信息技术素养意识，并指导其运用于实际的教学中，才能加快教育信息化的发展进程。师范生的在校教育培养，应该逐渐摆脱传统的信息技术教育模式和结构，不仅限于将信息技术作为辅助手段，停留在多媒体技术应用或 ppt 的制作等这样的浅层次的应用上，还应将信息教育技术真正地融入教学,让师范生在学校教育阶段就形成技术和课程的整合意识,提高自身的信息技术素养,并将其运用于将来的教育工作中。

本章将从以下几个方面具体讲解和分析如何将信息技术应用于未来的实际教学中,为师范生未来的实际教育教学工作提供参考。

(二)信息化教育资源准备

根据2018年教育部出台的《师范生信息化能力标准》,形成了面向师范生能力的"基础技术素养""技术支持教学""技术支持学习"三大能力维度。[①] 其中,技术支持教学是师范生未来从教所必须具备的职业技能,包括了数字教育资源的准备、信息化教学过程的设计以及教学实践过程中所需要的实践储备。[②]

数字教育资源的准备主要指根据预设的教学情境,规划、制作、评价、优化管理数字教育资源的能力,以及合理选择与使用技术资源,为学习者提供丰富的学习机会和个性化学习体验的能力。[③] 在数字教育资源的准备阶段,主要涉及设计制作、评估优化、资源管理、资源整合几个方面的运用。

在教学设计制作中,师范生需要掌握加工制作信息化教育资源的工具和方法,并根据实际的教学情境设计和制作最适合的信息化教育资源。如前文所提到的网络课程的制作,具体的比如微课、翻转课堂、慕课的制作、加工以及最后的呈现,应该是师范生必备的技能。而目前,师范生对于教育信息资源加工制作的工具和方法的掌握十分薄弱,主要体现在:无法找到获取优质资源的途径;对加工制作的工具不熟悉也不会用;将技术和教学相结合的能力较弱等。因此,在以上所提到的问题中,首先需要师范生加强对

---

① 任友群、闫寒冰、李笑樱《师范生信息化教学能力标准解读》,2018年。
② 任友群、闫寒冰、李笑樱《师范生信息化教学能力标准解读》,2018年。
③ 任友群、闫寒冰、李笑樱《师范生信息化教学能力标准解读》,2018年。

于获取素材途径和方法的培养即信息检索能力,充分利用学校现有的软硬件设施提升自身的信息检索能力,如在毕业论文写作时,进行检索工具和检索方法学习和运用;在课堂中,进行相关内容的信息收集和查询。同时,也需要加强在职教师的信息检索技术培训,让教师在课堂中引导学生从多途径、多方法进行及时的信息检索,养成运用信息技术解决现有问题的习惯。其次就是对于教学设计制作的步骤和流程也需要学生掌握,通过情境模拟的方式,让学生实际参与资源设计和制作的每一个步骤。

在评估优化环节,要求师范生能够结合具体的教学情境,准确地对教育信息资源进行评估筛选,选出实际需要的教学信息资源。在这一步,首先师范生需要熟读和理解最新的相关政策和标准,作为自己判断教育信息资源优劣的有力依据。比如关于师范生相关的政策和标准以及教育教学改革要求等,在职教师可以引导学生一起解读分析,让学生参与思考和学习,培养学生的独立思考和评估能力;其次师范生还需要能够对现有的信息化教育资源提出建设性的整改意见。比如在模拟教学情境中,教师可以通过案例教学的方式指导学生如何将现有的教育资源进行加工整合,运用于自己的教学模式和实际的教学设计之中,而不是照本宣科地去使用现有资源。

在资源管理中,要求师范生具有资源建设的整体意识,从整体的视角去规划和管理教育信息资源并为自己所用。可以教会学生如何去建立自己的个人教育信息资源库,比如在日常的学习生活中,如何去定期整理自己的课堂笔记,对收集到的学习文件和资料进行管理。学生也应该根据自身的需要,选择相应的信息技术工具,去进行教育信息资源的有效管理。

对于教育信息资源的整合是师范生信息技术能力的集中表现。也是目前在校师范生相对较薄弱的一环,大多数学生能够做到通过信息检索去解决问题,但是在找到信息后,对信息进行筛选整理,最后整合为自己所用的能力相对较弱。在这个阶段,师范生首先需要掌握不同类型的技术资源,比如常用的学习网站、相关的学习平台、App 等,而不是仅仅通过百度这一单一的搜索引擎去解决所有问题,需要扩充自己的信息搜索途径,尤其是专业的学习网站和 App。在此基础上,学生需要选出真正所需的教育信息资源进行加工处理,这一块上对于软硬件技术的掌握十分重要,大多数高校都有对于计算机技术的公共课程,但是和实际专业和需求相结合的信息技术课程还没有完全建立,因此学生在学习计算机技术后很难直接应用于日后的工作中,师范生对于教学相关的信息技术的掌握应该是计算机课程中的重点内容,比如多媒体教室的使用、视频剪辑软件的应用、Excel 的使用等。

(三)信息化教学过程设计

信息化教学过程设计指完成信息化教学过程设计所需掌握的能力,包括对与信息化教学设计相关的应用模型、原则方法、活动策略、评价方法以及相关工具等的把握。①

在教学过程设计中,首先,师范生需要理解常用的一些教学模式,并清楚了解不同的信息技术如何应用在不同的教学模式之中。比如最常见的基于项目的学习、基于资源的学习等。目前,我国的教学模式依旧是以课堂为核心来进行设计的,强调教师在教学中的作用,并没有充分发挥出学生的积极性和主动性。从我国对于课程改革的要求来看,探究性学习模式应该成为当前主流的教学模式之一。即发挥学生的主动性,在课前和课后进行自主学习和资料收集查询,从而提升课堂的学习效率。从具体的做法来说,教师可以在课前给学生布置学习任务,比如在语文教学中,进行诗词讲解时,让学生在课前去进行作者生平背景的查询和资料收集,并

---

① 任友群、闫寒冰、李笑樱《师范生信息化教学能力标准解读》,2018 年。

在线上完成预习问答,教师可以根据学生的情况来灵活调整本节课的内容,课后再安排相关复习任务,让学生去复习巩固。

其次,师范生需要根据自己预设的教学情境,运用现有的技术资源,来进行最终教学模式的选择并完成设计。其依据标准是教授科目的学习目标和要求、教学内容、实际的教学条件以及学生的具体情况。比如在小组讨论环节,可以运用信息技术进行随机分组,并根据教学内容进行小组分工;在课程讲授环节,可以通过微课或者 ppt 来支持教学讲解;在课后学习阶段,可以通过网上资源的建立,让学生去进行课后练习和解答疑问。

下一步,则是根据教学模式,充分利用信息技术来实现教学活动设计。比如指导学生进行微课的设计和制作,并由学生进行交叉评价;以课题的形式,为每个小组制定任务,由小组成员分工合作探究课题。还可以举办相关的比赛,让学生全程参与每一个环节。在此过程中,需要充分考虑到学生的不同水平和特点,进行有针对性的设计。

最后,对教学过程进行考核和评价,可以合理选择和使用信息化教学评价工具。传统的教学模式中,在教学考核评价方面,更加注重学生在课程结束后的学习成果,对于过程性考核和评价关注较低。而在当前的教育环境下,教学考核应该更加侧重于过程性考核,运用信息化教学评价工具制定过程性和个性化的评价方案。

（四）信息化教学实践储备

师范生虽然是未来教师的预备力量,但尚未真正进入教学实践中,因此师范生多缺乏在教学实践中运用相关技能的能力。在教学实践技能的培养上,职前教育应该通过模拟教学情境的方式让师范生进行教学实践相关技能的学习和储备。具体来说,可以通过案例教学的方式实现。在师范生的课程设置中,专业教育课程的设置一直没有建立起统一的体系和适用标准。由于师范生的特殊性质,普适的专业课程教育并不完全适用于师范生的培养。针对师范生的双重角色,案例教学在师范生的专业课程设置中将具有极大的优势,需要进行深入研究和拓展。有关教师培养的实证研究也强调了师范生的教师实践经验不足,急需案例教学来进行补充。教师必要的教育教学的能力是在工作中培养出来的,而不仅是在教师教育中学习到的。然而,我国师范生教育的实际情况却相反,被在职教师认为是不太必要的知识是目前职前师范生教育的主要内容。因此,在学校阶段,应在模拟的教学情境下以案例教学的方式让师范生进行充分的练习,扩充自己的实践储备,为未来的教育教学工作打下坚实的基础。课堂上,教师以某一具体的案例,安排学生进行课前的学习和资料准备,在课堂上进行合作探究,并让学生进行课程教授,组织学生在观课后进行教学干预,并对其课堂效果进行客观合理的分析。

此外,对于师范生的分析改进能力也需要进行情境化训练,需要师范生掌握并利用信息技术跟踪和分析教学过程,并提出针对性改进措施。如班主任教育中,对于学生学情的跟踪和分析的能力培养和实践储备;在任课教师的专业培养中,掌握常用的课堂教学的分析方法,并能熟练运用相关信息技术如 Excel 等去收集和处理相关数据,提出自己的见解和改进措施等。

最后,在实践体验阶段,运用信息技术支持教学实践十分关键。在模拟的教学情境中,熟练运用 ppt 以及相关的信息技术去流畅地衔接各个教学环节。在指导学生去使用信息技术时,如用信息检索工具进行教育信息资源的查询和收集整理,能够针对常见的问题给予有效的指导是师范生在教学实践储备培养的重要能力之一。

三、师范生信息技术素养的提升策略

2014 年教育部颁布的《中小学教师信息技术应用能力培训课

程标准(试行)》,①根据我国具体的教育现状,从技术素养、计划与准备、组织与管理、评估与诊断、学习与发展五个维度对新时期教师信息技术运用能力提出了新的要求。教育化进入了新的阶段,结合国家"互联网+"、大数据、人工智能、5G技术等重大战略的任务安排和《国家教育事业发展"十四五"规划》《教育信息化"十四五"规划》等文件的要求,师范教育的特点是决定了中小学教师必须顺应时代做出相应的改变,全面提升自己的信息技术素养。

而目前,高校师范生的信息素养及信息技术应用能力还比较薄弱,总体来看,师范生的技术素养不高,对于新兴媒体特别是教育媒体的应用掌握还不足。2014年出台的《中小学教师信息技术应用能力培训课程标准(试行)》指出:"技术素养要求运用通用软件和学科软件,使用网络教学平台,进行数字教育资源的获取、加工和制作等。"②

但从目前师范生的现状来看,对于信息技术的掌握和应用并不理想,基础的信息技术能力较弱,对于交互式教育多媒体设备的掌握和运用更是亟待提高。另外,对于实际的教学场景中的技术运用较为薄弱。以我校为例,在班主任工作与素质课程的授课过程中发现,学生对于独立的相关技术应用掌握较好,比如能够独立完成 ppt 的制作和设计,但一旦涉及教学中的 ppt 制作或者与教学实例结合进行教学设计时,却不知道如何下手。此外,目前大多数高校的师范生课程设置中,结合学科特色,对师范生进行专门的信息化教学实训,带领师范生进行交互式教学体验课程配备相对较少,并且由于经费紧缺等问题,信息化软硬件设备老化,更新不及时,教学资源紧缺的情况也一直存在。最后,对于师范生这一具有特点的

---

① 《中小学教师信息技术应用能力培训课程标准(试行)》,2014 年 6 月 17 日,http://old.moe.gov.cn/publicfiles/busines/htmlfiles/moe/s7034/201406/170126.html。
② 《中小学教师信息技术应用能力培训课程标准(试行)》,2014 年 6 月 17 日,http://old.moe.gov.cn/publicfiles/busines/htmlfiles/moe/s7034/201406/170126.html。

专业培养来看,缺少较为全面的规划。师范生的培养与发展是一个系统的、复杂的过程。目前还没有完全做到学校教育、入职前教育、入职后培训三个阶段的有效衔接。针对以上存在的几点问题,笔者认为应该从以下几个方面切实提高师范生的信息技术素养。

(一)师范生自主提升层面

1. 师范生应转变传统的学习观念

传统的教育模式中,重在强调学生对于理论知识的理解和掌握,在教学过程中,以教为主,以学为辅。随着教育信息化的提出,对于教学模式有了新的要求,更加强调以学为主的教学理念,充分调动学生的积极主动性,参与课堂,而不仅仅是听老师讲课,减少对教师的依赖度,凭借对于信息技术的掌握自主地去解决在学习过程中发现的问题。教师的角色也由绝对的管理者变为了引导者。在新课改的要求下,需要关注的不仅仅是教师的角色转变和能力提升,更需要将更多的注意力放到学生自身的观念转变上。学生应该积极地适应新时代、新背景下的教育教学模式,善于接受和应用新的技术,提高自主学习能力,主动地参与到课程学习之中。特别是对于具有双重角色的师范生来说,需要考虑到自身学习和未来职业运用两个层面,在职前教育阶段就掌握好新技术、新媒体,并尝试运用于未来的教学工作中。师范生不再是被动地接受知识,而是更加主动地去学习和探究,进行相关理论学习和实践能力的提升。特别是信息技术的掌握,师范生需要从实际的教学视角去进行学习和积累。

2. 师范生应提升自身信息素养

近几年,从国家所出台的文件可以看到,信息技术与教育教学深度融合是教育信息化的重中之重。全面提高现代教师和教师的预备军师范生的信息素养意识是实现教育信息化的基础。在学校教育阶段,对于师范生的信息素养的培养,需要从课程建设、教师培训和学生意识培养三个方面同时进行。

在学校信息素养课程的建设上,应该从师范生的特点出发,和其他专业的信息素养培养课程分体系设置和教学。除计算机技术相关的基础课程和公共课程外,针对师范生的多媒体技术和信息技术应用能力的课程也应该完善,比如微课的制作、智慧教室的使用、学生学情分析时所使用的数据分析软件等,并纳入课程考核。

对于教师的教学培训上,特别需要注重教师的信息素养和意识的培养和提高。定期对教师进行培训,解读新出台的政策,鼓励教师接受新的信息和新的事物。培养教师善于引导学生用信息的观点看待问题、分析问题、解决问题。其次,教师还要尽量为师范生营造有利的学习环境,尽可能地利用我校的教学资源,如智慧教室和多媒体教室,让学生沉浸式学习。

在学生的信息素养的意识培养上,在基础的理论课程学习之外,还应该涉及更多的实际操作课程,将所学的理论知识及时运用于实践操作之中,加强对知识点的巩固和记忆。这是意识建设工作的重中之重。在师范生信息素养的培养过程中,对于信息道德意识的建立往往容易被忽视。师范生作为教师岗位的新鲜血液,必须将教书育人的职责铭记于心,自身必须具有良好的信息道德才能做好学生的表率。在校教育阶段,师范生自身应该从日常的校园生活中做起。

3. 师范生应加强信息道德意识

在师范生的信息技术素养的培养过程中,目前更多侧重在学生技术层面的培养和专业知识的教学上,对于学生信息道德的意识养成和塑造相对较欠缺。在信息素养课程的教授过程中,也发现学生的总体素质在不断提高,并呈现向上的态势,但是信息道德和伦理意识普遍较为薄弱,学生对于信息道德伦理的内涵和认识不足。超过半数的学生片面地认为信息道德就是信息内容是否违法,只有极少数的学生能够较为清晰地认识到信息道德的内容范围很广,涉及信息犯罪、信息安全、知识产权、隐私权、不良信息等内容。总体来说,大学生信息素养层次还比较低,尤其是在严谨的学术研究和职业发展上。比如,在论文写作时,对先行文献的引用不规范、抄袭他人的研究成果等。

对此,学校教育迫切需要对师范生进行信息道德素养的教育和培养。主要的途径还是在于通过课程的教授和相关知识的普及,去提高学生的信息道德伦理意识。具体来说,在课堂教学中,应把信息检索工具、信息资源位置及课程内容有机地结合起来,在教学过程中逐渐渗透信息道德的内容。此外,通过相关的部门联动,比如定期在校举办知识产权、相关的网络法律知识的讲解和普及活动也能有效提高学生的信息道德素养。最后,图书馆的作用也应该最大地发挥出来。我校图书馆的教育职能还没有被充分挖掘,图书馆除了基本的文献检索和书籍查询、出借外,更应该和教育职能联系起来,开展系列活动,引导学生去规范地查阅文献,借阅书籍。比如,让学生参与图书馆的建设和维护工作,将理论和实践更好地相结合。让学生由被动的参与变为积极主动的参与,提高学生自觉利用信息的意识以及信息道德伦理意识。

4. 师范生应提升信息化教学能力

除了学校的培养和教育之外,学生还必须通过自主学习、自我思考、自我提高的方式去提高自身的信息化教学能力。网络媒体环境下和信息社会成长起来的当代大学生,对信息技术运用和信息知识的掌握能力是较强的,但是将所学的技能直接运用于实际的教学之中的能力较弱。很多学生能够独立制作ppt,但是当被要求独立进行教学流程设计并体现在ppt里面进行讲解时就显得不知所措。另外,对于Excel技能的掌握也是师范生还需提高的。大多数学生知道Excel的工作原理和基本理论知识,但是对于很多功能的运用却并不到位,如让学生制作表格对学生的成绩、平时表现以及各项指标进行整理和分析时,学生不知道如何下手,具体的实施方法也并不清晰。在专业技能的学习中,老师的讲授和指导固然重要,但课前课后学生自主的学习和反复训练更是提升学生信息化教学能力的关键。师范生需要培养学以致用的意识,将理论和实践紧密结合在一起,在课前课后多下工夫,进行自主探究。可以通过网络课程的在线学习、参加相关的技能大赛、多观摩公开课并进行总结分析、在多媒体教室进行实际的操作演示,来达到自我提升,多反思自己现在所学的知识应该如何运用到日后的教育教学工作之中。

(二)学校在校教育层面

1. 以实际问题为导向,精准定位课程设置

近几年,为顺应教育信息化的发展,我国多数高校在硬件和软件上都有所改善并逐步健全,尤其是在教育媒体的更新和更换,以及优质教学资源的共享上,投入了很大的时间和精力,也取得了卓越的成效,能够为在校师生提供较完善的教学环境和学习环境。但结合我校师范生的实际情况来看,根据调查和统计,超过半数会选择去乡村从事教育工作,而乡村教育信息化基础设施建设方面和目前我校的基础设施是有极大差距的。学生在校所学的相关理论知识和专业技能能否在就业后实际的教育教学中派上用场,是一个不容回避的问题。在这一点上,对目前乡村教育教学的信息技术条件和基础设施现状的调查和掌握,是精准设置我校相关课程的基础。

学校的课程建设可以结合专业的测评工具,对学生的测评不仅在于学期末的考核,更应在学习前后进行比较测评。在课程设置前,通过测评了解学生的初始水平,有针对性地调整课程内容和策略;在课程内容完成教学后,检测学生的掌握情况并进行调整和改进。

2. 创新培养模式,满足师范生的个性化学习需求

学校在为师范生提供基础的学科教育之外,也应为师范生进

行相关的入职前培训,满足学生的个性化学习需求。在形式上,学校体现出学校培训的优势和特点,力求多样化,增强培训的实效。考虑到学生未来大多数将会进入乡村从事教育工作,学校应采取传统媒体和新媒体相结合的方式,建立全方位、多层次的培训体系,让学生能够尽快适应多种场景下的教育教学工作。在培训内容上,重点不再是通识教育,而是针对教学中可能出现的具体问题和实际场景进行模拟培训,采取项目培训的方法,从班主任工作内容和任课教师工作内容两个方面入手,设计相关的项目,让学生进行实际情景模拟培训。如班主任工作内容中,如何收集学生的学习和生活情况信息,并运用相关的工具进行分析,生成报告用于指导工作;如何熟练运用办公软件处理日常工作等。任课教师工作中,如如何进行教学设计,并使用媒体技术进行处理和加工;如何使用信息检索工具,并进行数据和内容的整合与分析;如何使用教育媒体使课堂更高效等。在所有的课程设置和具体实施的过程中,评估和指导体系都应该是其中的重点环节。对于学生实际的培训情况要建立起系统的评估和指导体系,分阶段进行记录和评价,并根据学生的实际表现给予建议和指导。最后的评价结果应纳入学生的学期考核,引起学生和任课教师的高度重视。

 案例聚焦

上师大扩招师范生,培养跨学科高阶素养未来教师[①]

2021年6月15日,上海师范大学校长袁雯介绍说,上海师范大学为上海输送了70%的校长和70%的教师。2021年上海师范大学师范生的培养将面向上海五个新城的建设布局、上海的产业

---

① 《上师大扩招师范生,培养跨学科高阶素养未来教师》,2021年6月,http://www.sh.chinanews.com.cn/kjjy/2021-06-16/88417.shtml。

发展对于基础教育人才培养的需求，以及未来基础教育改革的趋势，进行更精准对接。

据悉，2021年上海师范大学师范生招生人数将比去年翻一倍，包括学前教育、小学教育和各个学科的师范生招生总数将从过去的占全校招生总人数的20%出头提升到42%，明年这一比例将达到50%，未来还将逐年上升。同时，师范生培养还将超越过去的单一学科，学校将通过微课等多种方式培养具备多学科能力和跨学科能力的未来教师。

袁雯表示，未来基础教育阶段要培养具备跨学科能力的人才，首先必须有具备融通多个学科能力的师资。上海师范大学的师范生培养方式也将逐渐从传统的分学科培养，过渡到具有通专融合基础的跨学科人才培养上。通过跨学科教师人才的培养，支撑上海中高考评价改革以及对创新人才的需求。

未来师范生将着力培养跨学科素养、信息化素养、国际胜任力、实践创新素养四大素养。其中，信息化素养将从过去的"技术驱动"转向教育驱动，以教育教学实践为中心为未来卓越教师赋能。学校开发了《思维可视化》等支撑学科教学实效性提升的信息化素养培养模块，培养师范生的教学表现能力、教学领导能力和运用技术的能力。

弥合教师数字素养鸿沟——全域教师信息化素养提升的"宁夏探索"[①]

"我的'鸟的天堂'是在一棵大榕树上，鸟儿在唱歌。""我在'鸟的天堂'，可以和小鸟对话。"宁夏回族自治区银川市兴庆区回民第二小学五年级(9)班的课堂上，学生们争先恐后地展示着自己设计

---

① 《弥合教师数字素养鸿沟——全域教师信息化素养提升的"宁夏探索"》，2021年9月，https://baijiahao.baidu.com/s?id=1712232966485484858&wfr=spider&for=pc。

的 VR 场景。

走进教室,讲台大屏幕上播放着一首古诗和一篇现代散文,但这不是语文课,而是一节 VR 创编课程。这节课综合了语文学科素养、逻辑思维能力、电脑技术的培养与练习,是学校信息组教师与语文教研组共同设计的。曾经对信息化教学一筹莫展的回民二小教师,现在自主研发的"创新素养课程"已经在全区推广。

其实,不仅是回民二小,宁夏很多学校的教师都在日常教学中,体现了高素质的信息化教学能力。目前,宁夏 5 个县(区)和 27 所学校被教育部评为全国教育信息化应用优秀典型案例。

案例思考:
1. 信息化素养如何从"技术驱动"转向"教育驱动"?
2. 在具体的教学实践中,师范生有哪些提升自己信息化素养的学习渠道和方法?

合作研习

对于教育信息化的现象,乔布斯曾提出了一个质疑观点:"为什么计算机改变了几乎所有领域,却唯独对学校教育的影响小得令人吃惊?"思考乔布斯这句话的含义是什么?你是否同意乔布斯的观点? 以小组为单位,查阅相关论文和文献,思考现代教育技术的运用为教育工作带来无数进步和发展的同时,也会给教育教学带来哪些弊端? 将思考的内容进行合理组织后在班级汇报。

推荐阅读

赖晓云、刘建华、焦中明主编《现代教育技术基础与应用实践指导》,江西高校出版社,2018 年。

顾富民、袁从领主编《现代教育技术应用》，南京大学出版社，2017年。

刘慧君等主编《多媒体课件制作》，重庆大学出版社，2014年。

陈晓红《大数据时代的信息素养教育理论与实践》，西南交通大学出版社，2017年。

张基温等主编《信息素养大学教程》，人民邮电出版社，2013年。

Upper-Level and Graduate Courses，Purdue University Press，2019.

Grace Veach，*Teaching Information Literacy and Writing Studies: Volume 1*，*First-Year Composition Courses*，Purdue University Press，2018.

技能训练

1. 以小组为单位，围绕课文史铁生《我和地坛》，搜索20条课件制作资料，资料类型需包含图片、文字、视频、音乐、动画、ppt模板等素材。将搜集到的素材使用Excel统计汇总，列出来源。采用小组交叉评定的方式，评估每条资料是否真实可用？用在课件中是否恰当？是否美观？

2. 学生选择自己感兴趣或擅长的教学课题，自学万彩或来画等动画软件，设计一个5—10分钟的微课作品。采用动画的形式进行展现，并使用字幕、动画动作设计。要求提前撰写脚本、课程讲稿，输出成mp4格式上交给教师评阅。

第九章
教师的专业发展

 模块导读

教师的专业发展是现代教师素养的重要内容。本章主要讨论教师专业发展的相关问题,通过明确教师专业发展的内涵与特点,了解教师专业发展的历程,梳理教师专业发展的基本内容,分析影响教师专业发展的因素与促进策略,全面掌握教师专业发展的理论知识与实际情况。

一、教师的专业发展概论

(一)教师专业发展的内涵与特点

1. 教师专业发展的内涵

(1)职业

教师,从本质上说,与医生、律师、工人、农民等各行各业一样,首先属于一种职业。

《现代汉语词典》中对"职业"的解释是个人所从事的作为主要生活来源的工作。

2015年修订的《中华人民共和国职业分类大典》对"职业"的

定义是：从业人员为获取主要生活来源所从事的社会工作类别。《中华人民共和国职业分类大典》还指出了职业所应具备的特征：目的性，社会性，稳定性，规范性，群体性。

综上，我们认为，职业是在社会分工中，个人利用自身知识与技能，在为社会创造财富的同时以获取生活来源的工作。它既是人们获得生存物质来源的手段，也是一个人在社会中所承担的社会角色和社会责任。

在社会学领域，常常把职业划分为专门职业和普通职业。相比于普通职业，专门职业有以下特点：首先，需要专门技术，必须接受过专门的教育；其次，要能提供专门的社会服务；第三，拥有专业自主权或控制权。教师职业属于专门职业，教师属于专业人员。在国际劳工组织为给各国提供统一的职业准则而制定的《国际标准职业分类》(2008年)中，教师被列入"专家、专业人员"这一类别。在2015年修订的《中华人民共和国职业分类大典》的分类中，教师被列入"专业技术人员"这一职业类别。

(2) 专业

专业是社会发展到一定历史阶段，分工不断精细化的产物。一般认为，在职业领域，首次对"专业"这个概念做的系统研究，见于社会学家卡尔·桑德斯与威尔逊的著作《专业》一书中。该书对"专业"的定义是："所谓专业是指一群人在从事一种需要专门技术的职业。专业是一种需要特殊智力来培养和完成的职业，其目的在于提供专门性的社会服务。"[①]

结合桑德斯与威尔逊的观点，现在一般认为，专业是指一群人经过专门教育或训练、具有较高和独特的专门知识和技术、按照一定专业标准进行专门化的处理活动，从而解决人生和社会问题，促进社会进步并获得相应报酬和社会地位的专门职业。

---

① 于胜刚主编《教师专业发展导论》，北京大学出版社，2017年，第21页。

(3) 教师专业发展

习近平总书记在《做党和人民满意的好老师：同北京师范大学师生代表座谈时的讲话》中强调："国家繁荣、民族振兴、教育发展，需要我们大力培养造就一支师德高尚、业务精湛、结构合理、充满活力的高素质专业化教师队伍。"[①]教师职业作为一种专门职业，具有独特的职业条件与要求，需要经历由职业到专业、由经验到科学的发展过程。学者们对教师专业发展的研究视角包含两个层面：第一，教师个体的、内在的专业水平提高的过程；第二，教师群体专业水平提高的过程。教师个体的专业发展是教师群体专业化的基础和前提，是教师职业专业化的核心。

关于从业人员的专业发展，国际上有六大标准之说：有专门知识；有较长时间的职业训练；有专门的职业道德；有自主权；有组织；要终身学习。

综上，教师专业发展是指教师在外部条件的支持下，通过专门训练，习得专业知识、专业技能，具备专业理念与道德，逐步提高自身从教素养，成为良好的教育工作者的专业成长的过程。教师群体专业发展是指教师职业不断成熟，达到专业标准，确立专业地位的过程。

2. 教师专业发展的特点

教师专业发展既是飞速发展的社会、不断推进的教育改革对教师队伍的外部要求，更是教师自身理想和追求不断实现的自觉追求。具体来说，教师专业发展具有以下特点：

(1) 丰富性

教育承担着为社会培养人的社会功能与促进个体发展的个体功能。社会处在不同发展阶段，对人才的需求是有差异的。教育

---

① 习近平《做党和人民满意的好老师：同北京师范大学师生代表座谈时的讲话》，2014 年 9 月，http://www.gov.cn/xinwen/2014-09/10/content_2747765.htm。

在社会主义现代化建设中的重要地位和作用已经越来越成为共识,教育现代化的目标向教师提出了更高的要求和更大的挑战。就教育的个体功能来说,每一个教育对象都是具体的、鲜活的、独特的人,学生身心发展既具有一般普遍规律,又充满个性差异。因此,教师作为教育活动的实施者,需要具备丰富的知识、科学的技能、先进的理念。既要清晰为何而教,又要掌握教什么,还要懂得如何教;既要做好知识的传递者,又要做好道德的引领者,更要做好生命的守护者。

(2) 持续性

教师专业发展就是教师从"普通人"转变成"教育工作者"、不断成长为"优秀教育工作者"的过程。通常来说,要实现这个过程,教师都要经历职前培养、入职培训和在职提高。职前师范教育是师范生通过专业学习,初步掌握教师职业所需要的知识和技能的阶段,也是教师专业发展的起点。入职培训是新教师成长的支持性措施,帮助新教师快速正式进入教育角色。在职提高阶段是教师参与各级各类集体性培训、自发性学习,在教育教学实践中坚持学习、长期积累、不断反思和创新的过程。可以看到,从职前培养阶段开始,教师的专业发展就是一个贯穿了整个教育生涯的持续的成长过程。没有了持续的专业发展,教师的职业成长也就停滞了。

(3) 自主性

虽然在教师专业发展的各个阶段,集体性培训都是重要的成长途径,但无论是何种专业成长方式,教师要获得知识、能力、理念等方面的发展与进步,都要依靠其自主性。教师的专业学习与发展应该是自我导向的,不是"要我发展",而是"我要发展",有明确的职业目标与发展方向,从自我工作体验出发,从解决日常教学活动中的问题出发,在教育实践中不断反思和总结,不断主动学习,从而实现专业的自主发展。

（二）教师专业发展的历程

任何事物都有一个产生、发展，从不成熟走向成熟的过程，教师职业也不例外。人类社会的发展和延续，离不开生产生活经验、知识的积累和传承。从人类早期社会至今，教师就承担着传道、授业、解惑的功能，在漫长的历史发展中培养了一代又一代人，促进了社会的发展和人类文明的进步。

教师职业从产生到发展，再到走向专业化的历程大致可以分为三个阶段。

1. 教师职业的产生阶段

在这个阶段，教师职业经历了从兼职走向专职的过程。教育活动作为一种社会现象是随着人类社会的产生而产生的。在原始社会，生产力水平极其低下，为了满足基本的生存需求，人们所有活动的目的都集中于生产劳动，教育活动自然也是为生产劳动而服务的。教育的内容主要是传授生产和制造工具的技能，从事采集、打渔等生存活动经验。由于教育活动是在整个社会生产和生活过程中进行的，教育活动的承担者主要是氏族和家庭中有生产劳动技能与生活经验的长者。随着生产力水平的发展，到原始社会晚期，教育活动在内容、形式等方面也有了诸多进步，教师的传承与培养功能也更加显现，但教师职业并未从生产劳动中分化出来，依旧是一种兼职状态。

进入到文明社会后，无论是东方的封建社会形态还是西方的奴隶社会形态，生产力都有了巨大的进步，教育也呈现出相似的特征。伴随着生产力的发展，生产资料有了剩余，人类积累的生产经验也日益丰富，学校作为专门进行教育活动的场所开始出现。一部分人得以从生产劳动中脱离出来，专门从事教育活动，专职教师开始出现。

由于古代社会阶级的产生，学校自产生之初就成为剥削阶级进行阶级统治的工具。劳动人民被剥夺了接受学校教育的权利，学校成为专门培养封建统治阶级与奴隶主阶级的场所。在古代中国,"学在官府""官师合一""以吏为师"是学校教育与教师职业的主要特征。此外,在春秋战国时期,除了官学,私学也开始兴起和得到发展。孔子首创私学,在"以吏为师"之外,出现了"学者为师"。自此开始,在官学系统之外第一次出现了专门以教为业并以此谋生的专职教师。

在中世纪西方社会,基督教与封建世俗政权紧密结合,教育也呈现出宗教教育与世俗教育并存的特征,其中,宗教教育占据了主要地位,即"学在教会"。在宗教学校,由僧侣、神父、牧师担任教师,教授内容以宗教内容为主。因此,在古代西方,长期占据主导地位的是以僧为师、僧师一体的教师职业制度。

总的来说,从原始社会到文明社会,教师这个职业从兼职走向了专职化,初步形成了教师这一职业群体。教师职业主要为统治阶级服务,由特定人群担任,社会需求量少,不需要接受专门培训。

2. 教师专业发展的初级阶段

在这一阶段,教师职业从专职走向了专业化。18世纪下半期,第一次工业革命首先在英国拉开帷幕,后迅速向世界各地传播,使人类进入工业社会。工业革命在改变人类生活的同时,也改变了世界范围内教育的发展方向。工业革命使得劳动者接受正规学校教育的要求变得非常迫切,各级各类学校教育都进入制度化的快速发展时期。与此相应,以往经验型的教师已经不能适应和满足产业社会的需要了。学校教育发生的变化对教师的能力提出了更高的要求。它要求教师不仅要具备一定的科学知识,还要掌握相应的教育教学技能和方法。于是,师范学校这类专门培训教师的机构就应运而生了。

最早的师范教育产生于法国。1681年,法国"基督教兄弟会"神甫拉萨尔在兰斯开办了第一所用以培训小学教师的专门学院,成为世界师范教育的开端。此后,欧洲其他各国也开始出现短期师资培训机构。1831年,法国颁布了《基佐法案》。该法案致力于发展初等教育与师范教育,规定所有教师均须接受教师资格培训,通过后方可获得由国家颁布的资格证书;在每个省建立一所师范学校;建立了小学教师最低工资制度和教师退休互助金制度,规定了小学教师解聘的严格手续。该法案对法国师范教育影响深远,也为其他欧美国家纷纷效仿。教师培养制度逐渐在西方国家确立和发展起来。

19世纪,师范教育制度由西方传播到中国。1896年,以康有为、梁启超为代表的维新派主张创立师范学堂,以开启民智,救亡图存。清政府实行"废科举,兴学校",自此,中国的师范教育在兴办新式学堂的浪潮中缓缓拉开了序幕。1897年,盛宣怀在上海创办的南洋公学是中国近代最早的政府开办的教师培养机构,标志着中国师范教育的开端。1904年颁布的《奏定学堂章程》规定,师范学堂分为初级师范学堂与优级师范学堂,分别培养不同层级学堂的教师。该章程的颁布标志着我国师范教育进入了制度化、专门化发展的时期。

从第一次工业革命到19世纪末,师范教育在全世界范围内兴起和盛行,教师职业从专职走向了培养的专业化。但是,由于历史条件的限制,这一阶段教师职业的专业发展还处于比较初级的水平。

3. 教师专业发展的深化阶段

1966年,联合国教科文组织与国际劳工组织在"关于教师地位的政府间特别会议"上通过了《关于教师地位的建议》。《建议》明确提出教育工作应被视为专门职业,并强调"这种职业是一种要求教员具备经过严格而持续不断的研究才能获得并维持专业知识及专门技能的公共业务;它要求对所辖学生的教育和福利具有个人的及共同的责任"。此次对教师专业地位的认可与探讨,使教师专业发展问题逐渐成为教育研究领域的关注焦点。

20世纪80年代,以美国优质教育委员会发布的《国家处在危机之中:教育改革势在必行》和1986年霍姆斯小组发布的《明日之教师》为动力,教师专业化发展运动在世界范围内兴起。教育的发展对教师质量的要求不断提高,世界各国都意识到改革教育政策、建立专业化教师队伍对提高教育质量的重要性。

在我国,随着对教师质量要求的不断提高,对教师专业发展的认识也在不断深化。我国1993年颁布的《中华人民共和国教师法》规定"教师是履行教育教学职责的专业人员",并明确规定国家实行教师资格制度。1998年在北京召开的"面向21世纪师范教育国际研讨会"明确要把教师专业化问题作为当前师范教育改革的核心。2012年我国颁布了《幼儿园教师专业标准(试行)》《小学教师专业标准(试行)》和《中学教师专业标准(试行)》,2013年教育部颁布了《中小学教师资格定期注册暂行办法》,标志着我国教师职业正式进入高质量发展阶段。

伴随着经济、政治、科技、文化的发展,教育对社会发展的基础性作用日益突出,教育工作呈现出更多复杂性与创造性,教师的专业发展程度也在顺应时代和社会要求的过程中不断加深。总的来说,教师专业发展呈现出职业高学历化、聘用证书化、培养精细化、成长终身化等特点与趋势。

案例聚焦

书院是中国古代教育体系里最重要的一种组成形式,根据清代袁枚《随园随笔》所说:"书院之名,起于唐玄宗时,丽正书院、集贤书院皆建于省朝。为修书之地,非士子肄业之所也。"真正具有教育意义的书院则是起源于民间私人聚书讲学活动,这些讲学者成为专门从事教学活动并以此谋生的教师群体。元、明、清时期是中国书院发展的高峰时期,从内陆到边疆,书院的发展为社会文化的发展和建设做出了突出的贡献。随着书院的逐步官学化,书院教育以同地方官办儒学教育同等地位的形式并存,同样培养了大批优秀的人才。

二、教师专业发展的基本内容

教师专业发展的内容包括教师开展教育教学活动的方方面面。概括来说,教师职业要达到专业的水平,应该具备的核心特质包括专业理念、专业知识和专业能力。

(一)专业理念

教育理念是建立在教育规律基础上的、渗透了人们价值取向的关于教育的观念。教师的专业理念则是指教师在教育教学实践中形成的对教育现象的主观认识,包括教师的教育观、学生观和教师观等。

1. 教育观

教育观就是个体对教育相关问题的主观看法。教育作为培养人的实践活动,首先要回答为谁培养人、培养什么样的人、如何培养人的问题。在不同的历史时期与社会发展阶段,由于政治、经济制度不同,教育的目的也就不同,自然也就有不同的教育观。

在我国社会主义现代化建设过程中,尤其是改革开放以后,教育成为我国现代化建设的战略重点。我国的教育目的是培养德、智、体、美、劳全面发展的社会主义建设者和接班人。培养全面发展的人,在现阶段的中国,就是实施素质教育,培养创新人才。

素质教育以提高全民素质为目的,面向全体学生,关注学生的全面发展,强调学生的主体地位,尊重学生的个性发展,着力提高学生的社会责任感、创新精神和社会实践能力。在新的历史条件下,素质教育观既是落实和贯彻党的教育方针的体现,也是马克思主义中人的全面发展理论与以人为本的科学发展观的要求。

2. 学生观

学生观是教师对学生的主观认识。学生观影响着教师的教育教学活动。教师对教育本质的认识、对师生关系的认识、对学生在教育过程中地位的认识、对学生身心发展特点的了解，都影响着教师学生观的形成。

具体来说，科学的学生观包含以下四个方面：

第一，尊重学生的主观能动性。个体的发展一方面要受到外界环境的制约；另一方面，人不同于动物，人具有自我意识与主观能动性。主观能动性是个体发展的动力源泉，使个体既能够有力量改造外部世界，又能够有力量自我发展、自我建构。对于教师来说，实施教育活动的重点不仅是传授知识、发展能力，更要调动学生的积极性与主动性，激发学生的自我意识与主观能动性，唤醒学生生命成长的自觉性，为学生的发展创造条件。

第二，尊重学生发展的未完成性。从社会发展的角度来说，社会关系处在不断的发展变化中，而人的本质是其社会关系的总和，作为个体的人自然也是发展着、变化着的。从个体身心发展的角度来说，青少年还没有发展成熟，其身心发展具有顺序性、阶段性、差异性、不平衡性等特征，教育就是要遵循这些规律，用发展的眼光看待学生，为学生的成长创造机会，帮助学生完成自身发展。

第三，认识学生发展的全面性。人的发展既包括身体的正常发育与健康成长，也包括心理层面，比如知识、能力、情感、品德、审美的健康发展。学生要获得身心的全面、统一发展，需要教师懂得学生的身心发展规律，关注学生发展的实时状况，客观认识每个学生，用心发现学生的潜力，助力学生的发展。

第四，发现学生发展的独特性。学生在获得全面发展的同时，应当进行个性化发展。人的和谐发展应该是共性与个性的统一，既能成为社会的栋梁之才,满足社会发展需要,又能实现自身理想,成就生命价值。另外,学生的身心发展具有差异性。因此,教师需要尊重学生的独特性与差异性,培养学生的创造性,为学生生命的自由发展助力。

3. 教师观

教育活动是在师生关系的互动中进行的,教师在教育活动中不仅要正确认识教育对象、树立正确的学生观,也要正确认识自身,树立正确的教师观。教师观是指教师对自身职业、角色、职责等的认识。

任何职业都有其自身特点,教师职业作为一种特殊劳动,具有伦理性、复杂性、创造性等特点。

(1) 伦理性

教育是培养人、成就人的事业,教育过程是人影响人的过程,教师对学生的爱、对教育事业的爱是从事教育工作的基础。没有爱,便不能称之为教育。教师对学生、对教育热爱,才能真诚投入、真诚关怀,助力学生的发展。因此,教师的工作具有伦理性。

(2) 复杂性

教师的教育对象是一个个鲜活而独特的成长中的生命,学生的身心成长受到外部、内部诸多因素的综合影响。从外在来说,学生的身心发展不仅受到其成长的家庭、所在的社区这些环境的影响,还受到学校教育、社会教育评价制度的影响;从内在来说,学生自身的具体情况,如性格、兴趣爱好、特长等都影响着学生的发展。这些变化的、丰富的因素使得教师的工作充满了复杂性。

(3) 创造性

由于教育工作面对的是具有差异性的个体与充满不确定的情境,教师在教育教学工作中面临的具体问题常常是复杂的、不确定的,没有办法通过已有的经验与理论直接进行解决,而是需要教师在具体情境中保持敏感的感知,坚持总结与反思,不断积累经验、寻找方法,从而创造性地解决一个又一个新的问题。

教师对自身角色的认知也是教师观的重要内容。教师的角色是教师在教育过程中表现出来的符合社会发展期待与自身发展期待的行为和态度。随着社会信息化的深入与教育改革的推进,教师角色也具有了更加丰富的内涵。

(1) 教师是学生发展的引路人。教师要关注每个学生,尊重学生的个体差异,发现学生的潜能,充分调动学生的积极性与主动性,帮助学生了解自己、了解世界,处理自己与他人、与世界的关系,引导学生具备丰富的知识与学习能力,培养学生的创新思维与创新能力,促进学生的全面发展与个性发展。

(2) 教师是教育教学的研究者。无论是教育改革发展的需要,还是学生发展的需要,抑或是教师价值实现的需要,在今天,教师都应该主动从"教书匠"成长为探索者与研究者。新时代的教师应该与时俱进,成为学生的研究者、学科内容的研究者、教育情境的研究者、教师发展的研究者,保持敏锐的感知,主动从教育教学实践中发现问题、研究问题、解决问题,不断提高教师的专业度与幸福感。

(3) 教师是终身成长的学习者。习近平总书记在《做党和人民满意的好老师:同北京师范大学师生代表座谈时的讲话》对教师成长提出了四条要求:有理想信念、有道德情操、有扎实知识、有仁爱之心。这就要求教师要持续不断地学习,更新自己的知识结构,完善自己的道德品格,丰富自己的人文底蕴。特别是在飞速发展与瞬息万变的互联网时代,教师必须根据时代发展需求,重新认识自身专业内涵,养成终身学习习惯。

(二) 专业知识

教师作为专业人员要胜任复杂而具有创造性的教育工作,需要具备的专业知识内容非常丰富。美国教育心理学家李·舒尔曼认为,教师必须同时具备七类知识:学科内容知识、一般教学法知识、学科教学法知识、学习者及其特点的知识、教育情境知识、课程知识、教育的结果、目的、价值及其哲学、历史根源方面的知识。我国教育家叶澜认为,教师应该具备多层复合的知识结构。具体来说,有三个层面:有关当代科学和人文方面的基本知识,以及工具性学科的扎实基础和熟练运用的技能技巧是最基础的层面;第二层面是具备一到两门学科的专门性知识与技能;第三层面是教育学科类知识。这三个层面的知识相互支撑、相互渗透,成为一个有机整体。

综合国内外这两种比较有代表性的观点,我们认为,教师应具备的专业知识包括以下四个方面。

1. 学科专业知识

学科专业知识是指教师需要具备的特定的专门学科的知识,如语文学科知识、英语学科知识等。具体来说,学科专业知识包括:学科的基础性知识与技能;学科的科学体系;学科发展历史与趋势方面的知识。精通学科专业知识,对自己所教学科有广泛而深刻的理解,教师才可能在实践中进行有效的教学。

2. 教育学科知识

教学工作不仅要解决教什么的问题,还要解决怎么教的问题;教师日常工作的对象是特定的青少年群体,而且每个个体都有其特殊性与差异性。因此,教师要在教育工作中扮演好自己的角色,除了需要掌握好自己所教学科的专业知识,还需要具备坚实的教育学科知识。具体来说,教育学科知识主要包括一般教育学知识、教育心理学知识、学科教育学与心理学知识。

3. 实践性知识

在教育教学领域,实践性知识是指教师在日常教学实践情境中,以解决教学活动中的问题、优化教育教学水平为核心,经过长期的经验积累、不断的反思总结而形成的实用性知识。教师对具体教学情境能够有敏锐的感知、快速的反应,在教学行动中对学生有细腻的感知与准确的了解，很大程度上都要依赖教师长期积淀的丰富的实践性知识。

4. 普通科学知识

普通科学知识是指除了以上三类知识之外的更为广博的人文科学、自然科学、社会科学领域的知识。教师的科学知识素养是影响教师教学水平的重要因素之一。在科学技术突飞猛进、信息网络高度发达的今天，单一的、割裂的知识传授与教学方式已经不能满足人才培养的要求与青少年的成长需求。各学科知识内容的强综合性、学科之间的交叉渗透特点、青少年旺盛的求知欲都需要教师成为一个求知者，学识渊博，兴趣广泛，多才多艺，与时俱进。

（三）专业能力

专业能力是教师在教育教学实践中完成教育教学任务、解决教育教学问题时所运用的方式、具备的本领。专业化的教师必须具备从事教育教学工作的技能与能力，推进教师专业发展的要务之一就是促使教师专业能力不断提高、走向成熟。概括来说，教师的专业能力包括以下四个方面。

1. 教学设计能力

教学设计能力是指教师在具备专业知识的基础上，根据教学对象和教学内容，确定教学的起点与重点，将教学过程中的各个要素与环节进行合理的安排，以取得良好的教学效果的能力。具体来说有七个方面：教学目标的编写与制定，教学内容的选择与处理，学生情况的分析与评估，教学方法的选择与运用，教学媒体的选择与运用，课堂情况的预设与应对，教学测量与评价。

2. 课堂组织与调控能力

教学设计是在课程前进行的准备阶段，也是进入课程的生成阶段。教师的课堂组织能力则在很大程度上决定着教学设计是否能产生良好的效果。在课堂上，要以学生为主体，那么，如何调动学生的积极性与主动性，如何挖掘学生的潜力、发挥学生的个性，就既需要教师有熟练的教育技巧，又需要教师有敏锐的感知与丰富的经验。课堂是在生成中进行的，随时都可能出现预设之外、料想之外的突发情况，这就要求教师能够进行快速的判断、灵活的反应，机智而艺术地处理偶发事件，保证课堂秩序与效果。综上，课堂组织与调控能力是一项需要长期积累的综合能力，需要教师在实践中不断掌握教育教学规律，了解学生心理和行为特点，细致观察，冷静思考，刻意训练，勤于反思和总结。

3. 教育交往能力

在教育教学实践中，教师要面对多种关系，处理好这些关系，是教师顺利开展工作的保障。首先，要处理好师生之间的关系。教师与学生是合作共享的共生关系，教育教学活动是在师生的对话与交流中展开和进行的。教师要扮演好民主管理者的角色，与学生进行平等的对话，才能促进师生之间的交往互动，推进教育活动的发展。其次，要处理好家校之间的关系。每个学生的出生与成长环境都不尽相同，家庭对孩子成长的影响是巨大的，要有效助力学生的发展，教师要做好家校之间的桥梁，既要处理和学生之间的关系，又要和家长有充分的沟通，疏通家校之间的关系。第三，要处理好教师群体的关系。从一个学生的培养到一个班级的管理，不是一个教师单独所能完成的。这就需要各科任教老师之间形成合力，共同助力学生的全面发展。另外，教师群体形成合力，教师与社会各界共同合作搞好学校教育，既是我们的教育革新所必需，也是整个社会发展进步的需要。

4. 教育研究能力

当代社会是一个知识型社会，更是一个学习型社会、创新型社会。教师不能仅仅满足于做一个教书匠，更要成为一个终身的学习者和研究者。树立科研意识，培养科研能力，坚持在教育教学中开展相关研究，是教师专业能力不断提高的保证。对于中小学教师来说,以解决实际问题为核心进行科学研究是最常见、最有效的研究形式。这就需要教师保持对日常教育教学工作的敏锐度,善于反思、勤于思考,以具体教育教学情境中的问题为导向,进行学习与研究,在创造性的解决问题的过程中提升教育教学能力,深化对教育规律的认识,提升自己的专业素养。

案例聚焦

李老师是一位刚刚参加工作的语文教师,她非常想在一开始就把教学工作的各方面做到最好。因此,她努力地学习教育教学理论,反复地研读教学参考书籍,并严格地遵照教学参考书上的内容及教学计划中所规定的时间进行教学。她怕完不成教学计划,在课堂上她讲得很快,生怕漏掉任何一个知识点。同事们都夸她很能干,可是学生们却抱怨她说话速度太快。最后虽然她紧赶慢赶,期末考试班级成绩还是落到其他班级的后面,这让她很是烦恼。

李老师的工作存在什么问题?

合作研习

举例说说语文教师具体应该具备哪些专业知识与能力。

三、教师专业发展的影响因素与途径

教师专业发展是推进素质教育的必然要求,也是教师适应社会发展、教育变革的自我要求。教师专业化的程度和发展水平,影响着教育教学质量和学校的办学层次,因此,教师专业发展是学校

管理与教育进步的核心问题之一。教师专业发展受到多种因素的制约,其中既有教师个人的内部因素,也有外部的环境因素。

(一)影响教师专业发展的因素

事物的发展一般都受到内部自身因素和外部环境因素两方面的影响,教师专业发展也不例外。教师专业发展是一个动态的、持续的、贯穿整个职业生涯的过程,因此,这些内外部因素对教师专业发展的影响也是具有连续性和动态变化的。对这些因素的把握,能够帮助我们理解和掌握促进教师专业发展的途径。

1. 个体因素

内部因素是影响教师专业发展的重要因素,是指教师的自我基础与自我完善,源于教师对自我角色的认识、需要、愿望与实践追求。具体来说,个体因素包括教师个体的教育信念、自我发展意识、知识结构与学习能力。

(1)教育信念

信念为人们从事实践活动提供精神力量,是人们自觉行动、追求卓越的内在动力。无论从事何种职业,职业信念对个体成长与发展的方向、速度、效果都起着决定性的影响,教师的教育信念也是如此。教育信念是指教师对教育事业、某种教育理论与教育主张的认同与遵循。教育是一项基于信念的事业,没有信念,教师的工作与实践就是机械的、没有生命力的。教育信念是教师世界观与价值观的具体体现,是教师教育实践的精神向导,既影响着教师的日常教育细节,也影响着教师职业生涯中的持续性发展。

教育信念是教师专业精神的核心。正是因为对教育事业的热爱,教师才会有充分的职业认同,不只把教师职业作为一种谋生的手段,而是全身心投入其中,将其作为自己一生的事业。在强大内驱力的推动下,激发自己的生命潜能,主动锤炼自己的专业素养,从而获得成就感、幸福感。

(2) 自我发展意识

在教师专业发展的内部影响因素中,教师的自我发展意识也是非常重要的一个因素。教师能否树立正确的专业发展观,是影响教师专业发展的重要问题。在进入教师职业初期,新手教师对职业的认同度会普遍较高,自我发展的需求比较强烈,在这个阶段,教师的专业成长速度较快。但进入职业发展期,很多教师就会面临专业发展的选择:是被动适应还是主动提升。教师的工作内容具有重复性,在这种枯燥重复与日新月异的教学改革的双重作用下,部分教师会产生职业倦怠感,自我发展的意识严重缺失。教师要走出职业倦怠,在日常教育教学场景中获得新鲜感与成就感恰恰需要教师有自我发展的需要与意识。自我发展的意识有利于教师专业的可持续发展,是教师走向成长型教师与专家型教师的必备因素。

(3) 知识结构与学习能力

专业知识与专业能力是教师专业发展的重要内容。教师要获得专业发展,除了有坚定的教育信念与清晰的自我发展意识之外,还需要有完整的知识结构与持续的学习能力。教学活动是一项复杂的实践活动,无论是对知识内容的把握、对学生情况的分析,还是对课堂的组织与调控、在教学情境中表现出的教育智慧,都是对教师知识与能力的考验。教育教学实践不是一成不变的,而是动态发展的。教师要应对各种教育教学场景,优质而艺术地完成教育教学工作,就要具备终身学习的能力。是否能持续学习,决定着教师是否能适应教育革新,成为新时代需要的教师。

2. 外部因素

(1) 社会层面

影响教师专业发展的社会因素有很多,比如社会期待、教育政策等。社会对任何一种职业都赋予了期望,对教师职业也不例外。由于教师职业的复杂性、价值性、伦理性,社会赋予教师职业的期待很高。教师在教育活动中充当着丰富的角色,教师是知识与社会规范的传递者,是班级事务的管理者,是学生心理的辅导者和心灵的启迪者,是持续不断的学习者,是社会公德与法律法规的模范践行者。这些社会期待一方面为教师专业发展指明了方向,使教师成长为符合社会期待的教育工作者;另一方面,也给了教师专业发展的压力,需要教师通过自身的不断发展来满足社会的期望。

教育政策是国家在一定时期内为实现教育目的而制定的有关教育的行动准则,包含了教育路线、方针政策以及与教育相关的法律、法规、规章等方方面面。教育政策规定了教师的社会地位与教师的待遇,是为教师专业发展提供的条件保障。教师管理制度如教师资格证书制度、教师评价制度、教师培训制度等政策是为教师的职业发展提供的政策标准,对教师专业发展起着规范与激励作用。

(2)学校层面

学校是教师专业发展的主阵地。学校的制度建设、工作氛围、管理方式都对教师的专业发展有重大的影响和作用。学校的环境氛围简单来说可以分为强制型与民主型。在民主型的工作氛围下,教师能够自由地进行全校间的合作与交流,发挥积极性与主动性,创造性地完成教育教学工作。相反,在强制型的工作氛围中,教师没有自主选择的空间,工作积极性与成就感被压制,专业发展的内部动力不足,甚至会对学校发起的专业发展培训与学习活动产生抵触。良好的校园工作环境是由全体教师共同努力营造的,校长作为学校的主要管理者,尤其影响着学校的环境氛围。学校领导践行民主的管理方式,营造民主和谐的工作氛围,是促进教师专业发展的重要条件。

(二)促进教师专业发展的途径

促进教师专业发展需要教师自身的发展意愿、发展目标、发展动力,也受制于社会、学校等外部环境对专业发展环境的营造。本部分主要讨论教师自我专业发展的途径。教师的自我专业发展,也离不开外部环境的支持。教师专业发展的途径包括教师进行专业学习的方式、形式与过程。教师专业发展的知识内容包括理论与实践知识,形式包括集体与个人两种形式,从这两个维度出发,教师专业发展的一般途径有以下几种。

1. 自主阅读

自主阅读是教师专业发展中最为日常、操作便易性最高的专业发展途径。教师在选择教师职业时往往已经具备坚定的教育信念,教育信念本身就是促使教师开展自主学习的内部推动力。此外,随着教育教学实践的深入,无论是在对教学内容的分析与把握方面,还是对学生心理特点的把握、师生关系的处理方面,教师都会有发现问题、产生解决问题的需求与动力。这些都促使教师开展积极主动的学习。而鉴于教师职业的特点,自主阅读专业理论类书籍、名师教学经验类书籍以及其他多种书籍,都能够帮助教师解决教学实践问题,积淀教育教学经验,加深对教育理论与规律的思考与认识。除了阅读书籍之外,教师还可以借助丰富的网络资源进行阅读和学习。

2. 同伴互助

同伴互助也是教育教学实践中教师专业成长的有效途径。在有良好工作氛围的学校,学校有鲜明的办学理念,用共同的长远目标培养教师,注意营造教师之间沟通交流、合作共进的环境,提倡和支持教师之间相互学习,提升教师团队的整体水准,努力打造学习型学校。在学校内,教师同伴互助的具体形式丰富多样,比如师徒结对、教研活动、备课组活动等。在开放互动的环境里,借助教学观摩、问题讨论、专题沙龙等多种形式,实现资源共享,让教师感受到合作的乐趣与价值,形成教学共同体,在团队的进步中实现自身的专业发展。

3. 行动研究

行动研究是教师在教育教学实践中,基于教育场景中实际出现的问题,以此作为研究的起点和对象,制定研究计划,充分收集资料,认真分析问题,提出改进方案,进行实施检验,反思调整策略,把教育教学实践与学习、行动结合起来。研究课题与内容出自教学实践,研究成果直接运用于实践场景,以改进教育质量、提高教师的实践能力。需要强调的是,在行动研究中,教学反思是必要的基础与能力。教学反思能激发教师不断审视自我教育教学,促进教师积极主动地探究教学问题,提升教学经验,有助于教师成为研究者。

4. 教师培训

教师培训是帮助教师提升专业发展的重要方式。教育部1999年颁布的《中小学教师继续教育规定》中强调,参加继续教育是中小学教师的权利与义务,并规定了教师培训的学时要求。如今,中小学教师参加由政府和学校主导的培训已经走向制度化和常态化。随着教育改革的深入,教师培训的内容更贴近实践需要,方式更加多样。从纯理论培训到理论与实践相结合,从线下集中培训到网络远程研修,从长时系统培训到短时专题研修,教师培训更加科学化,更能够解决教师所急、补充教师所需,帮助教师成长为更适应新时代要求的新型教师。

 案例聚焦

陈老师是一位充满了激情和活力的语文老师。为了切实提高所教班级的学习成绩,她阅读了大量的书籍,钻研了很多类型题。每次期末考试前,她都会按照自己的计划,逐个知识点击破,要求每个学生都过关,常常是加班加点地干。就是这样一位教师,她所教的班级成绩一直在年级遥遥领先。但学校有些老师根本不认同她的做法,认为她所做的是典型的用时间换成绩,没有任何技术含量,不值得推广。

请为陈老师提一些具体的发展和改进建议。

 合作研习

除了本节所讲到的专业发展策略外,你认为还有哪些途径有助于促进教师的专业发展?

四、乡村教师专业发展的障碍及策略

教师专业发展是推进教育现代化的重要内容,改革开放以来,我国中小学教师的专业发展已经取得了一定的成效,但也依旧存在诸多问题。其中最主要的问题之一就是乡村教师专业发展滞后。乡村教师作为我国教师队伍的主要力量,其专业发展不足,严重阻碍了乡村教育的发展与革新。

(一)乡村教师专业发展的主要障碍及原因

1. 知识结构不完善,缺乏专业学习

专业知识是教师开展教育活动的基础,教师专业知识包括学科专业知识、教育学科知识、实践性知识与普通文化知识。相对城镇教师,乡村教师的准入条件低,学历普遍较低,职前职后接受的教师培训资源与学习资源有限。因此,总的来说,乡村教师的学科知识不够扎实,知识视野比较狭隘;教育理论比较薄弱;科研知识匮乏,除了教研组活动外,个人研究很少;知识建构僵化,缺乏动态更新与完善。

由于乡村学校所处地理位置比较偏僻,经济发展总体落后,乡村教师很难在周围环境中获得满足自主学习所需要的硬件资源。

教师拥有的教学参考资源与自主学习资源都是比较匮乏的。

在教师的专业发展过程中,学习与培训机会是非常重要的。作为乡村教师,从某种程度上来说更需要培训与学习机会。但现实情况是优秀的学习资源的受益者与参与者往往是城镇教师或者少数骨干教师,大部分教师难以及时获得与乡村学校情况相适应的培训机会与资源。

2. 工资待遇低,社会地位边缘化

教师的工资收入是教师及其家庭的生存生活来源,稳定合理的收入是教师全身心投入教育教学工作的基本物质保障。但是,乡村教师的工资待遇相较于城镇教师的收入水平,还有很大的距离。经济收入的压力与城乡薪资水平的差异是导致乡村教师对专业发展投入动力不足的重要原因。

在传统社会,教师在乡村被视为精英,具有很高的社会地位。但当下的现实情况已经与传统社会完全不同。乡村教师由于收入低、工作环境差、工作压力大等因素,已经被边缘化。这种社会地位低的边缘化状况不仅是客观现实,也是乡村教师自身的心理体验。很多乡村教师出于提高收入、优化生活状况的需要,比较被动地从事教育工作,对教师职业的忠诚度也不高。这不仅会影响教育教学活动的有效开展,也不利于教师队伍的专业发展。没有主动、积极的教育意愿,就不可能有主动积极提升自我的动力。

3. 职业认同感低,幸福感不足

教师专业发展的实现需要持续不断的内在动力,有了这份动力,教师个体才会在专业知识、专业能力、专业理念等方面持续提升。然而,对于很大一部分乡村教师来说,是缺乏这一内在发展动力的。他们大多对教师的职业认同感较低,职业倦怠感较强,职业幸福感较低。

职业认同感较高的教师通常能以良好的职业态度、积极的职业心态投入到日常工作中去,他们也更能够感受到潜心教育的愉悦感与幸福感、成就感与满足感。此外,职业认同感高的教师也不容易受外在评判与名利的影响,能更好地抵制诱惑、面对冲突。乡村教师在职业动机上更多是为了安身立命,而非将教育工作视为自己终身投入热情与精力的事业,他们对于自己的职业价值,期望值也不高。

受环境与教育现实条件的制约,加之压力大、工资低、社会地位不高等因素,乡村教师在教育教学过程中获得的精神满足感会比较低,很难感受到教师职业带来的愉悦,无法安心于工作。职业幸福感越低,也就越不愿意提升自身的素质。

(二) 乡村教师专业发展的策略

综观以上乡村教师专业发展的障碍,外显情况是教师专业发展的条件与动力不足,分析内部原因,主要是由于乡村教师缺乏专业发展的外部支持。因此,本部分主要讨论促进乡村教师专业发展的外部支持策略与教师专业发展的内部动力激发策略。

1. 提高教师福利待遇与社会地位

提高教师福利待遇,为教师正常生活提供稳定的物质保障,是教师有精力与心力做好本职工作、投入教育教学的基础手段。满足教师的物质需求,可以从多方面来进行解决。首先,要加大财政支持力度,加大农村教育经费的投入,将更多农村教育经费用到提高乡村教师的待遇方面。其次,要逐步平衡城乡教师工资水平,缩减城乡教师待遇差。最后,当地政府、学校可以根据当地特色建立合理的薪酬激励机制,通过合理的薪酬激励,激发教师提高教育教学水平、进行专业发展的活力。

教师自身对专业发展的期待与其社会地位是呈正相关的。社会地位的提高会增进学生对教师的尊重、社会各界对教师的尊重,社会的积极反馈会提高教师的自尊感与自信心,会逐步使他们改进和优化自己的教育教学实践,产生专业发展的需求和动力。

2. 提供发展资源,搭建发展平台

将乡村教师的专业发展完全寄托于教师主动产生发展动力是不现实的,但为乡村教师提供丰富的发展资源,搭建好专业发展的平台,借助学校的有效管理,由外部刺激为发端,逐步激发乡村教师自主专业发展的意愿是当下可行的策略。

从职前到职后,农村教师同城市教师一样,也需要持续的成长支持。学校是为乡村教师搭建发展平台的主导与主力,因此,学校要主动与资源机构、其他学校保持联系,打开资源渠道,从自身实际情况出发,选取适合本校教师发展的发展资源,结合学校优势与特点,组织教师形成教科研团队,进行科研活动。在引进资源与搭建平台的过程中,学校要充分关注教师的发展需求,以教师的需求为导向与出发点,以适应教师发展需要,才能切实提高乡村教师的发展积极性。

3. 激发教师专业发展意识与动力

作为进行专业发展的主体,乡村教师要通过反思与总结,分析自己的教育教学实践状况,发现自身在教育教学方面存在的问题,树立反思意识;利用现有的平台与机会确定个人短期与长期发展的可行性计划,充分利用学校提供的资源支持与平台,发挥自己的教学优势,弥补自身存在的问题,对自身发展进行阶段性总结,在阶段性目标中超越自我,树立信心,积累经验,实现专业发展。

另外,从学校层面,也可以通过与其他学校教师结对、开展教研比赛、聘请专家进行专业引领等多种激励形式,在活动中激发教师的成长意识、进步动力,从而实现乡村教师的专业发展。

案例聚焦

石湖小学是一所地处城乡结合部的学校,学校校园破败,教师队伍业务素质低，不思进取。当时在石湖集镇上流传着对石湖小学教师的评价是"三多一少"：在集镇上有门面房做生意的教师多，在上面有关系的教师多，搞有偿家教的教师多，一心扑在教育工作上的教师少。因此，学校对教师的管理困难重重，教师的专业发展基本没有得到提升，教学质量不断下降。当时该校被人戏称为"学校办学无力，教师教书无心，学生管理无序"的"三无"学校。

针对石湖小学的现状，县政府教育督导室成立专门督导组，选派中坚力量作为组员，力争改善学校的状况。督导组发现石湖小学除硬件设施差之外，最主要的原因是教师的专业发展没有引起学校足够的重视，教师普遍感到迷茫，没有上进心和前进的动力，职业倦怠现象严重。

督导组研究后，确定了四项发展策略：一是加大投入，升级换代硬件设施；二是重视校园文化建设，创设优美环境；三是强化师生的养成教育，在"自我教育、自我约束、自我激励、自主发展"方面做文章；四是重点加强教师的专业发展和教育科研课题研究。同时，学校领导和部分教师自我加压，提出了"创名校，出名师，办人民群众满意的学校"，让老百姓也能享受像城里老牌学校那样的优质教育的奋斗目标。

三年的时间，学校焕然一新。布局合理，硬件建设上档次；校园文化建设令人耳目一新、催人奋进；师生乐观自信，具有昂扬向上的精神斗志。学校领导能科学规划学校的发展，管理精细、规范、科学、民主，善于调动教师的工作积极性，呈现出一派"人人激情四溢，个个活力四射"的喜人局面。良好的办学影响力在当地人中有口皆碑，更是吸引了很多人慕名前来参观。

 推荐阅读

叶澜、白益民、王枬、陶志琼《教师角色与教师发展新探》，教育科学出版社,2001年。

帕克·帕尔默《教学勇气——漫步教师心灵》,华东师范大学出版社,2014年。

 技能训练

1. 教师专业发展有哪些特点？请简要分析。
2. 影响教师专业发展的障碍有哪些？背后的原因是什么？

第十章
乡村教师职业素养

 模块导读

职业素养是一名教师所必备的,它由中小学教育教学实践中的多个领域的知识与技能构成。良好的职业素养是胜任教师岗位的基本条件,在乡村振兴的大时代背景之下,本章将聚焦乡村教育场域下的教师所应具备的素养。学习本章内容,需要密切结合当下的时代背景,特别是与乡村教育的相关政策来理解新时代对乡村教师的新要求。

一、乡村教师与乡村振兴

(一) 乡村及乡村教育

1. 乡村

乡村一般相对于城市而言,主要指人口分散居住,以农业生产为主要经济来源的居住场所。由于受产业结构的制约,一直以来生产力水平都远远低于城镇地区,经济水平低,人口流动小,信息较为闭塞,导致乡村成了落后的代名词。

随着以改革开放为起点的现代化建设不断推进,国民经济总量增长主要由第一、二产业带动转为主要由第二、三产业带动,在党的十七届三中全会上强调坚持工业反哺农业、城市支持农村的重要思想,即落实科学发展观,统筹城乡发展,逐步消除城乡二元结构。在国家经济实力提升和政策的支持下,乡村也发生着深刻的变化,产业结构也不再单一,也形成了包含工业、交通运输业、建筑业和服务业等经济生活的整体。根据乡村在不同历史时期呈现出不同的特征,可以分为原始型乡村、古代型乡村、近代型乡村、现代型乡村和未来型乡村五个阶段。我国乡村正处于由近代型向现代型过渡阶段,需要着力解决乡村产业、教育、文化等问题。为进一步落实农村发展,在 2021 年 4 月 29 日通过了《中华人民共和国乡村振兴促进法》,以法律的形式保障了我国农村的发展。

2. 乡村教育

乡村教育的溯源必须提到乡村建设运动,发端于 20 世纪二三十年代的内忧外患的灾难深重之际。当时的知识界普遍认同"农村破产即国家破产,农村复兴即民族复兴",他们投身于农村建设,希冀开辟一条强国之路,其中就有我们熟悉的梁漱溟、晏阳初、黄炎培、陶行知等人。他们都认为中国这一农业国家的发展必须从农村入手,从农村教育入手,通过创办乡村学校等多种形式掀起了乡村教育运动。

中华人民共和国成立后的乡村教育可以分为以下四个阶段。[①]

阶段	时间	目的	主要措施	意义
1	1949—1957	改造农村旧教育,创建社会主义农村新教育	① 实行教育"向工农开门"的方针;② 接办农村私立学校;③ 农村全民识字运动;④ 农村教育的社会主义思想改造。	工农获得受教育权;回收教育主权;促进扫盲的开展,提高人民科学文化水平和道德思想。

---

① 顾建军《建国以来我国农村教育发展与改革历程的回顾》,《江西教育科研》1990 年第 6 期。

续表

阶段	时间	目的	主要措施	意义
2	1956—1966	社会主义农村教育的初步发展和改革探索	① 农业中学的创办与发展;② 半农半读教育制度的创立;③ 农村群众性扫盲与业余教育。	促进农村教育为农村服务,教育与劳动相结合;利于农村教育的发展与普及,提高农村劳动者素质。
3	1968—1979	"文革"中的农村教育革命	① 农村小学教育管理体制的改革试验;② 农村中小学课程及办学方式改革;③ "五·七"农业学校;④ 普及农村小学五年教育。	造成农村小学教师队伍近乎溃散;造成教学秩序混乱,课堂纪律松散,课程知识严重不足;大办"三无"学校,导致教育质量全面下降。
4	1979—1990	开创社会主义农村教育的新局面	① 农村中等教育结构改革;② 农村教育管理体制改革;③ 有步骤地普及九年义务教育;④ 农村教育综合改革试验。	完善农村教育体系;把农村教育责任落实到地方,提高农村教育质量;拉开农村教育科学改进的序幕。

进入新世纪后在社会主义新形势和全面素质教育的要求下,我国的乡村教育也迎来新机遇与挑战。乡村教育随着乡村振兴也再次成为国家发展的重要议题。在乡村振兴战略下,解决好"三农"问题已经成为全党工作的重中之重,这为乡村教育的发展提供了有力保障。而乡村教育是推进乡村振兴的重要源泉,乡村教师便是办好乡村教育的基础支撑,乡村教师队伍建设便刻不容缓。

 案例聚焦

反哺乡村,在基层贡献力量

许志辉是约 290 万名乡村教师之一,他用点点烛光,照亮学生的梦想,如春风化雨般滋润乡村教育沃土。1970年许志辉出生在农村,吃不饱穿不暖的落后农村生活,让年少的他坚信读书是唯一的出路。1989年,许志辉从泉州培文师范学校毕业后,成了上寨小学的一名教师。这是一所位于福建省安溪县白濑乡的村小。当时学生人数少,只有六个教学班,共有200多人。随着农民外出务工挣钱的浪潮,越来越多的孩子跟随父母一起离开,学生数量不断减少,学校已经面临撤点并校。可是还有些孩子仍然依赖着这所学校,那些留守的儿童经不起更多上学路程的奔波。一想到这里,许志辉的心里很不是滋味。在这所村小已经工作了28年的他,放弃了调离到更好学校的机会,选择了留下来,成了学校唯一的老师。他这样说道:"尽管校舍简陋,条件艰苦,但看着孩子们一张张可爱的脸庞、一双双求知的眼睛,我就有许多不舍,决心让每一名孩子都成长成才。"2020年秋季,教学点迎来了七位一年级的小朋友,他不仅一个人承担起了所有科目的教学工作,还负责整理教具、清扫校园,每天都早早地迎接他的学生。他看学生的眼里有光,有爱。

"远看山有色,近听水无声。春去花还在,人来鸟不惊……"清晨,孩子们的琅琅读书声回荡在空旷的大山里。像他这样一生耕耘在乡村的教师还有很多,有湖南省益阳市资阳区张家塞乡下资学校的邓红兆努力创办特色学校,有青海玛多县的乡村教师拉尖本在持续不断的余震中守护学生、思考学生辍学的问题,他们不问收获,只想奉献。

(二) 21世纪乡村教师政策节选

乡村教育的发展离不开乡村教师,而乡村教师普遍面临着"下不去,留不久,教不好"等问题。要解决这些问题,必须依靠国家的政策,来建立乡村教师的招聘、培养、发展等有效的机制。以下通过主要政策的节选,来概览进入21世纪后乡村教师这一主体的变化发展。

生活物质环境差、工资低、专业发展平台缺乏等因素严重地制约了乡村教师人才的流入，因此对乡村教师的激励政策是最为重要的措施。进入21世纪后我国政府对乡村教师的重视体现在以下激励政策上。

2004年颁布了《农村教师资助行动计划》，湖北省教育厅于当年启动了"湖北省农村教师资助行动计划"，通过四个方面来吸引和培养高校毕业生成为一名农村教师。其一是通过六项优惠政策，形成激励机制：① 经由当地主管部门考核及格的，省教育厅对每人每年奖励5 000元；② 免除试用期，可以提前参与职称评定，工资由县(市)按照国家标准每月足额发放；③ 毕业于具有研究生推免资格的高等学校，可先取得研究生入学资格，待服务期满后可再入学攻读硕士；④ 服务期满且考核合格，可通过选拔攻读教育硕士；⑤ 户籍关系所在地可自由选择留高校或者随工作迁移；⑥ 对非师范专业高校毕业生实行免费教资培训并免收教资考试费用。其二是协调供需，完善人才选拔机制。其三是选派资深专家进行岗前培训。其四是建立继续教育培训制度，形成跟踪培养体系。

2006年教育部、财政部、人事部、中央编办等部门联合发布《关于实施农村义务教育阶段学校教师特设岗位计划的通知》，对于特设岗位教师的优待在文件中明确指出：

特岗教师享受《中共中央办公厅　国务院办公厅印发〈关于引导和鼓励高校毕业生面向基层就业的意见〉的通知》(中办发〔2005〕18号)和《关于组织开展高校毕业生到农村基层从事支教、支农、支医和扶贫工作的通知》(国人部发〔2006〕16号)规定的有关优惠政策。各省(自治区、直辖市)将制订具体落实政策和措施。

"特岗计划"所需资金由中央财政和地方财政共同承担，以中央财政为主。中央财政设立专项资金，用于特设岗位教师的工资性支出,并按人均年 1.5 万元的标准,与地方财政据实结算。

"特岗计划"教师聘期 3 年,聘任期间执行国家统一的工资制度和标准;其他津贴补贴由各地根据同等条件公办教师年收入水平和中央补助水平综合确定。凡特设岗位教师工资性年收入水平高出 1.5 万元的,高出部分由地方政府承担。

省级财政负责统筹落实资金,用于解决特设岗位教师的地方性补贴、必要的交通补助、体检费和按规定纳入当地社会保障体系,享受相应的社会保障待遇(政府不安排商业保险)应缴纳的相关费用,以及特设岗位教师岗前集中培训和招聘的相关工作等费用。同时,地方政府还要负责为特设岗位教师解决相关周转住房等生活条件。[①]

2006 年教育部为进一步解决农村教师队伍建设问题而颁发的《关于大力推进城镇教师支援农村教育工作的意见》中对于支教教师的待遇做出了总体要求:

认真落实支教的相关政策。参加支教的教师,只转临时组织关系,人事关系和原单位工资福利待遇不变,工龄、教龄和教师职务任职年限连续计算,生活费和交通费补贴要有专项经费予以保障。选派到农村学校支教的高校毕业生支教期间的待遇按照中办发〔2005〕18 号文件规定执行。城镇中小学教师和高校新聘青年教师支教期限应不少于一年。各地要进一步建立和完善城镇中小学教师到农村任教服务期制度。城镇中小学教师晋升高级教师职务以及参评优秀教师和特级教师应有在农村学校任教一年以上的经历。

积极做好支教人员的培训和管理。参加支教的人员必须具备

---

① 《关于实施农村义务教育阶段学校教师特设岗位计划的通知》,2006 年 5 月, http://www.moe.gov.cn/srcsite/A10/s7058/200605/t20060515_81624.html。

教师资格条件并经过岗前培训,岗前培训由省级教育行政部门组织实施。支教教师支教期间由受援单位和派出单位双重管理,以受援单位管理为主。派出单位要积极帮助支教人员解决后顾之忧,使他们安心做好支教工作。受援地区和学校要及时对支教人员的工作和生活做出妥善安排,使其充分发挥作用。支教人员在支教期间的工作实绩作为教师评优、晋升教师职务、评选特级教师、获得科研资助的重要依据。[①]

2010年颁布的《国家中长期教育改革和发展规划纲要(2010—2020年)》从国家发展的角度提出到2020年要基本实现教育现代化,使我国成为人力资源强国。其中文件第十七章涉及乡村教师的内容如下:

以农村教师为重点,提高中小学教师队伍整体素质。创新农村教师补充机制,完善制度政策,吸引更多优秀人才从教。积极推进师范生免费教育,实施农村义务教育学校教师特设岗位计划,完善代偿机制,鼓励高校毕业生到艰苦边远地区当教师。完善教师培训制度,将教师培训经费列入政府预算,对教师实行每五年一周期的全员培训。

对长期在农村基层和艰苦边远地区工作的教师,在工资、职务(职称)等方面实行倾斜政策,完善津贴补贴标准。建设农村艰苦边远地区学校教师周转宿舍。研究制定优惠政策,改善教师工作和生活条件。关心教师身心健康。落实和完善教师医疗养老等社会保障政策。国家对在农村地区长期从教、贡献突出的教师给予奖励。[②]

[①] 教育部《关于大力推进城镇教师支援农村教育工作的意见》,2006年2月,http://www.moe.gov.cn/srcsite/A10/s7058/200602/t20060226_81598.html。

[②] 教育部《国家中长期教育改革和发展规划纲要(2010—2020年)》,2010年7月,http://www.moe.gov.cn/srcsite/A01/s7048/201007/t20100729_171904.htm。

2015年出台了专门针对乡村教师队伍建设的文件《乡村教师支持计划(2015—2020)》,从待遇、编制、职称、荣誉等多个方面提升乡村教师的就业吸引力:

提高乡村教师生活待遇。全面落实集中连片特困地区乡村教师生活补助政策,依据学校艰苦边远程度实行差别化的补助标准,中央财政继续给予综合奖补。各地要依法依规落实乡村教师工资待遇政策,依法为教师缴纳住房公积金和各项社会保险费。在现行制度架构内,做好乡村教师重大疾病救助工作。加快实施边远艰苦地区乡村学校教师周转宿舍建设。各地要按规定将符合条件的乡村教师住房纳入当地住房保障范围,统筹予以解决。

统一城乡教职工编制标准。乡村中小学教职工编制按照城市标准统一核定,其中村小学、教学点编制按照生师比和班师比相结合的方式核定。县级教育部门在核定的编制总额内,按照班额、生源等情况统筹分配各校教职工编制,并报同级机构编制部门和财政部门备案。通过调剂编制、加强人员配备等方式进一步向人口稀少的教学点、村小学倾斜,重点解决教师全覆盖问题,确保乡村学校开足开齐国家规定课程。严禁在有合格教师来源的情况下"有编不补"、长期使用临聘人员,严禁任何部门和单位以任何理由、任何形式占用或变相占用乡村中小学教职工编制。

职称(职务)评聘向乡村学校倾斜。各地要研究完善乡村教师职称(职务)评聘条件和程序办法,实现县域内城乡学校教师岗位结构比例总体平衡,切实向乡村教师倾斜。乡村教师评聘职称(职务)时不作外语成绩(外语教师除外)、发表论文的刚性要求,坚持育人为本、德育为先,注重师德素养,注重教育教学工作业绩,注重教育教学方法,注重教育教学一线实践经历。城市中小学教师晋升高级教师职称(职务),应有在乡村学校或薄弱学校任教一年以上的经历。

建立乡村教师荣誉制度。国家对在乡村学校从教30年以上的教师按照有关规定颁发荣誉证书。省(区、市)、县(市、区、旗)要分别对在乡村学校从教20年以上、10年以上的教师给予鼓励。各省级人民政府可按照国家有关规定对在乡村学校长期从教的教师予以表彰。鼓励和引导社会力量建立专项基金,对长期在乡村学校任教的优秀教师给予物质奖励。在评选表彰教育系统先进集体和先进个人等方面要向乡村教师倾斜。广泛宣传乡村教师坚守岗位、默默奉献的崇高精神,在全社会大力营造关心支持乡村教师和乡村教育的浓厚氛围。①

2016年国务院颁布《关于统筹推进县域内城乡义务教育一体化改革发展的若干意见》提出要完成教育脱贫的任务,要稳步提高乡村教师待遇,大幅增加岗位吸引力:

改革乡村教师待遇保障机制。各地要实行乡村教师收入分配倾斜政策,落实并完善集中连片特困地区和边远艰苦地区乡村教师生活补助政策,因地制宜稳步扩大实施范围,按照越往基层、越往艰苦地区补助水平越高的原则,使乡村教师实际工资收入水平不低于同职级县镇教师工资收入水平。健全长效联动机制,核定义务教育学校绩效工资总量时统筹考虑当地公务员实际收入水平,确保县域内义务教育教师平均工资收入水平不低于当地公务员的平均工资收入水平。建立乡村教师荣誉制度,使广大乡村教师有更多的获得感。完善乡村教师职业发展保障机制,合理设置乡村学校中级、高级教师岗位比例。落实中小学教师职称评聘结合政策,确保乡村学校教师职称即评即聘。将符合条件的边远艰

---

① 教育部《乡村教师支持计划(2015—2020)》,2015年6月,http://www.moe.gov.cn/jyb_xxgk/moe_1777/moe_1778/201506/t20150612_190354.html。

苦地区乡村学校教师纳入当地政府住房保障体系,加快边远艰苦地区乡村教师周转宿舍建设。①

2018年颁布的中华人民共和国成立以来的第一个专门面向教师队伍建设的里程碑式的文件《关于全面深化新时代教师队伍建设改革的意见》,再次强调乡村教师的待遇问题:

大力提升乡村教师待遇。深入实施乡村教师支持计划,关心乡村教师生活。认真落实艰苦边远地区津贴等政策,全面落实集中连片特困地区乡村教师生活补助政策,依据学校艰苦边远程度实行差别化补助,鼓励有条件的地方提高补助标准,努力惠及更多乡村教师。加强乡村教师周转宿舍建设,按规定将符合条件的教师纳入当地住房保障范围,让乡村教师住有所居。拿出务实举措,帮助乡村青年教师解决困难,关心乡村青年教师工作生活,巩固乡村青年教师队伍。在培训、职称评聘、表彰奖励等方面向乡村青年教师倾斜,优化乡村青年教师发展环境,加快乡村青年教师成长步伐。为乡村教师配备相应设施,丰富精神文化生活。②

2020年六部委共同颁布《关于加强新时代乡村教师队伍建设的意见》,文件中的第七点和第八点都在确保乡村教师的优待与保障:

七、提高地位待遇,让乡村教师享有应有的社会声望
17. 提高社会地位。开展多种形式的乡村教师服务慰问活动。

---

① 《关于统筹推进县域内城乡义务教育一体化改革发展的若干意见》,2016年7月,http://www.moe.gov.cn/jyb_xxgk/moe_1777/moe_1778/201607/t20160711_271476.html。
② 教育部《关于全面深化新时代教师队伍建设改革的意见》,2018年1月,http://www.moe.gov.cn/jyb_xwfb/moe_1946/fj_2018/201801/t20180131_326148.html。

建立乡镇党委和政府组织、村委会和乡村学校等参加的联席会议制度，重点研究和解决乡村教师队伍建设的困难和问题。研究涉及中小学重大事项时，应吸收教师代表参加，听取教师意见。为更多优秀乡村教师参与乡村治理、推动乡村振兴提供多种渠道。

18. 提高生活待遇。完善乡村教师待遇保障机制，确保平均工资收入水平不低于或高于当地公务员平均工资收入水平。完善绩效工资政策，在核定绩效工资时，对乡村小规模学校、寄宿制学校、民族地区、艰苦边远地区学校给予适当倾斜；支持各地因地制宜调整绩效工资结构，合理确定奖励性绩效工资占比；加大课时量和教学实绩在考核评价和绩效工资分配中的权重，绩效工资分配向班主任、教学一线和教育教学效果突出的教师倾斜。全面落实集中连片特困地区乡村教师生活补助政策，依据学校艰苦边远程度实行差别化的补助标准。将符合条件的乡村学校教师纳入当地政府住房保障体系，鼓励各地采取多种形式对符合条件的乡村教师在城镇购买住房给予一定优惠。同时，通过改建、配建和新建等渠道建设好乡村教师周转宿舍。各地按照有关规定使符合条件的乡村教师享受医疗救助等政策。保障基本医疗卫生服务，定期对乡村教师进行身体健康检查，以学区为单位建立心理辅导中心。

19. 完善荣誉制度。国家继续对在乡村学校从教30年以上的教师颁发荣誉证书，各地结合实际给予奖励。在各类人才项目、荣誉表彰、评奖评优中，向乡村教师倾斜。鼓励各地加大育人先进事迹和教学典型经验的宣传推介力度，组织开展集体外出学习交流。鼓励和引导社会力量建立专项基金，对长期在乡村学校任教的优秀教师给予物质奖励、培训机会和荣誉表彰。

八、关心青年教师工作生活，优化在乡村建功立业的制度和人文环境

20. 促进专业成长。优化乡村青年教师发展环境，在培训、职称评聘、表彰奖励等方面向乡村青年教师倾斜，实施多种形式的乡

村青年教师成长项目,加快乡村青年教师成长步伐。健全传帮带机制,充分发挥名师、名校长、骨干教师的示范引领作用,通过结对子、组建学科小组、纳入工作室等方式,主动为青年教师当导师、作榜样,帮助青年教师提高专业发展能力。继续实施乡村优秀青年教师培养奖励计划,提供更多学习机会。

21. 丰富精神文化生活。在保障教育教学的情况下,组织青年教师参加乡村各种文化活动,主动融入当地百姓生活。关心乡村青年教师婚恋问题,发挥工会、共青团、妇联等群众组织的作用,帮助他们幸福成家、美满生活。[1]

通过这些列举出来的已颁发的相关政策,我们可以看出国家对于乡村教师队伍建设、提升乡村教育的决心和行动。这些政策都围绕乡村教师的地位待遇、职称评定条件、经济奖励、荣誉制度和质量提升等方面,其中重点节选出了关于乡村教师激励的政策部分,这是增强乡村教师岗位吸引力的重要因素。

二、乡村教师职业素养

(一)教师职业素养

教师作为一种职业,具有其专业性,专业性的内容构成便是教师的职业素养。职业素养一般指顺利从事某种职业的基本条件,这个条件一般包含了专业知识、专业技能、专业能力。教师的职业素养就是指教师顺利完成教育教学活动工作的基本条件,但是教师作为一种特殊的、具有教书育人的神圣使命的职业,除了专业知识与能力外,还需要有较高的职业道德和较强的职业理念。因此对于教师职业素养,我们可以理解为职业理念、职业道德、专业知

---

[1] 教育部等六部委《关于加强新时代乡村教师队伍建设的意见》,2020 年 2 月,http://www.moe.gov.cn/srcsite/A10/s3735/202009/t20200903_484941.html。

识和专业能力四个内容。①

1. 职业理念

理念,对事物的看法、观点,职业理念即对所从事职业的认识,包含了对职业的工作内容,职业的社会地位与社会意义,职业中个人价值的体现等认识,这种认识往往能够支撑职业奋斗。而教师职业理念即是对教师职业的认识,其中包含了教师职业的基本工作内容教书育人;教师的工作对象具有特殊性,是学生而不是毫无感情的产品,是一张张活泼可爱的小脸,每一张笑脸之下都有不同的个性,日复一日的繁琐教学事务需要教师极大的耐心和信心,因此只有抱着对工作的热爱、对学生的热爱才能坚持下来,热爱专业也是教师的职业理念之一;同时,教师的"教书"和"育人"都具备很强的时代性,教学内容和教学方法都随着不同学生、不同教材、不同社会要求而改变,需要教师拥有较强的学习能力,不断与时俱进。所以教师还需要具备终身学习的职业理念。因此教师的职业理念由三个部分构成:教书育人、热爱专业、终身学习。

2. 职业道德

道德是一定社会中人们生活和行为需要遵守的规则。我国历来注重"德",古有荀子言"故学至乎礼而止矣,夫是之谓道德之极",今有国务院颁布的《新时代公民道德建设实施纲要》。在两千多年的历史流转中,道德从未缺席,始终与时俱进更新着内容。因此道德对一个民族、社会,甚至一个国家都有极其重要的管束力量。对于教师职业而言,道德显得尤为重要。这是由于教师对教育世界中的关系的调整具有较大的自由度。工作干得多与少、干得好与不好,都由教师自己决定。这种利益关系调节的自由性,使得教师必须具备较高的道德自觉性。同时教师的一言一行对于学

---

① 龙宝新《教师专业发展与职业道德修养》,陕西师范大学出版社,2016年,第5页。

生而言是影响深远的,或是温暖一生的鼓励,或是挥之不去的阴影。从教书育人的职业使命而言,职业道德是教师必须遵守的。教师职业道德一般包括依法执教、关心学生、人格修养、为人师表等内容。

3. 专业知识

专业知识的掌握是从事任何一种职业的前提条件,教师的专业知识是帮助教师站稳岗位、促进专业发展的重要条件。为了促进教师的专业发展,提升国民整体教育质量,教育部于2012年2月10日印发了《幼儿园教师专业标准(试行)》《小学教师专业标准(试行)》和《中学教师专业标准(试行)》三个文件。其中的《中学教师专业标准(试行)》,将教师的专业知识分为教育知识、学科知识、学科教学知识和通识性知识四大类。教育知识主要是依据教育学、教育心理学两大基本学科内容来掌握中学教育的基本原理和主要方法;学科知识是指对任教学科的基本知识体系、知识内容,以及本学科与其他课程和社会实践之间的跨学科联系;学科教学知识,掌握学科知识并不代表着能够教好学科知识,教学是一种充满技术与艺术的工作。学科教学知识是关于如何"教"的知识,基本上指解读课标、课程开发、根据学情制定教学策略、设计教学方案等教学法的知识。通识性知识主要指人文科技类知识,国情知识,艺术知识和教育技术知识,比如制作微课所使用的软件操作等。

4. 专业能力

教师的专业能力高低直接指向了教育教学工作的实际效果,一般包含了教学设计、教学实施、班级管理与教育活动、教育教学评价、沟通与合作、反思与发展的六大能力。教师的教学设计、教学实施、班级管理与教育活动是教师教育教学工作的常规内容,是教师必备的基础性能力。教育教学评价和沟通与合作是教师的关键性能力,教书育人不是单枪匹马,课堂更不是一手遮天,班级的有效管理离不开教师对学生的正确评价,更离不开教师团队的协作。新手型教师可以随着工作时间而转变成熟手型教师,而熟手型教师却并不能仅依靠年龄就可以进一步蜕变为专家型教师。反思与学习是教师专业发展的必备途径,也是教师的发展性能力。

合作研习

张桂梅,一位用一生的行动点亮了乡村女孩人生梦想的优秀人民教师,使无数中国人感动。2021年6月29日,她拖着病痛的身体走进了人民大会堂,被授予"七一勋章"。她的获奖发言中阐述了她作为一名植根于乡村几十年的老教师对教师职业理念的理解,请阅读她的获奖感言,谈谈她对于教师职业素养的理解。

尊敬的习近平总书记,各位领导,同志们:

大家好!我叫张桂梅,是一名普通的人民教师。

习近平总书记将代表党内最高荣誉的"七一勋章"授予我们29名同志,这份光荣属于奋战在各条战线上的每一名共产党员。请允许我代表今天受到表彰的同志们,感谢党中央对我们的充分肯定,感谢广大党员群众对我们的支持和信任!

46年前,我从东北到云南支边,成为一名教师。在无数次家访中,看着一个个山区女孩因贫困失学,我心痛到无法呼吸。我体会到,一个受教育的女性,能阻断贫困的代际传递,改变三代人的命运。

于是,我决心创办免费女子高中,点亮贫困地区孩子们的梦想。在党的关怀和社会各界支持下,华坪儿童之家、女子高中先后建立,近2 000个女孩考入大学,172个孤儿有了温暖的家。

这里特别想说,办学初期,条件艰苦,之所以能够坚持下来,就在于党的精神感召,学校党员向着党旗保证"一定要把女子高中办好",百折不挠,顽强拼搏。

我们始终牢记习近平总书记"教育是国之大计、党之大计"的谆谆教导,坚持为党育人、为国育才,以党建统领教学、以革命传统立校、以红色文化育人,引导学生们感党恩、听党话、跟党走,做党的好女儿。

许多学生和我说,上大学后,第一件事就是申请入党,要成为一名光荣的共产党员,沿着革命先烈的足迹,哪里需要就到哪里去。我们在学生心中深埋一颗颗红色的种子,帮她们系好人生第一粒扣子,引着她们做共产主义事业的接班人。学生们远方有灯、脚下有路、眼前有光,在山沟沟里也能看到外面精彩的世界,看到美好的未来。

有人问我,为什么做这些?其中有我对这片土地的感恩和感情,更多的,则是一名共产党员的初心和使命。小说《红岩》和歌剧《江姐》是我心中的经典,我最爱唱的是《红梅赞》。受革命先烈影响,受党教育多年,我把党的声誉看得很重,把共产党员这个称号看得很重。

我们所做的一切,不过是许多共产党员每天正在做的事情,而党和人民却给了我们如此崇高的荣誉。戴着这枚沉甸甸的勋章,我受到莫大的鼓舞。

习近平总书记说,"征途漫漫,惟有奋斗"。只要还有一口气,我就要站在讲台上,倾尽全力、奉献所有,九死亦无悔!

党的百年华诞即将到来,衷心祝愿我们伟大的党青春永驻,伟大的祖国繁荣富强,伟大的人民幸福安康!

(二)乡村教师职业素养

乡村由于大多地区偏远,远离城市,生活待遇低,专业发展受限等显著的问题而经常出现"教师荒"的问题。虽然国家每年都出台不同的政策,比如特岗招聘高校毕业生,实行各种优待政策,但是每年仍然有很大的乡村教师缺口,在职的乡村教师也有人不断调走、考走，造成教师荒不断出现，这就为乡村教育质量的整体提升增加了难度。教育要实现脱贫，首先就要解决乡村教师缺口和质量问题。

乡村教师的职业素养，除了一般教师应该具备的基本职业素养以外，还应该有能适应乡村职业生活的特有素养。一谈到乡村地区留不住教师的原因，无外乎工资低、离家远、专业发展受限，这类问题都可以通过国家政策进行补偿性解决，但是乡村地区生活娱乐圈子受限，年轻教师缺少投身于乡村教育的热忱等这类问题就不单单是政策上的调整就可以吸引更多老师志愿于乡村教育的。因此要特别提出能够胜任乡村教师岗位的教师应该具备哪些素养的问题。乡村教师的职业素养应该由认识、情感、能力三个维度构成，第一从职业理念出发应该具有乡村发展理念；第二从职业情感出发乡村教师应该有一颗热爱乡村、关切乡村人民的热忱之心；第三从能力出发乡村教师应该具有开发本土课程的能力，结合当地特色实现课程乡土化，并且具有教育教学的创新能力，将乡土特色融合在创新中，能在创新的过程提升专业性的同时也能加强教师自我的职业成就感。因此，乡村教师素养由乡村发展理念、乡土情怀、乡土教学、创新研究四个素养构成。

1. 乡村发展理念

乡村发展理念指的是对我国现阶段农村的发展实际状况的了解，国家制定关于乡村发展政策的认识与理解，以及乡村地区的发展对整个社会和国家的作用的认识。乡村发展理念这一职业素养可以帮助乡村教师更好地树立起乡村教育的使命感与职业的认同感与价值感，是乡村教师的基础性素养。

在一项针对大学生的乡土情怀调查中显示，多数 2000 年后出生的学生对于现代化新农村的面貌都没有较为清晰的认识，将乡村这一概念固化等于落后、贫穷、不讲卫生、生活条件恶劣。这种固化的印象都反映出青年在向城性心理倾向主导下对农村的建设与发展的忽视。建设农村是我国当下刻不容缓的任务,是构建社会主义和谐社会和时代发展的重要议题,国家要实现现代化就必须使农业现代化走在前头,农民富起来了国家才能富,农村稳定了社会才能稳的认识。2005年中国共产党十六届五中全会上通过的《十一五规划纲要建议》明确提出社会主义新农村建设,提出从生产、生活、乡风习俗、环境卫生、民主等几方面的发展要求,使得家家户户通水泥路、用上自来水、烧上天然气不再是梦。从国家政策上,我国在2021年4月29日通过了《中华人民共和国乡村振兴促进法》,还有各个地方出台的一系列关于三农问题的政策乡村教师都应该有所认识。

2. 乡土情怀

乡土情怀指建立在乡村文化的基础上的热爱乡村自然生活、关切乡村人民现状、认同乡村建设的价值观等内容。而乡村文化一般指向地方历史、地理、物种生态、文化习俗、人物风情、生活生产经验等,每一个乡村都有自己独特的文化造就相同的乡土情怀。乡土情怀可以帮助乡村教师更加适应当地生活,对农村农民,特别是困难家庭学生的关爱之情可以成为乡村教师强有力的情感支撑。

新型城镇化建设开启了我国现代化进程的新篇章,城乡一体化带动乡村经济发展的同时也带来了具有强大冲击力的外来城市文化,在城市文化的扩张与渗透中乡土文化日渐式微。乡村教育便趋向以城市文化和城市价值为主,冲击了乡村传统文化的延续和传承。现代化的校园文化建设中对乡村文化漠视又加剧了培养乡村学生乡土情怀的困难。同时,在市场经济带动下,乡村青年产生了"逃离"乡村的不满情绪,无法实现自身角色认同,"比较"和"嫉妒"心理导致他们对乡村生活感到焦虑,逐渐形成"跳出农门,改变命运"的想法。因此基础教育和高等教育中乡土情怀的缺失导致越来越多的年轻人离开农村走进城市,同时城市青年也更愿意选择留在城市。在这样的大背景下乡村建设人才凋敝,尤其是优质乡村教师缺乏。乡村教师的乡土情怀素养在这个大背景下就显得尤为重要,是乡村教师的关键性素养。

3. 乡土教学

乡土教学是指在乡土情怀的支撑下,通过充分理解当地的生活,细致全面挖掘当地乡村文化梳理出可用于教育教学的乡村资源,并通过合理的教学设计将这些资源转换为教学内容。乡土教学与已有的"地方课程"与"校本课程"有相同,又有所区别。相同之处即都是利用当地本校的特有资源进行课程开发,而乡土教学特指利用乡土生活、乡村文化进行的资源整合与课程开发与教学设计。

提升乡村教育质量,关注乡村学生发展,自然就要将目光放在乡村教育的课程内容之上。而乡土教学正是建立在我国目前课程改革的大背景之下:自第八次课改,我国开始实行了国家、地方、学校三级课程管理体制,使得学校和教师被赋予了课程开发的权利,在近几年的政策文件中"乡土课程开发"的相关表述也多次反复被提及;2016年《关于推进中小学生研学旅行的意见》指出"根据学段特点和地域特色,逐步建立小学阶段以乡土乡情为主、初中阶段以县情市情为主、高中阶段以省情国情为主的研学旅行活动课程体系";2017年《国家教育事业发展"十三五"规划》提出"开发校内外丰富的课程资源";2020年《关于加强新时代乡村教师队伍建设的意见》指出"探索小班化教学模式,充分融合当地风土文化,跨学科开发校本教育教学资源,引导教师立足乡村大地,做乡村振兴和乡村教育现代化的推动者和实践者"。

乡土教学目前主要有两种常见形式。第一种是从地方课程与校本课程出发,开发乡土课程,如彭云利用溧阳当地的"历史建筑"这一特色资源进行的乡土课程开发,还有利用常州市的悠久龙城历史文化,开发《龙城史话》的乡土校本课程。第二种是将当地乡土资源与具体学科教学相结合,如福建省漳州地区利用当地的芗剧进入音乐课的形式来设计乡土教学。

从乡村教师资源的角度来说,乡土教学可以使更多教师"留下来"。因为要养成乡土教学的素养,需要教师以充满认识与理解乡村文化,认同与适应乡村生活为基础,这一过程可以加强教师的职业生活的适应能力与职业的认同感。从乡村教师专业发展的角度而言,乡村教师努力开发乡土课程,进行乡土教学设计的过程亦是提升自己专业能力的过程。从乡村学生的乡土情怀培育而言,通过把生活中的人、事、物等身边真实、熟悉的内容带入课堂,可以实现学习与生活的融合利于提高学生学习兴趣,同时更加热爱家乡,培养起学生的乡村文化自信。乡土教学设计能力应该成为乡村教师的核心素养。

案例聚焦

"发现美食"——综合性学习活动设计方案

一、活动主题

洛带古镇是成都市近郊保存较为完整的古镇,早在三国时期就形成街道在宋时形成集镇,目前保留的街道建筑风格属于典型的明清风格。其中"四馆"(广东会馆、江西会馆、湖广会馆、川北会馆)最具历史风韵,是清代湖广填四川迁移群众所建的联系据点。每到周末,往来的游客络绎不绝,到古镇吃喝玩耍,其中"吃"便是大家都感兴趣的,学生也不例外。以"发现美食"为主题,设计一次综合性学习活动的教学设计。

二、教学对象:小学三年级学生

三、活动目的

1.了解和认识日常生活中具有当地特色的食物,发掘当地饮食文化。

2.通过与他人交流、观察,掌握其中一种食物的制作过程,培养学生发现问题、解决问题的能力。

3. 采用各种形式来介绍当地美食,培养学生主动探索,积极创新的精神。

四、活动过程

(一)课堂预热

1. 学生通过教师介绍,理解饮食的文化意义,并回忆本地特色食物。

2. 通过全班探讨,明确本地特色食物的种类与数量,如葡萄、樱桃、油烫鹅、伤心凉粉、天鹅蛋等。

3. 明确"美食博览会"的活动任务,完成小组分工表。

要求每个小组的展示方式多样化,包括但不限于:美食卡片的制作、点菜单的制作、美食制作过程的视频或照片展示、美食故事创编、美食表演等形式。

(二)课后自主探究

1. 学生通过资料查找,向他人咨询请教等方式,选定本组展示的美食。

2. 小组成员完成分工任务:资料收集、研讨、制定美食展示方案、制作展示材料等准备。

(三)课堂展示:美食博览会

1. 各小组按照指定区域,布置展台,准备好各项材料。

2. 各小组依次展示所选的美食。

3. 展示完后,小组互评。

4. 教师点评与总结。

4. 创新研究

乡村教师"留"不住除了基本的物质生活外,就是专业发展平台受限,导致乡村教师职业成就感低。虽然各级政府都在努力通过各种资源的完善来提升乡村教师的专业发展途径,但是城乡之间的差距并不是短时间内可以消除的。因此乡村教师要有较强的自主创新研究意愿,不仅是在教学上,更在教育研究上。而乡村教师的创新研究素养,有其独到的乡土教育的资源优势,将其用在教学创新和教育研究上,能够有效促进乡村教师的专业发展水平和增强职业成就感,从而促进乡村教育质量的提高。

乡村教育已经成为当下研究的热点,自党的十九大提出实施乡村振兴战略后,一系列的乡村振兴的法规和政策相继出台,使得"乡村教育"已然成为当下的研究热词。以"乡村教育"作为主题词,知网可查到 1.4 万篇文献资料。其中 2017 年有 858 篇,2021 年有 1 772 篇。这三年的研究成倍的增长,凸显出"乡村教育"改革的时代要求。乡村教师可以十分便捷地利用已有资源进行教育科学研究,提升教学质量的同时提升自我的专业水平。这是乡村教师应有的发展性素养。

三、乡村教师职业素养的提升路径

(一)师范生的职前教育

教师的基本职业素养,在职前的师范生教育阶段就初步成形,因此要想提高乡村教师的职业素养,第一步就是加强师范生的职前教育。我国当下紧抓新时代教师队伍建设,教育部于 2021 年制定了中小学和学前教育专业师范生教师职业能力标准,体现了对师范教育的重视。除了师范生的常规课程以外,还应该加入乡村教育相关的内容,使学生具备基本的乡村教师职业素养。有些师范类院校已经开启了先河,在"教育学"等教师教育公共教育学课程中增加了"乡土表达"的部分内容。

(二)在职培训的高质与多样

提升职前培训质量,建立教师职业终身培训体系。高效的职前培训,不仅仅是理论上的传授,更要让新手教师快速掌握基本的教学技能,通过丰富的案例让新手教师可以处理教学工作中的各种情况。职前培训的内容也应该增加乡村教育场域中的教育问题,为乡村教师的入职提供足够的经验支撑。终身学习已是教师的职业素养,乡村教师的职业素养提升更加依赖于完善系统的职中培训。在支持乡村教师发展的相关政策中多次提到建立相关专业发展支持体系。常见的有参与国培、省培计划,组织乡村教师到国内名校研修,组织专家进来举办讲座,聘请特级教师、名师、专家、教研员、优秀一线教师等送教到镇以及边远薄弱的乡村学校开展"点菜式送教下乡"活动等。

(三)丰富教育实践

乡村教师应该利用自身的资源优势,通过对乡村生活和乡村文化的挖掘来整理乡土素材,开发成乡土课程资源。这一过程就是教师扩展自己知识面的过程,也是在丰富自我教育实践的过程,为乡村教师适应本土化教学需要和乡村教师职业素养的提升给予了保障。

(四)本土培育

本土培育主要指通过教育行政部门健全公费师范生的招生政策,适量选录来自农村的生源,对他们进行专门的培养,最后采取定向就业的方式充实乡村教师队伍。这些来自乡村、带着地方性文化的传承及创新热情的人才,能够更好地实现教育助力乡村振兴的目标。现在全国多地都已实施不同程度的本土培育政策。

 案例聚焦

社会各方支持乡村教师发展行动

1. 四川省美丽乡村计划教师夏令营:本活动由四川省大熊猫保护基金会、四川省川发展慈善基金会、四川省困难职工帮扶基金会和四川省教育基金会共同举办,旨在提高乡村教师的整体水平,促进教育公平,推动农村教育发展。活动于2015年开展,主要由来自乐山市马边彝族自治县和甘孜藏族自治州白玉县的共约50名乡村教师参加。教师们在一周的时间中游览成都城市建设新貌,参观武侯祠、大熊猫繁育研究基地等名胜古迹,参加健康知识专题讲座等。举办方还将举办教育交流沙龙,与乡村教师一起展开民族地区教育交流讨论。在夏令营中教师收获到了不同的知识,比如在大熊猫繁育研究基地,通过科普教员介绍的基地近年来开展的保护教育项目和对环境教育知识的讲解,教师们都表示将在自己以后的日常授课中融入环境教育的内容,师生共同行动起来保护环境。

2. 四川省文轩教育"太阳星公益行动"乡村教育圆梦活动:本活动从帮助改善乡村学校的办学条件,到支持乡村教师队伍的发展,为乡村教育发展助力。活动从2013年一直持续到了2021年,连续九年助力乡村教育发展。

乡村教育圆梦活动在四川省教育厅、四川省文明办的领导下,已连续举办了九年,覆盖了四川所有乡镇中心学校及其下辖的村小、教学点,累计帮助各地学校和师生圆梦6 000多个,提供各类支持项目近2 000个,直接受益师生逾20多万人次,间接受益师生100万余人次,累计捐赠设备、实物和现金近2 200万元,开展各种形式的名师送教活动50余场、乡村教师心理健康培训8次、乡村学生夏令营活动6次、乡村校长教师能力提升和研修活动5次。特别是2018年组建四川省乡村学校振兴联盟以来,一大批省内教育资深专家深度参与,对联盟学校展开导师制结对帮扶,完成了多个特色项目,不少乡村学校面貌发生了显著变化,并开始辐射带动更多乡村学校发展。今明两年,乡村教育圆梦活动将聚焦巩固拓展脱贫攻坚成果同乡村振兴有效衔接、省委两项改革"后半篇"文章、"双减"政策等主题,重点开展四川省乡村学校振兴联盟、乡村学校校长能力提升培训、乡村教师思政教育研修、爱国主义电影放映、校园心理健康辅导培训、名师送教到乡村等六项公益活动。①

推荐阅读

龙宝新《教师专业发展与职业道德修养》,陕西师范大学出版社,2016年。

高汝伟、殷有敢《师范生乡村情怀培养研究:文化涵养视角》,南京大学出版社,2020年。

技能训练

1. 请查阅相关资料,谈谈教师的职业素养提升除了本章所提到的途径之外,还有哪些途径?

2. 结合材料回答问题:

刘老师是已经毕业多年的青年教师,为了考入城区的编制,一直在城市的各个学校担任代课老师。可是城区编制紧张,竞争压力大,她每次都与成功擦肩而过。不得已之下,她考入了当地乡镇的一所中学的教师编制岗位。但是她在这里工作闷闷不乐,觉得自己是城里来的老师教学水平自然高一等,而这里的同事教学水平低,学校办学条件差,生源差,不值得她用心工作。为了考上城区的编制,她把一门心思都放在了备考上。上课内容随意,课堂纪律差,屡屡遭到家长的投诉。这天,又一位家长找到校长投诉,校长决定跟刘老师认真谈一谈。

如果你是校长,请问你会怎样跟刘老师沟通呢?

---

① 四川省教育厅《文轩教育"太阳星公益行动"2021年度乡村教育圆梦活动暨爱国主义电影公益放映活动启动仪式在崇州市举行》,2021年10月,http://edu.sc.gov.cn/scedu/c100494/2021/10/14/ccc49b3c587947bfaf24464012f43396.shtml.

图书在版编目(CIP)数据

现代教师素养/杨娟主编. —上海：复旦大学出版社, 2022.10(2025.2 重印)
ISBN 978-7-309-16196-0

Ⅰ.①现… Ⅱ.①杨… Ⅲ.①教师素质-高等师范院校-教材 Ⅳ.①G451.6

中国版本图书馆 CIP 数据核字(2022)第 093651 号

现代教师素养
杨 娟 主编
责任编辑/王汝娟
复旦大学出版社有限公司出版发行
上海市国权路 579 号　邮编：200433
网址：fupnet@ fudanpress.com　http://www.fudanpress.com
门市零售：86-21-65102580　团体订购：86-21-65104505
出版部电话：86-21-65642845
上海盛通时代印刷有限公司

开本 890 毫米×1240 毫米　1/32　印张 9　字数 226 千字
2022 年 10 月第 1 版
2025 年 2 月第 1 版第 2 次印刷

ISBN 978-7-309-16196-0/G·2366
定价：60.00 元

如有印装质量问题，请向复旦大学出版社有限公司出版部调换。
版权所有　侵权必究